文化马克思主义的发展逻辑

WENHUA MAKESI ZHUYI DE FAZHAN LUOJI

刘梅 著

·广州·

版权所有　翻印必究

图书在版编目（CIP）数据

文化马克思主义的发展逻辑/刘梅著.—广州：中山大学出版社，2022.8

ISBN 978-7-306-07564-2

Ⅰ.①文… Ⅱ.①刘… Ⅲ.①西方马克思主义—研究—英国 Ⅳ.①B089.1

中国版本图书馆 CIP 数据核字（2022）第 108000 号

出 版 人：	王天琪
策划编辑：	金继伟
责任编辑：	麦晓慧
封面设计：	林绵华
责任校对：	丘彩霞
责任技编：	靳晓虹
出版发行：	中山大学出版社
电　　话：	编辑部 020-84110283，84113349，84111997，84110779，84110776
	发行部 020-84111998，84111981，84111160
地　　址：	广州市新港西路 135 号
邮　　编：	510275　传　真：020-84036565
网　　址：	http://www.zsup.com.cn　E-mail: zdcbs@mail.sysu.edu.cn
印 刷 者：	广州市友盛彩印有限公司
规　　格：	787mm×1092mm　1/16　16.75 印张　270 千字
版次印次：	2022 年 8 月第 1 版　2022 年 8 月第 1 次印刷
定　　价：	68.00 元

如发现本书因印装质量影响阅读，请与出版社发行部联系调换

国家社科基金后期资助项目
出版说明

后期资助项目是国家社科基金设立的一类重要项目，旨在鼓励广大社科研究者潜心治学，支持基础研究多出优秀成果。它是经过严格评审，从接近完成的科研成果中遴选立项的。为扩大后期资助项目的影响，更好地推动学术发展，促成成果转化，全国哲学社会科学工作办公室按照"统一设计、统一标识、统一版式、形成系列"的总体要求，组织出版国家社科基金后期资助项目成果。

全国哲学社会科学工作办公室

目　　录

绪　论 ·· 1
　一、研究旨趣 ·· 2
　　（一）研究意义 ··· 2
　　（二）研究范围 ··· 3
　二、研究现状 ·· 3
　　（一）关于文化研究 ·· 4
　　（二）关于文化与马克思主义的关系研究 ·························· 5
　　（三）关于文化马克思主义的研究 ··································· 6
　三、主要研究内容和方法 ·· 9
　　（一）主要研究内容 ·· 9
　　（二）主要研究方法 ·· 10

第一章　文化马克思主义的概念阐释 ······································ 13
　一、西方学者的不同立场 ·· 14
　　（一）狭义的文化马克思主义 ······································· 14
　　（二）广义的文化马克思主义 ······································· 16
　　（三）政治右翼立场的文化马克思主义 ·························· 19
　二、中国学者的多学科视野 ··· 21
　　（一）西方文化与马列文论中的文化马克思主义 ············· 21
　　（二）文化哲学视域中的文化马克思主义 ······················· 24
　　（三）马克思主义论域中的文化马克思主义 ··················· 25
　三、文化马克思主义的开放性理解 ····································· 32
　　（一）一种文化研究的理论范式 ···································· 32
　　（二）西方马克思主义的一个派系 ································· 33
　　（三）文化研究与马克思主义结合的产物 ······················· 33
　　（四）马克思主义发展的一种新的理论范式 ··················· 34

第二章　文化马克思主义的理论缘起 ······································ 37
　一、西方马克思主义的文化转向及其影响 ··························· 38

1

（一）文化转向的内涵与由来……………………………… 38
　　　（二）西方马克思主义文化转向对文化马克思主义的影响…… 41
　二、新左派与文化马克思主义的关联 ………………………… 46
　　　（一）新左派的兴起 ……………………………………… 46
　　　（二）新左派刊物的创办与文化研究……………………… 49
　　　（三）两代新左派对文化马克思主义的贡献……………… 52
　三、文化马克思主义发展的逻辑原点：文化研究…………… 58
　　　（一）文化与文化研究……………………………………… 58
　　　（二）伯明翰当代文化研究中心的创立与发展历程……… 63
　　　（三）伯明翰学派文化研究的总体特点…………………… 66
　　　（四）伯明翰学派文化研究与新左派刊物的关联………… 70

第三章　文化马克思主义发展的逻辑进程 …………………… 73
　一、文化主义研究范式的形成 ………………………………… 75
　　　（一）文化主义概念的双重能指…………………………… 75
　　　（二）文化主义的传统追踪………………………………… 76
　　　（三）文化主义研究范式的形成过程……………………… 81
　二、结构主义的引介与思想论争 ……………………………… 83
　　　（一）阿尔都塞结构主义马克思主义的基本观点………… 84
　　　（二）安德森对阿尔都塞理论的译介与挪用……………… 88
　　　（三）汤普森与安德森的思想论争………………………… 92
　　　（四）霍尔对文化研究两种范式的检视…………………… 95
　三、"葛兰西转向"与新葛兰西主义 …………………………… 97
　　　（一）葛兰西领导权理论的思想逻辑……………………… 97
　　　（二）英国文化研究对葛兰西理论的接受………………… 101
　　　（三）拉克劳、墨菲的新领导权理论……………………… 103
　　　（四）斯图亚特·霍尔的接合理论………………………… 107
　　　（五）文化研究中的"领导权"阐释与分析应用………… 114

第四章　文化马克思主义的理论成果 ………………………… 121
　一、文化唯物主义理论 ………………………………………… 123
　　　（一）汤普森的文化唯物主义理论………………………… 124
　　　（二）威廉斯的文化唯物主义理论………………………… 130
　二、文化意识形态理论 ………………………………………… 138

（一）伊格尔顿的文化审美意识形态理论 ·················· 138
　　（二）乔治·拉伦的意识形态理论及对文化身份的分析 ······ 144
三、多元文化政治理论 ··· 148
　　（一）理查德·约翰逊的多元文化政治指向与理论模型 ······ 149
　　（二）托尼·本尼特的后马克思主义文化政治理论 ·········· 154

第五章　文化马克思主义的后现代发展
　　　　——以詹姆逊为例 ··· 163
一、詹姆逊文化研究的马克思主义倾向 ··························· 165
　　（一）文化研究的主符码：生产方式 ························· 165
　　（二）基于生产方式的文化理论 ······························ 169
　　（三）后现代主义文化发展与特征分析 ······················ 170
二、詹姆逊后现代文化研究关键语 ································ 176
　　（一）文化扩张：文化内涵的变迁 ··························· 176
　　（二）文化历史分期：文化内容与形式的重新书写 ·········· 177
　　（三）文化"超空间"与"认知测绘"：政治使命与策略 ··· 180
　　（四）文化意识形态与乌托邦：性质与功能追求 ············ 182
　　（五）文化"他者"视域：实践的关系模式 ················· 184
三、詹姆逊马克思主义立场下的后现代文化批判 ················· 187
　　（一）文化泛化与审美变异 ·································· 187
　　（二）文化时空逆转与深度消失 ······························ 189
　　（三）文化视像化与创造力枯竭 ······························ 191
　　（四）文化主体消解与精神分裂 ······························ 193

第六章　文化马克思主义的理论反思与中国启示 ············· 197
一、文化马克思主义的理论贡献 ··································· 198
　　（一）开拓了历史唯物主义的文化维度 ······················ 199
　　（二）强化了文化的意识形态意义 ··························· 201
　　（三）拓展了文化政治的内涵与实践空间 ···················· 203
　　（四）创造性发展了文化的辩证法 ··························· 205
二、文化马克思主义的理论困境与反思 ··························· 207
　　（一）困境：文化研究的本源性缺陷 ························· 207
　　（二）反思：文化批判应回归历史唯物主义 ·················· 209
三、文化马克思主义的中国启示 ··································· 211

（一）文化马克思主义为中国化马克思主义提供了阐释框架
　　　　……………………………………………………………… 211
　　（二）马克思主义中国化的文化解读 ……………… 214
　　（三）文化马克思主义反思下中国特色社会主义文化建设的
　　　　理路 ………………………………………………… 220

结　语 ……………………………………………………… 229

附　录 ……………………………………………………… 233
文化分析范式和研究策略
　　——威廉斯与哈里斯文化唯物主义之异同 ………… 234

参考文献 …………………………………………………… 246

后　记 ……………………………………………………… 260

绪 论

一、研究旨趣

（一）研究意义

马克思主义诞生于19世纪，在至今一百多年的发展中，虽历经风雨，但在困难与挫折中却不断得到发展与充实，不仅在东方社会成为活生生的现实，而且在资本主义占统治地位的西方也获得越来越多的认同，在当代全球化浪潮中仍旧是一股不可忽视的国际性思潮。尽管东西方马克思主义研究由于文化语境、意识形态的不同，研究内容和方法存在着巨大差异，但在当代马克思主义的基本立场、对当代资本主义制度与意识形态的批判等方面，两者在某种程度上具有逻辑一致性。

文化马克思主义作为马克思主义在西方从20世纪初开始形成和发展的传统，在21世纪正成为中国学界关注的对象之一。因此，历史地和逻辑地考察文化马克思主义理论，追根溯源、正本清源，弄清在西方语境中，什么是文化马克思主义，文化马克思主义是如何形成和发展的，为什么会产生文化马克思主义等问题，对探讨马克思主义在中国的具体化、时代化、民族化、大众化，对于促进中国化马克思主义的发展及中国特色社会主义建设都具有一定的理论价值和现实意义。

笔者选择文化马克思主义作为研究对象，是出于对文化研究与马克思主义理论研究的双重兴趣。经典马克思主义出现之后，马克思主义在西方的发展以文化为切入点。早在20世纪20年代，西方马克思主义已发生文化转向，将文化研究纳入研究范围；到20世纪30～40年代，法兰克福学派开创了社会文化批评和意识形态批判的理论路径；20世纪50～70年代，英国伯明翰学派的文化研究将文化纳入学术体制的范围，并使文化成为多学科研究的对象，成为政治斗争的场所和意识形态分析的前哨；20世纪80年代，后现代主义文化研究将多元文化主义作为一种政治策略，发展了一种后马克思主义的极端形式，文化马克思主义在新的时代背景下迈向新的理论实践。到21世纪，在全球化发展趋势下，文化无疑成为世纪主题，大众文化、消费文化、网络媒介文化等各种文化形式发展繁盛，文化的融合、冲突、安全问题已成为不可回避的现实问题。文化马克思主义可以说是文化研究与马克思主义结合的产物，它不仅坚持在马克思主义理论框架中开展文化研究，丰富和发展了马克思主义文化理论；而且通过文化研究拓展了马克思主义理论，为重新反思社会主义现实问题和批判资本主义提供了重要指导。

（二）研究范围

对文化马克思主义的研究，国内外已取得较多成果。但由于文化研究本身的特点和马克思主义研究的复杂性，以及东西方语境差异、研究者的问题意识等不同，对文化马克思主义的理解尚缺乏共识，有的极为泛化，有的又极为狭窄；对文化马克思主义的评价，既有肯定其地位的，又有否定其作用的。如何客观地认识文化马克思主义，拨开现象的迷雾，触及其内涵与本质，展露其历史面貌，确实需要一定的理论功力。考虑到自身的专业背景及学术兴趣，笔者在本书中主要研究20世纪中后期文化马克思主义的发展状况，为此拟定选题为"文化马克思主义的发展逻辑"。鉴于选题指向的宏观、抽象，又限定了以伯明翰学派为考察中心，故本书以英国伯明翰学派的文化研究为主要线索，探究其主要代表人物的文化理论发展与马克思主义发展的关系，并通过厘清代表人物的关系和理论联系来把握文化马克思主义的发展历程和内在理论逻辑，从伯明翰学派代表人物的个案分析出发，研究文化马克思主义发展的理论成果和理论特色。在完成英国文化马克思主义发展这一主体内容的研究时，也观照到20世纪10～20年代早期西方马克思主义主要代表人物，以及30～50年代法兰克福学派的影响力，并通过美国学者詹姆逊的文化理论拓展研究了文化马克思主义的后现代发展状况，在总结文化马克思主义理论贡献和局限的同时，以其话语范式对中国化马克思主义的发展进行了文化阐释，以彰显马克思主义在21世纪中国的发展前景。

二、研究现状

文化马克思主义受到多学科的广泛关注，其文献资料分布在文学批评、文化研究、马克思主义批评、国外马克思主义、后现代主义等多学科研究领域。国内外研究资源丰富但话语庞杂，研究视角或统一或对立，现将与本书密切相关的国内外相关文献资料综述如下。

(一) 关于文化研究

在国外，英国伯明翰学派的文化研究成果丰硕，理查德·约翰逊在《究竟什么是文化研究》一文中提出文化研究的三种模式，提到文化研究就是对生产、文本、活文化的研究。斯图亚特·霍尔强调文化研究是一项严肃的工程，这种严肃性正表现在文化研究的"政治学"维度上，他在《文化研究：两种范式》一文中对文化研究在模式上进行了比较研究，深入分析了文化主义和结构主义的特点和差异，并通过对两种模式的批判将文化研究转向葛兰西。托尼·本内特在《置政策于文化研究之中》一文中认为，尽管"文化研究"这一术语关系到诸多复杂的理论和政治立场，但是对文化实践的考察必须集中在权力关系方面。西方文化研究的发展过程锻造了许多知名的文化研究代表人物，也产生了丰硕的文化研究理论成果[1]。这些著述广泛关涉文化研究的内涵、特点、政治主题、历史发展，以及后现代文化、大众文化、消费文化、媒体文化等各种文化形式，为我们认识文化、理解文化研究提供了重要理论资源。

在我国，致力于文化研究的学者从文学研究、文化批评、西方文论、比较文化、文化哲学、西方马克思主义等多种角度开展文化研究，也取得了许多成果。著名文化研究学者陶东风教授长期致力于中西方文化研究，对中国的文化研究产生了重要影响。他的《文化研究》和《文化研究精粹读本》等书全面系统介绍了西方文化研究的代表人物、著作和理论观点，《文化研究：西方与中国》一书对中西方文化研究进行了比较研究。他还有一系列论文具体研究和批评中国的当代文化现象。中国社会科学院文献信息中心研究员萧俊明从2000年开始在《国外社会科学》杂志撰写了一系列论文探讨西方的文化研究，并在2004年集结出版专著《文化转向的由来——关于当代西方文化概念、文化理论和文化研究的考察》，该书对西方文化研究史的研究既有历史逻辑又有理论逻辑。还有一些学者也

---

[1] 除前文已有的介绍外，以下这些文化理论著作也不可忽视：〔英〕约翰·斯道雷：《文化理论与大众文化导论》，常江译，北京大学出版社2019年版；〔美〕约翰·费斯克：《理解大众文化》，王晓珏等译，中央编译出版社2001年版；〔英〕迈克·费瑟斯通：《消费文化与后现代主义》，刘精明译，译林出版社2000年版。

发表了关于文化研究的有影响力的论文①，这些理论成果反映了中国学者对西方文化研究的本土化及中国语境中的文化研究的状况。

文化研究是文化马克思主义研究的重要基点，中西方文化研究论著为探寻文化马克思主义的发展轨迹提供了重要理论资源。

（二）关于文化与马克思主义的关系研究

在国外，英国马克思主义史学家佩里·安德森的《西方马克思主义探讨》和《当代西方马克思主义》等著作在马克思主义发展史研究中将文化研究和马克思主义批判关联起来。英国学者罗纳尔多·蒙克的《马克思在21世纪——晚期马克思主义视角》、南非学者达里尔·格雷泽和英国学者戴维·M. 沃克尔的《20世纪的马克思主义——全球导论》、英国学者罗斯·阿比奈特的《现代性之后的马克思主义》、英国学者斯图亚特·西姆的《后马克思主义思想史》、英国学者保罗·鲍曼的《后马克思主义与文化研究》等著作，反映了当前国外马克思主义研究的前沿动向，彰显了马克思主义研究的国际视野、时代气息和生命力，为本书的研究提供了新的理论视野和观点。以上著作的中文版，由凤凰出版传媒集团和江苏人民出版社作为系列丛书联合出版。

在我国，马克思理论研究逐渐摆脱教条化方法，趋向于将中西方马克思主义贯穿起来整体研究，澄清了对马克思主义基本立场、基本精神的认识，并产生了一些新的研究视角。例如，武汉大学何萍教授从文化哲学的路径致力于马克思主义哲学史的研究，她的基本观点是：20世纪的马克思主义哲学创造了以文化哲学为本体的西方马克思主义哲学传统，这种哲学传统发展了19世纪的马克思主义哲学未能充分展现的内容，揭示了马克思主义哲学发展的内在逻辑，搭建了马克思主义哲学的世界发展平台。何萍教授基于文化哲学的马克思主义研究理论成果丰硕，这表明我国学者也开始以一种世界历史眼光和时代视野看待马克思主义发展，并开始思考马克思主义发展的文化语境问题。我国学者对中西方马克思主义进行整体

---

① 具有代表性的论文主要包括周宪：《文化研究：学科抑或策略？》，《文艺研究》2002年第4期；陆扬：《文化研究的连接范式》，《马克思主义美学研究》2011年第1期；于文秀：《后现代差异理论："文化研究"的理论基石》，《天津社会科学》2003年第3期；等等。

贯通研究，产生了较多成果①，这些理论成果对本书的写作极具启发意义。此外，我国学者周凡、胡大平等人对后马克思主义的研究为本书研究文化马克思主义与后马克思主义的关系提供了理论资源；我国学界对中国化马克思主义与传统文化的关系、新民主主义文化与中国特色社会主义文化等的探讨为本书研究文化马克思主义的中国化启示提供了思考路径。

从所查阅文献资料总体状况来看，关于文化马克思主义的研究在国内外有大量的资料和观点作为理论支撑。但资料较为分散，文化研究、文学批评、文化哲学、马克思主义等学科领域的相关研究缺乏系统整合。因此，以总体方法、历史的视野和发展的眼光将文化研究与马克思主义接合起来，在文化马克思主义的框架中研究其动态关系，从而把握文化马克思主义的发展逻辑，是一个值得研究的选题。

（三）关于文化马克思主义的研究

国内外有关文化马克思主义研究与本书密切相关的文献资源主要综述如下。

在国外，美国马克思主义历史研究学者丹尼斯·德沃金（Dennis Dworkin）著有《文化马克思主义在战后英国——历史学、新左派和文化研究的起源》一书，他结合新左派的起源深入考察了英国文化马克思主义的历史，认为英国在20世纪30~70年代之间形成了一种独特的文化马克思主义传统。总体而言，英国文化马克思主义是一种以"文化实践的整体领域"为研究对象的非正统的和批判性的马克思主义理论，它与斯大林主义、机械主义和经济主义等划清了界限。对于英国文化马克思主义，德沃金引用英国文化研究奠基人斯图亚特·霍尔的观点加以说明，即"在马克思主义周围进行研究，研究马克思主义，反对马克思主义，用马克思主义进行研究，试图进行发展马克思主义的研究"②。德沃金系统地研究了文化马克思主义与新左派、文化研究、马克思主义的关系，他用翔实的史料

---

① 具有代表性的论文包括周穗明：《马克思主义：西方与东方——20世纪马克思主义的演变及其21世纪的前景》，《当代世界与社会主义》2003年第1期；张一兵等：《中国西方马克思主义哲学研究的逻辑转换》，《中国社会科学》2004年第6期；陈学明：《对"西方马克思主义"的新认识》，《教学与研究》2008年第9期；王凤才、陈学明：《国外马克思主义研究：四条路径及其评价》，《学术月刊》2011年第2期；胡大平：《西方马克思主义的三个维度》，《理论视野》2011年第2期；等等。

② 〔美〕丹尼斯·德沃金：《文化马克思主义在战后英国——历史学、新左派和文化研究的起源》，李凤丹译，人民出版社2008年版，第5页。

和独特的观点为本书内容提供了重要资源和启发。但该书并未将后现代主义文化研究和后马克思主义发展纳入文化马克思主义范畴中考察，只是局限于英国文化语境中对文化马克思主义的研究。

美国著名文化研究学者道格拉斯·凯尔纳（Douglas Kellner）撰文《文化马克思主义和文化研究》（Cultural Marxism and Cultural Studies），从广义上系统论述了文化马克思主义的传统。他将文化马克思主义看作一种文化研究模式和方法，将早期西方马克思主义代表人物卢卡奇、葛兰西，法兰克福学派的代表本杰明、阿多诺，英国文化研究学派的代表霍加特、雷蒙德·威廉斯、汤普森和伊格尔顿，美国后现代主义代表人物詹姆逊等都列作考察对象。凯尔纳还在研究文化马克思主义的传统的基础上进一步研究了文化马克思主义的后现代发展，揭示了文化研究和后现代主义之间的关系。凯尔纳的一些论著[①]表明了他的研究旨趣和作为一个文化马克思主义者的身份。他对文化马克思主义的研究视野和立场观点不仅深化了文化马克思主义的研究，而且扩大了其学术影响力，对本书的研究具有重要启发意义。

美国右翼人士威廉·S. 林德（William S. Lind）撰文《什么是文化马克思主义?》，站在右翼保守立场界定并论述了文化马克思主义，其文化马克思主义的政治立场对本书探讨新左派与文化马克思主义的关系具有参考价值。

英国马克思主义历史学家佩里·安德森（Perry Anderson）在《西方马克思主义探讨》一书中曾指出：西方马克思主义理论从经济或政治问题转向文化批判或意识形态批判，马克思主义文化研究在英国产生了巨大的生命力和创造力，英国马克思主义文化理论的兴盛正是马克思主义在英国发展的必然结果。安德森的理论工作为文化马克思主义的发展起到了穿针引线的作用，他后来又写了《当代西方马克思主义》（也译为《历史唯物主义的踪迹》），这本书成为本书研究不可忽视的重要文本。英国马克思主义史学研究的著名学者戴维·麦克莱伦（David Mclellan）也持有类似安德森的观点，他指出，虽然马克思有长达30多年的时间生活在英国，但他的思想并没有在英国引起广泛关注，也没有得到应有传播，大多数人并没有接触到马克思的学说。但麦克莱伦十分肯定地认为，英国知识分子在

---

① 参见〔美〕道格拉斯·凯尔纳《媒体文化——介于现代与后现代之间的文化研究、认同性与政治》，丁宁译，商务印书馆2004年版。

"文学、历史学和经济学"三大学科领域对马克思主义理论做出了重大贡献。①麦克莱伦从侧面肯定了英国文化马克思主义对世界的重大影响,他的《马克思传》和《马克思思想导论》等著作在我国影响甚广,拓展了我们关于马克思主义发展史的理论知识。

在我国,李凤丹翻译了德沃金的著作《文化马克思主义在战后英国——历史学、新左派和文化研究的起源》(Cultural Marxism in Post War Britain: History, the New Left, and the Origin of Cultural Studies),在此基础上李凤丹写作了博士学位论文并出版专著《英国文化马克思主义研究》,专门系统研究了英国文化马克思主义的基本范畴、研究主题、发展史以及与马克思主义的关联等内容。但由于其研究的侧重点主要在文化维度,因此她的论述似乎将"英国文化马克思主义"直接等同于"英国文化研究"。此外,尽管她注意到了后结构主义、后现代主义话语对文化马克思主义的影响,但并未展开论述它们之间的关系。

南京大学国外马克思主义研究学者张亮教授从 2006 年至今,在《文史哲》《求是学刊》《人文杂志》等刊物发表了有关文化马克思主义的系列论文,对英国马克思主义与文化研究、文化马克思主义的发展状况等进行了较为深入的探究。张亮揭示了"文化马克思主义"(Cultural Marxism)这个术语在西方语境中的两个来源②:其一,源自德沃金所著《战后英国文化马克思主义》一书,该书认为文化马克思主义是流行于"二战"后至 20 世纪 70 年代英国的批判的马克思主义理论传统,特别指明是由霍加特、威廉斯、汤普森等英国新左派思想家所创立;其二,源自美国批判理论家凯尔纳在网络上发表并受到广泛关注的一篇文章《文化马克思主义和文化研究》,该文提到的文化马克思主义是泛指从卢卡奇、葛兰西以来对文化问题有过专门研究的西方马克思主义,其研究者主要包括德国的法兰克福学派、英国的文化研究学派等。张亮侧重第一种——狭义的英国文化马克思主义,他深入研究了汤普森的文化马克思主义,并在《南京大学学报(哲学·人文科学·社会科学版)》《吉林大学社会科学学报》《浙江学刊》等刊物发表了系列论文。以上研究成果以一种历史维度系统深入分析了英国文化马克思主义与经典马克思主义、西方马克思主义的关系,对本书的写作极具深刻启迪意义。但张亮对文化马克思主义概念的理解相对集

---

① 参见〔英〕戴维·麦克莱伦《马克思以后的马克思主义(第 3 版)》,李智译,中国人民大学出版社 2008 年版,第 325~326 页。

② 参见张亮《从苏联马克思主义到文化马克思主义——英国马克思主义理论传统的战后形成》注释,《人文杂志》2009 年第 2 期。

中，似乎将文化马克思主义等同于并终止于英国文化研究的第一种范式——文化主义，这可能与他聚焦于新左派特别是第一代新左派的研究有关。

三、主要研究内容和方法

（一）主要研究内容

文化马克思主义是一个追溯性和建构性概念，由于研究视点各异，对其内涵理解有共识也有分歧，对其源起、逻辑进程及主要成果还需细致探究并从总体上加以把握。为此，本书的研究内容主要分为六个方面。

第一，解释何为文化马克思主义。通过追溯国内外学者们对文化马克思主义概念的各种定义，从发展的视角重新界定文化马克思主义，分析其内涵和外延，理解其广义和狭义。

第二，探究文化马克思主义的理论缘起。以西方马克思主义的文化转向作为学术背景，从而将文化马克思主义置于西方马克思主义发展的历史框架中；将英国新左派作为文化马克思主义发展的原动力，着力分析新左派知识分子对文化研究的推动作用，并将英国新左派的文化研究，特别是伯明翰学派的当代文化研究作为文化马克思主义发展的逻辑原点。

第三，探讨文化马克思主义发展的逻辑进程。通过分析伯明翰学派的文化研究与马克思主义传统及西方马克思主义发展的关系，认识到文化马克思主义发展的逻辑进程是：在 20 世纪五六十年代，以威廉斯、汤普森为代表的第一代新左派，通过批判继承英国文化研究传统从而创立了文化主义研究范式；20 世纪六七十年代，安德森等引进西方马克思主义理论，在阿尔都塞、葛兰西等其他西方学者的影响下，文化研究内部产生了文化主义和结构主义两种研究范式之间的诸多思想争议。在此基础上，英国左派知识分子将英国文化研究传统、马克思主义传统及外来各种理论融合起来，从而推动了文化马克思主义的新发展。20 世纪 80 年代及其后，为摆脱文化研究的范式危机，受后现代主义文化的冲击，英国文化研究转向葛兰西，形成新葛兰西主义，文化马克思主义在后现代文化语境中走向后马克思主义的文化研究。

第四，总结文化马克思主义的主要理论成果和贡献。以伯明翰学派主要负责人和文化研究的主要代表人为线索，总结了文化马克思主义的理论成果——文化唯物主义、文化意识形态和文化政治学及其实践，这些理论的内在联系和演变反映了文化马克思主义的主题变化及理论特色。

第五，关注文化马克思主义的后现代发展。通过詹姆逊在后现代特定语境中对文化发展做出的马克思主义的分析与判定，认识晚期资本主义阶段后现代文化发展的本质特征，反映文化马克思主义的后现代发展势态，呈现其在美国的发展状况。

第六，分析和反思文化马克思主义的理论贡献和局限，阐明文化马克思主义范式对中国化马克思主义和中国特色社会主义文化建设的启示。以文化马克思主义范畴看待和分析马克思主义中国化的历程和中国文化的发展，有助于我们在历史文化背景中审视马克思主义在中国的早期传播，认识到马克思主义与中国传统文化和时代现实需要的契合，认识到马克思主义中国化对促进中国文化从近代到现代转型的意义。加强中国特色社会主义文化建设必须坚持马克思主义理论的指导，在继承优秀传统文化与革命文化的基础上创造性发展先进文化，坚持文化自觉与坚定文化自信。

（二）主要研究方法

本书采用了多种研究方法，主要方法有三种。

（1）文献研究与跨学科研究法。由于文化马克思主义的研究内容涉及文化哲学、文化研究、文学批评、马克思主义、社会学、政治学等多学科理论，因此，本书首先采用文献研究法，跨学科收集各种相关文献资料，了解各学科对文化马克思主义研究的视角和观点，并对资料进行综合分析，以全面认识和准确理解文化马克思主义的概念、内涵及发展状况。

（2）历史研究与逻辑研究相结合的方法。文化马克思主义的发展是一个必然的历史过程，除了有特定的社会历史条件的决定作用外，也不能排除偶然、个别的因素的影响。阐释文化马克思主义理论产生的社会时代背景、学术背景、发展阶段和线索，就必须采用历史研究法；而要分析各方面因素的内在必然联系就必须采用逻辑分析方法，通过判断推理、概括抽象，才能得到关于文化马克思主义的整体认识，并建立各阶段理论及代表人物思想的内在联系。因此，本书在研究方法上既注重历史研究，以史料说明观点，又注重辩证逻辑分析以深化理论。

（3）个案研究与总体研究相结合的方法。文化马克思主义实际上是多个代表人物和理论派别共用的一种研究范式，因此，本书采取了个案研究法，对文化马克思主义不同历史时期的不同代表人物的思想观点，进行了全面深入的研究，以把握其特殊的思想进程。同时，本书不是仅仅停留于对代表人物和特色思想的研究，而是努力将之放置于一定理论的总体框架中，通过代表人物思想的个案研究以实现对文化马克思主义理论内容和历史发展的总体认识与把握。

此外，本书还注重运用比较研究法，以展现不同历史时期、不同理论派别、不同代表人物的思想观点的区别和联系。并且，本书的研究方法本身受到了文化马克思主义理论发展中一些独具特色的方法如多学科方法、总体性方法、接合方法等的影响。文化马克思主义是文化研究与马克思主义的结合，文化马克思主义的发展正是多种理论接合和交互影响的结果。

第一章

文化马克思主义的概念阐释

文化马克思主义在当前文化理论和马克思主义理论研究中可谓一个热门术语。但由于研究视域的繁杂，对文化马克思主义的解释众说纷纭。纵观各种表述，梳理来龙去脉，分析观点异同，抽象概括本质内涵，是深入研究文化马克思主义理论的基点。

文化马克思主义的国外研究者主要是英美学者，我国学者的研究基本上是对西方学者有关文化马克思主义理论的译介和阐释。20世纪80年代中期，我国兴起"文化热"，西方文化研究理论被大量引进，同时国外马克思主义理论研究也越来越兴盛，因此，在文化研究、西方马克思主义研究等主要领域，近年来越来越多的学者聚焦于文化马克思主义，使文化马克思主义成为当前马克思主义发展史研究中的一道亮丽风景。那么，文化马克思主义是如何被界定的呢？

一、西方学者的不同立场

文化马克思主义在西方语境中实际上是一个追溯性概念，是后来的学者们对过去已有理论的指称，而不是该理论的创立者提出和使用的概念。西方学者德沃金、凯尔纳等人用文化马克思主义这一概念来指称早期西方马克思主义者如卢卡奇、葛兰西，法兰克福学派的阿多诺、马尔库塞等，伯明翰学派的威廉斯、汤普森、霍尔等，还有一些后现代马克思主义者如伊格尔顿、詹姆逊等，认为他们的文化理论和马克思主义理论共用了文化马克思主义理论传统。但由于各自的理论知识背景和研究目的的不同，西方学者对文化马克思主义的内涵和外延的理解具有差异，具体分述如下。

（一）狭义的文化马克思主义

丹尼斯·德沃金在《文化马克思主义在战后英国——历史学、新左派和文化研究的起源》[①] 一书中，以英国历史学派、新左派和文化研究学派的发展为线索，从思想史的角度对文化马克思主义进行了深入研究。他所谓的文化马克思主义，主要是指英国马克思主义历史学派、新左派和马克

---

① Dennis Dworkin. *Cultural Marxism in Postwar Britain: History, the New Left, and the Origin of Cultural Studies*, Durham: Duke University Press, 1997.

思主义文化理论家们共用的一种理论范式。对文化马克思主义在地域上主要限定在英国,在时间跨度上主要限定在20世纪50～70年代晚期,相对应的英国政治局势是从福利国家的建立到玛格丽特·撒切尔对福利国家的改革。该书对英国文化马克思主义阐述了如下主要观点。①

(1) 文化马克思主义是一种批判的和非正统的马克思主义。英国文化马克思主义是一个连贯的思想传统,并不局限于某个学科或其中的某个人物,对文化马克思主义充满兴趣的研究者包括了历史学家、文学批判家、文化理论家和哲学家等,他们试图对马克思主义历史学和文化研究做出政治性的批判、阐释和辩护。

(2) 文化马克思主义产生于战后英国左派危机的历史背景。20世纪50年代保守党执政期间,左派危机已经形成,而在80年代撒切尔改革之后变得更明显。英国文化马克思主义源于其对英国社会主义的理解质疑了传统左派对政治和经济范畴的绝对依赖,并逐渐破坏了传统马克思主义对工人阶级的设想。文化马克思主义者将结构和动力之间的关系作为首要关注的问题,他们以文化为核心重新思考政治,将文化作为政治斗争的场所,试图阐明与资本主义民主和社会主义政治相适应的新的抵抗形式。

(3) 英国文化马克思主义形成于20世纪70年代。20世纪30～40年代,在人民阵线和"冷战"背景下,英国共产党历史学家小组发展了马克思主义历史理论,对文化马克思主义的初期形式具有重要影响作用;在20世纪50年代末和60年代初,英国新左派在创造文化马克思主义理论中起到了关键作用;20世纪70年代,文化马克思主义以阿尔都塞马克思主义为焦点的内部争论促进了其思想的成熟,德沃金正是以20世纪70年代的文化马克思主义传统为重点研究内容。

(4) 英国文化马克思主义受到法兰克福学派文化批判传统的影响,与之具有共性但也有差异性。法兰克福学派在第一次世界大战后创立,它受到了马克思主义的启发,也影响了当代的文化研究。英国文化马克思主义与法兰克福学派两者的共同点是:都强调文化,反对经济决定论,关注资本主义社会中革命主体的消失。两者的主要区别在于:其一,对当代文化持不同态度。法兰克福学派批判当代文化工业是低俗民众的文化娱乐;而英国文化马克思主义肯定大众文化的多样性和创造性作用。其二,政治认识不同。法兰克福学派相信批判思维自身就是一种革命实践的形式,认为

---

① 参见〔美〕丹尼斯·德沃金《文化马克思主义在战后英国——历史学、新左派和文化研究的起源》,李凤丹译,人民出版社2008年版,"导言"2～5页。

知识分子天生就是革命的,他们倾向于与工人阶级政治保持距离。而英国文化马克思主义与工人阶级和激进运动之间具有天然的联系,文化马克思主义运用知识分子的智慧阐述从属阶级的目标,试图理解约束工人阶级的各种社会力量。其三,主体力量不同。法兰克福学派以崇尚理性主义的哲学家为主体力量;而英国文化马克思主义者主要由历史学家、文学家和文化理论家组成,他们普遍崇尚经验主义。英国文化马克思主义承续和发展了法兰克福学派的理论。

(5)"英国文化马克思主义与当时主要流行的马克思主义传统——尤其是斯大林主义、机械主义和经济主义——划清了界限。"[①] 英国文化马克思主义与马克思主义的总体关系可以理解为:英国文化马克思主义以马克思主义为指导,同时又在对马克思主义的研究中运用马克思主义理论,力图发展马克思主义。

德沃金对英国文化马克思主义思想史的深入研究,为本书全面而整体理解文化马克思主义产生的历史背景、主体内容、外部影响因素、内部争论及形成过程等,提供了宝贵的理论资源。

(二) 广义的文化马克思主义

道格拉斯·凯尔纳是美国马克思主义批判理论家、媒体文化批判和后现代文化研究者。凯尔纳坚持马克思主义基本精神和本质,他从马克思和恩格斯思想中寻找文化马克思主义源头,将早期西方马克思主义者卢卡奇的总体性理论、葛兰西的文化霸权理论以及法兰克福学派的社会批判和文化研究理论进行了历史关联与逻辑对接,探索了文化马克思主义的理论缘起和历史发展。他将以伯明翰学派为中心的英国文化研究学派作为文化马克思主义的著名代表,重点研究了其从20世纪50~80年代的发展历史,并通过比较与法兰克福学派的关系,阐明了英国文化研究学派的特点。但凯尔纳并不止于英国文化马克思主义的研究,他还将20世纪80年代的后现代转向和全球化趋势也纳入文化马克思主义的发展视野,认为后现代社会的消费文化、媒体文化及全球文化现象都应运用文化马克思主义范式进行考察。文化马克思主义这一术语不仅被凯尔纳用以指称一些马克思主义文化研究者,也是他自身开展文化研究自觉运用的一种理论范式。凯尔纳

---

① 〔美〕丹尼斯·德沃金:《文化马克思主义在战后英国——历史学、新左派和文化研究的起源》,李凤丹译,人民出版社2008年版,"导言"第5页。

不仅专门写过一篇论述文化马克思主义的论文，即《文化马克思主义和文化研究》①，而且还撰写了有关马克思主义批判、媒体文化研究、后现代文化批判的其他论著，相关论著也对文化马克思主义做过论述。

凯尔纳正是将马克思主义批判和文化研究（特别是媒体文化、后现代文化研究）相结合，从而构建了一个十分广泛而开放的文化马克思主义概念。通过细察其文本，综合其理论精神，凯尔纳关于文化马克思主义的基本观点还是明晰的。

（1）文化马克思主义是一种马克思主义文化批评和文化研究范式。凯尔纳将20世纪以来众多运用马克思主义理论开展文化研究的学者都纳入文化马克思主义传统之列。他认为卢卡奇、葛兰西、布罗齐、本杰明、阿多诺、詹姆逊、伊格尔顿等人都专注于马克思主义理论研究，分析各种文化形式的发展与社会历史发展的关系，探讨文化对大众和社会生活产生的作用与影响。② 在这里，凯尔纳对文化马克思主义的基本解释实际已隐含其中，他认为文化马克思主义即运用马克思主义理论开展文化、社会、历史分析，亦即是一种文化研究的理论范式，或称为马克思主义的文化研究。凯尔纳正是沿着文化研究的路径考察并声张了文化马克思主义的传统。

（2）文化马克思主义的兴起可以追溯到西方马克思主义的文化转向。凯尔纳认为马克思和恩格斯在不同文本中零散地提及文化，但并未集中系统具体论述，也没有提出有效的文化分析模式。但他们提出的基础——上层建筑的理论、德意志意识形态理论，为文化研究提供了指导原则。③ 从20世纪20年代开始，一些早期西方马克思主义者聚焦文化研究，匈牙利马克思主义文化批判家卢卡奇在《文学理论》与《历史与阶级意识》等文本中，强调对文化作品和文化现象的历史分析及阶级意识分析的重要性；意大利马克思主义理论家安东尼奥·葛兰西在《狱中札记》中提出文化霸权理论。卢卡奇和葛兰西的理论影响了法兰克福学派的文化研究路径，而法兰克福学派的文化研究和社会批判又对欧美产生深远影响，如罗兰·巴特、詹姆逊、伊格尔顿等人，他们都在具体的社会历史环境中对文

---

① 参见〔美〕道格拉斯·凯尔纳《文化马克思主义和现代文化研究》，雷保蕊译，《上海行政学院学报》2006 年第 5 期。
② 参见〔美〕道格拉斯·凯尔纳《文化马克思主义和现代文化研究》，雷保蕊译，《上海行政学院学报》2006 年第 5 期。
③ 参见〔美〕道格拉斯·凯尔纳《文化马克思主义和现代文化研究》，雷保蕊译，《上海行政学院学报》2006 年第 5 期。

化生产、文化产品阐释和接受等问题进行了研究。正是在西方马克思主义者卢卡奇和葛兰西及法兰克福学派的影响下，才形成了文化研究的共用范式——文化马克思主义。

（3）文化马克思主义的著名代表是以英国伯明翰学派为中心的英国文化研究学派。20世纪50年代末到60年代初，以霍加特、雷蒙德·威廉斯和汤普森等为代表的第一代左派开创了文化研究事业，形成了文化唯物主义理论，推进了法兰克福学派的研究；20世纪60年代后，霍加特和霍尔于1963～1964年创立了伯明翰当代文化研究中心。第二代新左派受阿尔都塞和葛兰西的影响，通过学派争论、反思、政治参与，对特定文化背景下的阶级、性别、民族、种族以及传媒文化的特点及其意识形态性等进行了深入研究，使文化马克思主义理论范式走向成熟。

（4）文化马克思主义的两大传统——英国文化研究学派与法兰克福学派在研究特色上既具有共性，又有各自不同的特点。两者都主张发挥多学科的优势，进行跨学科的文化研究；都倡导文化和意识形态的有机结合，强调批判思维方式，主张以意识形态为核心开展批判性文化研究。但两者对大众文化的意识形态分析持有不同的立场，法兰克福学派视大众文化为意识形态统治的强有力形式，而英国文化研究学派则认为大众文化也发挥着对意识形态的抵抗功能。

（5）文化马克思主义从20世纪70年代末开始关注后现代主义。文化研究的后现代转向是对全球资本主义发展的时代问题的回应。英美文化研究学者从前期关注社会主义革命政治转向后现代媒体文化、消费文化研究，将文化生产和文化消费过程作为研究的重点。霍尔的《编码，解码》与《两种范式》等论著对文化生产和资本循环进行了分析，从注重文化政治和文化意识形态分析进一步转向关注文化与经济关系的政治经济学。

很显然，凯尔纳以一种开放的态度，从更广泛的文化视角叙说了文化马克思主义理论。如果说德沃金按照英国历史学、左派、文化研究的发展史建构的文化马克思主义概念是狭义的话，那么，凯尔纳界定的文化马克思主义概念则显然是广义的和开放的，其源头更深地追溯至马克思主义文化理论，而其发展连接到后现代主义马克思主义，其涵盖地区包括欧美，时间范围则是从20世纪初至今。特别是当他将后现代主义文化研究也纳入文化马克思主义视野时，或者说在后现代社会境况中思考文化马克思主义问题时，无疑大大拓展和丰富了文化马克思主义的内涵，并使这一概念获得无限想象空间，当然也增加了理解的复杂性和难度。

（三）政治右翼立场的文化马克思主义

威廉·S.林德是美国自由国会基金会文化保守主义中心的主任，他受邀写作了《什么是文化马克思主义？》一文，试图解释文化马克思主义的概念及其由来。他给文化马克思主义下的定义是：文化马克思主义作为西方马克思主义的一个分支，它不同于苏联马列主义，通常被称为"多元文化"。他指出文化马克思主义用"多元文化"这样的术语隐瞒了其马克思主义本质，也就是说文化马克思主义表面上称为文化主义，而实质上是马克思主义。

与凯尔纳认为文化马克思主义兴起于20世纪20年代基本一致，林德直接断定文化马克思主义不是始于20世纪60年代，而是在第一次世界大战结束后的1919年。因为欧洲革命的失败，两个马克思主义理论家——意大利的安东尼奥·葛兰西和匈牙利的格奥尔格·卢卡奇不约而同将革命失败的原因归结为：由于西方文化和基督教的遮蔽作用，工人阶级已不能认清他们真正的马克思主义的阶级利益。因此，只有摧毁西方文化和基督教才能实现共产主义。1919年，卢卡奇在任匈牙利库恩·贝拉政府主管文化的代表委员时，率先行动向公立学校引进性教育，试图通过摧毁西方传统的性道德，从而为摧毁西方文化本身踏出巨大的一步。

林德认为文化马克思主义的创立者是法兰克福学派。1923年，德国部分马克思主义者在法兰克福大学创建了社会研究所，马克斯·霍克海默、西奥多·阿多诺、威廉·赖希、恩里克·弗洛姆和赫伯特·马尔库塞等人是其主要成员。他们认为文化不仅仅是马克思主义所谓上层建筑的一部分，努力将马克思主义从经济转化为文化术语。他们通过观察资本主义社会的变化，认为工人阶级正在变为中产阶级，不能领导社会革命，黑人、学生、女权主义妇女和同性恋者的联盟等将成为革命的主体力量。1933年，希特勒在德国掌权之后，法兰克福学派成员为逃避希特勒政权对犹太人的迫害，逃亡到美国纽约，他们创建了社会批判理论，从批判德国的传统文化转向对美国传统文化的批判。"二战"结束后，除马尔库塞留在美国外，法兰克福学派的大部分成员返回德国。20世纪60年代，马尔库塞成为新左派的首领，他将《爱欲与文明》中的政治思想兜售给大学生，切中了美国国家意识形态的要害。

站在右翼立场理解文化马克思主义的除了林德外，还有琳达·金宝（Linda Kimball），他曾撰文《文化马克思主义》，将文化马克思主义界定为一种伪装的"多元文化主义"。金宝认为美国人有两个错误的认识：苏联解体后共产主义已不再是威胁；20世纪60年代，新左派瓦解并消失。其实，革命者们改头换面后在美国继续存在并蓬勃发展，诸如激进女权主义者、黑人极端分子、反战"和平"运动、动物权利组织、激进环保主义者和同性恋权力团体等以多元化方式表达着他们的激进诉求。对多元文化主义的诞生，金宝也和林德一样将原因追寻到两个马克思主义者——卢卡奇和葛兰西。不同的是，金宝认为卢卡奇和葛兰西是多元文化主义的"原型"和"前导"，他们都将西方基督教文化看作通往共产主义道路的障碍，并提出了重塑阶级意识和夺取文化霸权的政治主张。金宝认为法兰克福学派是文化马克思主义的基地，这个学派包括社会学家、性学家和心理学家等多学科成员，他们提供了基于文化的革命政治理论的基础思想。金宝特别强调，20世纪50年代，法兰克福学派利用阿多诺的"权威人格"观点扩大了文化马克思主义的影响力，他们将社会批判理论作为一种政治策略，无情地反对传统美国文化和社会。文化马克思主义在西方国家以多元文化主义著称，学术多元文化主义以身份政治为基础，而身份政治的根源是文化决定论，因此，归根到底文化决定论是文化马克思主义的关键。

林德和金宝都从政治右翼的立场出发批判性地将文化马克思主义界定为一种具有左派激进色彩的多元文化主义。维基百科在解释词条"Cultural Marxism"时也指出了政治右翼对文化马克思主义的批判立场。自20世纪90年代初以来，美国保守主义的代表人物帕特里克·布坎南（Patrick Buchanan）和威廉·S. 林德断定文化马克思主义在美国左派中是一种优势力量，认为法兰克福学派的德国哲学家们设计了一种马克思主义的文化形式，目的在于毁灭西方的文明。他们利用美国的大众媒体感染美国人心灵，帮助煽动起了20世纪60年代的反文化社会运动。在政治右翼保守主义者眼中，文化马克思主义被视为一种应当警惕的腐蚀美国的外国影响力量。

国外学者约翰·布兰克曼在《文化马克思主义理论》中还提出过"文化马克思主义理论"这一术语，他将文化马克思主义理解为对多元文化的研究，认为现代社会交流形式与大众文化的发展，使得传统人文学术作为资本主义社会的文化聚敛中心的作用已被取消，当代批评家因此必须扩展视界与工作面，相应地将多层复合文化研究认作己任。[①]

除了以上对有关文化马克思主义的具有代表性的观点外，以"Cultur-

[①] 〔美〕约翰·布兰克曼：《文化马克思主义理论》，《社会文本》1983年第3期，第20～22页。转自赵一凡《马克思主义与美国当代文学批评》，《外国文学评论》1989年第12期。

al Marxism"为关键词查阅英文资料目录上面显示有多篇相关论文,从发表日期看,西方对文化马克思主义研究较为集中在20世纪70年代末和80年代初。这与后文要叙述的文化马克思主义经典文本如威廉斯的《马克思主义与文学》英文版出版时间1977年具有一致性,为我们对文化马克思主义追本溯源和深入研究提供了指引。

西方学者对文化马克思主义的解释和界定有一致性也有差异之处。由于政治立场不同、理论目标相异,学者们对文化马克思主义的理解各有侧重,但也呈现出具有共性的基本认识,可以简单将之总结为:文化马克思主义与文化研究相关;文化马克思主义受左派所青睐,为右翼所警惕;文化马克思主义产生于20世纪初期;早期西方马克思主义者卢卡奇、葛兰西对文化马克思主义的产生具有开创意义;德国的法兰克福学派和英国的伯明翰学派共用了文化马克思主义的传统;文化马克思主义是马克思主义的,但又不同于苏联的马克思主义;文化马克思主义从文化角度发展了马克思主义;文化马克思主义在美国成为一个备受关注的话题。

二、中国学者的多学科视野

在中国,文化马克思主义理论主要受到文学批判、西方文论、文化研究、文化哲学研究及马克思主义研究、国外马克思主义研究等多学科的关注。有的学者直接使用了"文化马克思主义"这一术语,对其内涵和外延做出了解释,有的学者并未直接使用这一概念,但其研究内容也涉及这一概念的内涵与外延。

(一)西方文化与马列文论中的文化马克思主义

雷蒙德·威廉斯于1977年出版的《马克思主义与文学》一书无疑是文化马克思主义的经典文本,该书于2008年由王尔勃译为中文,王尔勃在译后记中明确表示,他是从"马列文论"和"西方文论"的双重角度关注此书的。他还写了一篇很长的代译序文《回望跨世纪的理论接驳者——关于威廉斯和"文化唯物论"的断想》,其中阐明了自己对文化马克思主义的见解。他认为"西方马克思主义"内部虽然流派众多,但进入兴盛期则基本按照两条理路先后演进,一种是"人本主义马克思主义"理路（以法兰克福学派、萨特等为代表），一种是"结构主义或科学主义马克思主义"理路（以阿尔都塞等为代表）。"上述两种理路的'合题'集中体现在由威廉斯的文化唯物论、伊格尔顿的审美意识形态论、詹姆逊的后现代辩证批评等理论所开辟的'文化社会学'或'文化马克思主义'维度上。这一维度现正由伯明翰学派、鲍德里亚、布迪厄、拉克劳、墨菲以及默多克等人的研究所扩展、深化，目前已形成一个鼎盛的研究领域。"① 王尔勃将文化马克思主义看作人本主义马克思主义和结构主义（或科学主义）马克思主义的"合题"时，实际上是将文化马克思主义视为西方马克思主义发展的第三条理路。从以上这段话应还注意到，王尔勃不仅将威廉斯的文化唯物论、伊格尔顿的审美意识形态论、詹姆逊的后现代辩证批评理论列入文化马克思主义之列，而且认为法国的鲍德里亚（以研究消费文化理论而著称）、布迪厄（提出文化资本理论），后马克思主义旗手拉克劳、墨菲，媒体文化研究者默多克等也对文化马克思主义的发展和深化具有贡献。这种理解思路与道格拉斯·凯尔纳似乎不谋而合。

中国社会科学院外国文学研究所研究员赵一凡，主要从事欧美文学与文化理论研究。他曾留学哈佛大学，在思想史、文论研究以及文化批评方面著述颇丰。自1992年起，他在《读书》杂志上连载《哈佛读书记》论述西方文化，1996年将其中16篇札记结集为《欧美新学赏析》一书出版。所谓"新学"，是指从尼采到福柯的20世纪西方学者的批评理论。其中三大思想潮流分别为现象学、结构主义与后结构主义、西方马克思主义，呈现了西方人文学术的学科变革趋势。赵一凡大学攻读英语专业，先后获得文学硕士、史学硕士、哲学博士学位，正是基于英语、文学、史学、哲学等多学科知识背景，他在2006～2008年，陆续发表了有关西方马克思主义文化批判的一系列论文，连载于《中国图书评论》，主题包括："西马在英国""西马在美国""卢卡奇：西马之起源""葛兰西：西马之战略""阿尔都塞：西马之重构""本雅明：西马之救赎"与"阿多诺：西马之否定"等，他深入研究了西方马克思主义的起源及在英美等国发展的状况，并以经典文本为依据具体细致地介绍了西方马克思主义人物卢卡奇、葛兰西、阿尔都塞、本雅明、阿多诺、哈贝马斯等人的思想。此外，也介绍了后学名家及理论，如"詹姆逊：后现代再现"、"利奥塔与后现代主义论争"、福柯知识考古学、权力与主体、话语理论、"拉康与主体的

---

① 〔英〕雷蒙德·威廉斯：《马克思主义与文学》，王尔勃等译，河南大学出版社2008年版，"代译序"第6～7页。

消解"、"萨义德：后殖民批评"、"萨义德与美国文化批评"和"亨廷顿、萨伊德和东方主义"等，对他们的思想及其在西方马克思主义发展中的理论地位以及人物和思想之间的相互关系进行了分析，这些系列论文细读下来即是一部未成书稿的西方马克思主义文化批判史，但赵一凡的研究似乎极少引起马克思主义学科界的注意。

赵一凡在《中国图书评论》杂志2007年第9期发表的《西马在英国》（上）一文中也使用了"文化马克思主义"这一术语。他引用一些材料证明了马克思流亡英国期间与英国文学的关系。马克思将所有的书写材料都称为文学，充分肯定文学在人文科学中的重要地位，认为文学作品与其他理论著作一样，都是对人类思想智慧的概括和复杂社会关系的表达。马克思欣赏莎士比亚、狄更斯等人的作品，认为英国小说中描述的社会关系恰是他欲以科学方法阐明的，他赞赏英国杰出小说家比一切政论家和道德家揭示的政治与社会真理加在一起还要多。

赵一凡还将马克思的巨著《资本论》作为文化批判的文本予以解读，认为有许多材料可以说明《资本论》具有诸多文化构成因素。他认为《资本论》开创性地指引了西方马克思主义对资本主义的总体性文化批判，卢卡奇、本雅明、阿多诺等西方马克思主义理论家都受其影响。《资本论》并非单纯的政治经济学著作，"作者的战略意图，是要在文化思想领域发起攻势，对资产阶级施以'理论打击'"[①]。赵一凡还通过分析英国文化研究传统从阿诺德、利维斯到新左派人物威廉斯、汤普森的继承与发展、争辩与对话，明确指出："英国文化研究从封闭走向开放，更将本土批评实践与国际潮流相融合，形成颇具英国特色的西马文化批评体系。这便是欧美学界称道不已的文化马克思主义（Cultural Marxism）了。"[②] 文化马克思主义是英国新左派的重要学术贡献，他将文化马克思主义的起源归结为1956年苏联军队出兵平息匈牙利国内动乱和英法以联军入侵苏伊士运河，这两件国际大事件导致欧洲左派对马克思主义政治信仰的丧失，再加上第二次世界大战后西欧所推广的福利政策使大规模政治革命无法变为现实，大批党员因西欧共产党盲从苏联、压制歧见而退党，在这种时局下，英国新左派文化研究者转而求助西方马克思主义理论。[③] 赵一凡尽管没有明确的关于文化马克思主义的哲学化定义，但却指明了文化马克思主义应研究

---

① 赵一凡：《西马在英国》（上），《中国图书评论》2007年第9期。
② 赵一凡：《西马在英国》（下），《中国图书评论》2007年第9期。
③ 参见赵一凡《西马在英国》（下），《中国图书评论》2007年第9期。

的代表人物及其理论范围和具体框架。

（二）文化哲学视域中的文化马克思主义

武汉大学何萍教授主张从文化哲学角度阐释马克思主义哲学史。她认为21世纪的马克思主义哲学史研究应进入一个方法论的反思阶段。她所谓的方法论反思，就是要用文化哲学的历史理性范式重新叙述马克思主义哲学史。她认为19世纪40年代在批判近代哲学基础上产生的马克思主义哲学本质上是现代哲学，因其在创立过程中受到西方各种人文科学思潮的影响，在东西方国家发展中形成多种形态，故不能用近代哲学的科学理性加以表述，而必须采用现代哲学的历史理性，即文化哲学的研究范式来叙述。在哲学史领域，文化哲学研究范式主要包括两个层面：一是在问题意识的基础上，从时间层面研究不同时代的独特哲学发展形态，以揭示哲学发展的质变；二是以不同民族文化为背景，从空间层面研究国家民族哲学传统的形成及其历史演变，以表明哲学发展的世界化和多元化。文化研究范式能够展现马克思主义哲学的内在传统和不同形态的历史演变。她认为既要研究马克思主义哲学的发展及其在不同民族的表现，又要研究马克思主义哲学的世界性发展及与各民族文化传统之间的关系。

何萍认为20世纪的马克思主义本质上是哲学，它不仅是一种科学社会主义学说，而且是一种支持科学社会主义的革命辩证法。20世纪马克思主义哲学的价值就在于：它是对马克思的哲学思想的充分阐释，创造了不同的马克思主义哲学传统和哲学形态，从而构造了马克思主义哲学的世界发展格局，使我们能以全新的广阔视野认识多元变革的马克思主义哲学形态及其发展的内在逻辑。

基于文化哲学视角，基于对英美马克思主义哲学的对比分析，何萍认为20世纪60年代末以后，美国学者扩大了马克思主义哲学研究的领域，与文化哲学、分析哲学、实用主义、现象学、生态学等相关联，形成了五种马克思主义哲学形态。[①] 她将文化唯物主义作为美国马克思主义哲学形态予以着重关注，认为"文化的唯物主义"（Cultural Materialism）是美国的马克思主义文化哲学形态。她将狭义的文化哲学指认为"文化的唯物主

---

① 参见何萍《文化哲学视野中的东西方马克思主义哲学》，《学术研究》2010年第7期；《美国马克思主义哲学的历史进程及其特点》，《国外社会科学》2005年第2期。

义"①，它包括两种类型：一是经验的文化哲学，它基于文化人类学成果，建立在经济和日常生活层面上；二是批判的文化哲学，它基于欧洲哲学反思性成果，紧密关联语言和意识形态。前一种类型的主要代表是马文·哈里斯（Marvin Harris），哈里斯明确使用了文化唯物主义这一术语，并以此术语为其著作的主标题出版专著，力图建构一种科学理论以有效地解释社会文化现象，揭示造成社会与文化矛盾关系的根源。哈里斯的文化唯物主义以人类学为视野，通过马克思的生产方式、国家、宗教等观念分析人类历史发展的动力，重新阐发了马克思的历史唯物主义。哈里斯的文化唯物主义与马克思列宁主义的辩证唯物主义相对立。两者的区别是：在理论结构上，文化唯物主义以人的文化活动为轴心，辩证唯物主义以人们的社会物质条件为轴心；在研究范式上，文化唯物主义认为社会与文化具有相互对立统一的关系，主张人类活动非决定论，而辩证唯物主义则坚持以自然为终极原因的人类活动决定论。②何萍指出，"文化的唯物主义"的另一种思路的主要代表是詹姆逊，她和凯尔纳等人一样将詹姆逊的马克思主义文化批判纳入文化马克思主义范式，但她区别了哈里斯的研究策略和詹姆逊的研究方法。何萍认为哈里斯的研究范式深入到了马克思主义的经济—社会系统之中；而詹姆逊的研究范式则走向了文化意识形态研究。由于何萍的研究更关注文化哲学问题，而文化唯物主义这一狭义的文化马克思主义及其代表人物哈里斯和詹姆逊只是其论述文化哲学问题的材料和论据而已。尽管何萍无意于界定文化马克思主义，但其文化哲学视角为理解文化马克思主义提供了方法和思路。

（三）马克思主义论域中的文化马克思主义

在中国语境中，从马克思主义理论学科意义上讲，关注文化马克思主义的主要是研究国外马克思主义（或西方马克思主义）的学者，进行了较为系统研究的学者主要有张亮、张秀琴、胡大平、周穗明等。

张亮著有《英国新左派思想家》一书，他对英国新左派及文化马克思主义进行了系统深入的研究，认为文化马克思主义是一种具有鲜明英国本土特色的马克思主义理论传统。从马克思主义诞生至1920年英国共产党

---

① 参见何萍《美国"文化的唯物主义"及其理论走向》，《武汉大学学报（哲学社会科学版）》2004年第2期。
② 参见何萍《美国"文化的唯物主义"及其理论走向》，《武汉大学学报（哲学社会科学版）》2004年第2期。

成立后，英国其实都没有真正意义上的本土的马克思主义理论传统，只是英共在政治和理论方面长期追随、依附苏（俄）共。但在20世纪30年代中后期，大批知识分子加入英共，他们一方面以苏联马克思主义作为自己的指导思想，另一方面自觉进行理论创新。1956年匈牙利事件后，英国新左派运动兴起，20世纪50年代末60年代初，霍加特、威廉斯、汤普森等新左派思想家深入批判斯大林主义，批判继承英国经验主义文化传统，将马克思主义基本理论与英国实际问题相结合，陆续出版了一些有影响力的文化理论著作，从而形成了具有鲜明特色的英国文化马克思主义。张亮在阐释文化马克思主义时特别强调了其英国特色，关注到它与英国国内现实和本土传统文化的联系，认为文化马克思主义正是新左派思想家运用马克思主义理论革新传统文化（利维斯主义）的成果，同时张亮也指出文化马克思主义与苏联马克思主义既相联系又相区别，他指认了英语理论界"文化马克思主义"术语的两个来源和两种用法，即德沃金1997年著作中的狭义用法，以及凯尔纳的广义用法，而张亮自身赞同的是狭义用法。从他专门论述文化马克思主义的几篇论文来看，张亮之狭义用法又不同于德沃金，德沃金特别关注20世纪70年代之后霍尔等第二代新左派的贡献，但张亮似乎更着力于发掘第一代新左派威廉斯、汤普森等人的文化马克思主义思想。他结合英国文化研究学者斯道雷对文化主义的考证，认为文化马克思主义实际上是与文化主义具有共同所指的一个术语，只不过文化主义带有贬义和批评味道。并且他不同意将霍尔与霍加特、威廉斯、汤普森这三位第一代新左派思想家扯在一起，尽管霍尔也曾与他们有紧密的联系，但在政治上和理论上更接近于佩里·安德森等第二代新左派，而与第一代新左派有明显距离。因此，张亮不仅将霍尔排除在文化马克思主义之外，而且借用霍尔对文化主义术语的批评，重申了自己的观点，认为具有鲜明英国特色的文化马克思主义正是形成于霍加特、威廉斯、汤普森这三位第一代新左派思想家20世纪50年代末60年代初的著作中。① 文化马克思主义是在"二战"结束到20世纪60年代前期的特定历史情境中，在反对斯大林主义的特定理论语境中，将马克思主义基本原理与英国实际相结合的思想结晶，是坚持和发展历史唯物主义的一种成功的具体化、民族化尝试。② 这似乎可以作为张亮对文化马克思主义的定义。

---

① 参见张亮《从苏联马克思主义到文化马克思主义——英国马克思主义理论传统的战后形成》，《人文杂志》2009年第2期。
② 参见张亮《从苏联马克思主义到文化马克思主义——英国马克思主义理论传统的战后形成》，《人文杂志》2009年第2期。

张亮不仅将文化马克思主义特指为第一代左派，而且还撰文将文化马克思主义终结在安德森、霍尔等第二代新左派主导下的结构主义马克思主义的兴起和"葛兰西转向"。张亮认为，20世纪60年代初以后，第二代英国新左派引进、借鉴欧陆当代思想资源，形成了影响巨大的结构主义马克思主义。在两代新左派围绕结构主义马克思主义发生的争论中，第二代新左派掌握话语权，从而偏离了英国本土化的文化马克思主义立场。正是因为第二代新左派对结构主义马克思主义的偏爱导致了英国文化马克思主义的终结，当张亮仅将文化马克思主义的理解局限于英国本土文化传统与马克思主义的结合时，实际上已站在英国立场，否认了作为外来思想的结构主义马克思主义也是一种文化马克思主义的可能性。很显然，张亮持有一个比德沃金更狭义的文化马克思主义概念，所谓文化马克思主义之"文化"是指英国本土文化，而德沃金则还包括了霍尔等人后来论述的受美国等西方文化影响而形成的多元文化，凯尔纳则将对文化和文化研究的理解延伸到后现代文化与全球文化。可见，三人对文化马克思主义概念外延理解各不相同，这应与他们各自的研究旨趣有关系。张亮旨在研究英国马克思主义，他在英国马克思主义话语系统下将文化马克思主义和结构主义马克思主义进行了史学意义上的区分，将两者作为英国马克思主义前后相继的两个阶段。张亮曾撰文指出："作为战后英国马克思主义的第二个发展阶段和第二种发展形态，'结构主义的马克思主义'是在继承的基础上对文化马克思主义的扬弃与超越。"① 而德沃金构建一个文化马克思主义术语旨在考察左派、历史学派的形成历史，势必注重新老左派历史在文化马克思主义话语系统中的延续性，因此，其建构的文化马克思主义传统本身包括了新老左派的历史。凯尔纳的研究兴趣点是马克思主义批评理论和媒体文化研究，他对马克思主义的发展和文化研究的发展及其结合进行的是更加总体的研究，因此，其文化马克思主义概念意欲包括马克思主义发展的各种形式及文化研究的各种样态，从20世纪初的西方马克思主义文化转向到21世纪的后现代文化和全球文化的发展都被其囊括在文化马克思主义的研究视域中。此外，张亮还将文化马克思主义等同于文化唯物主义，是对马克思主义历史唯物主义的发展。在与第二代新左派的论战中，第一代新左派也对自己的理论进行了修正，1977年，威廉斯的《马克思主义与文学》一书全面总结了自己的文化唯物主义和文化马克思主义观

---

① 张亮:《从文化马克思主义到"结构主义的马克思主义"——20世纪60年代初至80年代初英国马克思主义的发展历程》，《文史哲》2010年第1期。

点。很显然,张亮忽略了来自结构主义马克思主义对文化研究的影响而形成的文化意识形态理论,其实这也是文化马克思主义的重要组成部分。

胡大平编著的《西方马克思主义哲学概论》教材,该书与张一兵、胡大平撰写的《西方马克思主义哲学的历史逻辑》一书具有关联性,都将文化马克思主义作为人本主义马克思主义与科学主义马克思主义之后的第三条道路或第三种形态。教材勾勒了西方马克思主义哲学发展的历史逻辑,在结构安排上,第一至三章对西方马克思主义的理论起源、主要流派和代表、理论特征等进行了总体阐述;第四至七章介绍人本主义马克思主义的时代背景、基本主张、主要流派及代表人物的具体思想;第八至十一章论述法兰克福学派的社会批判理论及主要代表人物的观点;第十二、十三章论述阿尔都塞的结构主义理论和科学主义马克思主义观;第十四章专论英国马克思主义的战后发展;最后一章总结了20世纪西方马克思主义发展的总体趋势。该书从结构安排上明确了文化马克思主义在西方马克思主义历史发展逻辑中的位置。其中对以威廉斯、汤普森为代表的文化马克思主义的特征做出了总结性概括[①]:第一,认为马克思主义就是历史唯物主义,其本质是科学的批判方法论;第二,坚持以马克思主义的实践唯物主义立场理解社会存在与社会意识的关系;第三,主张在解决英国具体问题的过程中坚持、丰富和发展马克思主义基本原理;第四,认为工人阶级文化是当代英国社会主义发展的核心问题,这种"自下而上"的观察视角反映了"人民历史"观念和超越资本主义的乌托邦精神;第五,坚信重新焕发英国工人阶级的革命传统精神能推动社会主义革命取得成功。

该书对文化马克思主义的界定很明显偏重于"马克思主义"成分和内容,在西方马克思主义发展的历史逻辑之中,注重文化马克思主义与其他形态马克思主义的区别。另外,该界定将文化马克思主义限定在"二战"后到60年代前期英国具体语境中第一代左派的理论探索,这与张亮的观点基本一致。由此可见,不同的理论框架和话语系统影响着学者对文化马克思主义概念的理解。

2004年出版的周穗明主撰的《20世纪西方新马克思主义发展史》,是作者主持的同名国家社会科学基金项目的最终成果,具有教材体例的风格,分上下两册,有总论有分述,从早期西马代表卢卡奇到20世纪70年代之后新马克思主义的多元化发展,包括了极为庞杂的内容。其中,有两

---

① 参见胡大平编著《西方马克思主义哲学概论》,北京师范大学出版社2010年版,第372~373页。

章专论文化马克思主义：其一，在第三篇"二战后新马克思主义的发展时期（上）"中，第十六章为"战后英国的文化马克思主义"；其二，在第五篇"20世纪70年代后新马克思主义的多元化时期（上）"中，第二十九章为"欧美的文化马克思主义"。

该书第十六简单介绍了英国文化马克思主义产生的左派政治背景，将英国文学批评和文化研究传统作为文化马克思主义的思想之源，介绍了霍加特、威廉斯、汤普森和霍尔等主要代表；比较了英国文化马克思主义与法兰克福学派的异同，并对战后英国文化马克思主义进行简短评价。在其结论中有如下观点值得注意："英国的文化马克思主义不同于战后新马克思主义的两大发展线索，即人本主义的马克思主义和科学主义的马克思主义，是在这一总体格局之外自成一脉的新马克思主义流派。"① 文化马克思主义的主要理论贡献在于：发展了马克思主义的文化观，重新阐释了战后社会结构的演变，发展了马克思主义的工人阶级理论；以历史和辩证的观点正确分析了大众文化的积极意义和消极影响，强调文化因素对社会历史发展的影响和工人阶级形成的重要作用；其文化概念涵盖了传统、体制和各种社会政治、经济、文化形式的扩张，但并不与历史唯物主义相悖。文中还断定："英国文化马克思主义是新马克思主义理论中最接近正统马克思主义的流派。"

该书第二十九章开篇指出，"与传统马克思主义将文化与政治、经济相分离不同，新马克思主义从它产生之时起就非常重视文化因素的作用"②。在第二次世界大战以后，文化在资本主义社会再生产中的作用日益凸显，形成了欧美文化马克思主义的"思想景观"，其中詹姆逊和鲍德里亚就是这一"思想景观"的重要代表。该章主要介绍了"詹姆逊及其后现代文化政治学"和"鲍德里亚及其符号的政治经济学分析"，最后的结论是："欧美的后现代文化马克思主义揭示了当代资本主义发展中文化与经济政治的结合，将文化在当代资本主义社会再生产中所发挥的中心作用加以理论化，凸现了当代资本主义发展的新特点。"③ 这一理论对消费资本主义社会及其主导意识形态的合法性进行了马克思主义的批判，揭示了消费社会物化状态中客体主宰主体的社会性构建过程，揭露了晚期资本主义的文化逻辑，对经典马克思主义提供了有用的补充。

---

① 周穗明等：《20世纪西方新马克思主义发展史》（上），学习出版社2004版，第275页。
② 周穗明等：《20世纪西方新马克思主义发展史》（下），学习出版社2004版，第474页。
③ 周穗明等：《20世纪西方新马克思主义发展史》（下），学习出版社2004版，第479页。

很显然，教材内容在强调文化马克思主义与正统马克思主义关系的同时，也充分肯定了文化马克思主义在后现代语境中对马克思主义政治经济学的回归。

中国人民大学教授欧阳谦曾著有《人的主体性与人的解放》和《20世纪西方人学思想导论》等有影响力的著作。他在近几年较为系统地研究了文化马克思主义，但他常用的概念是"文化的马克思主义"或"文化主义的马克思主义"。欧阳谦认为自20世纪20年代西方马克思主义文化转向以来，文化在不同的理论家那里有不同的具体表现，从卢卡奇、葛兰西、科尔施、布洛赫等人开始，"文化范畴"具体表现为"总体性范畴"，文化问题通过"阶级意识""领导权""有机的知识分子"与"理论与实践的统一"等理论概念得到表述。不同的理论派别因其理论目标各异，在不同国家不同阶段，形成了各具特色的"文化的马克思主义"。[①] 德国的法兰克福学派，思辨味十足，具有明显的精英主义取向，他们通过"文化工业"批判以揭示"发达工业社会的意识形态问题"。而在法国也发展出多样化类型的马克思主义，如以萨特为代表的"存在主义马克思主义"、列斐伏尔的"日常生活批判"以及阿尔都塞的"结构主义马克思主义"。在英国伯明翰学派的文化研究中，以威廉斯为代表的文化唯物主义则是一种更精细的马克思主义理论。在欧阳谦的理解中，文化马克思主义已成为西方马克思主义的理论特质，他用"文化主义的马克思主义"来界定西方马克思主义的理论，主要探讨了其理论逻辑中的文化辩证法思想。[②] 欧阳谦认为文化问题是西方马克思主义对马克思主义理论与实践创新的重要突破口，具体表现为：以文化批判取代政治经济学批判，以文化主义取代经济主义，以文化唯物主义丰富和扩展马克思的历史唯物主义。"文化主义的马克思主义"是西方马克思主义的理论特质，这一概念既可突出西方马克思主义的问题意识和思想逻辑，又可纠正已有的片面认识；既面向当代变革的社会现实，也是对马克思主义文化理论的丰富与完善。

从事国外马克思主义和意识形态理论研究的张秀琴教授，不仅认同凯尔纳的文化马克思主义的广义概念，并试图循着凯尔纳的足迹深入开展研究。她以文化和意识形态为主题，对广义上的文化马克思主义的代表人物

---

① 欧阳谦：《马克思主义与"文化研究"》，《教学与研究》2009年第12期。
② 欧阳谦：《文化的辩证法——关于"文化主义的马克思主义"的几点思考》，《马克思主义与现实》2008年第4期。

葛兰西、威廉斯、霍尔、伊格尔顿、詹姆逊等分别进行了研究。① 她重新翻译了凯尔纳的《文化马克思主义和文化研究》一文，通过面对面采访确证了凯尔纳对文化马克思主义的见解。她直接认定凯尔纳为文化马克思主义者，并对文化马克思主义的基本观点进行了归纳。②

第一，文化马克思主义内在地包含在马克思主义历史唯物主义之中，因此也被称为文化唯物主义（特别是在英国）。马克思和恩格斯引入生产方式、生产力、生产关系、意识形态和阶级斗争等核心概念来理解社会和历史，提出了关于社会与历史的新唯物主义理论。他们认为历史发展以生产方式的不断更迭为基础，近代资产阶级社会的产生以及资本主义社会向未来共产主义社会的过渡，都需借助生产方式发展的力量。马克思主义历史唯物主义为文化马克思主义奠定了思想基础和叙事原则。

第二，作为一种学术传统的文化马克思主义真正诞生于20世纪二三十年代，随西方马克思主义的出现而兴起。它是对第一代和第二代马克思主义者过于强调经济和政治因素的一种理论回应或者反对，主要代表人物包括从卢卡奇、柯尔施、葛兰西、布洛赫、本雅明、萨特、马尔库塞、阿尔都塞，直到詹姆逊、伊格尔顿和齐泽克等学者，这显然大大扩展了文化马克思主义者的队伍。

第三，文化马克思主义传统内部并非统整如一。20世纪中期以后，相继出现诸多流派，如：德国的法兰克福学派（以文化工业和社会批判著称）、英国的文化研究学派（以伯明翰当代文化研究中心为载体）、法国的结构主义和后结构主义文化研究，以及当代美国的后现代主义文化研究。这些流派的研究虽各有侧重，但也存在共同特点：都致力于用马克思主义理论分析社会文化与政治、经济之间错综复杂的历史关系，以及它们对社会生活产生的影响。他们通过跨学科的研究方法，在社会批判理论的框架下综合性地开展文本分析、受众接受研究、政治经济学研究。

我国学者何云峰还提出过"文化学马克思主义"概念，在论文《理解马克思主义的第三条道路》（《学术界》2007年第2期）中，他认为马克思主义研究有两条传统道路，一是研究马克思主义经典文本，把握马克思主义真实面貌和原初状态；二是研究各个国家和民族的马克思主义实践，捕获时代问题和激活马克思主义的当代意义。除此之外，还有第三条

---

① 张秀琴：《总体的历史主义与偶然的连接主义——葛兰西与后马克思主义意识形态理论比较研究》，《国外社会科学》2009年第1期。

② 参见张秀琴《"文化马克思主义"者：道格拉斯·凯尔纳》，《中国社会科学报》2011年9月27日。

道路，即以现象学的方法把马克思主义当作客观的文化事实予以经验性的研究。这种站在马克思主义之外以文化学方法对马克思主义的研究，可称为文化学马克思主义方法。可见，他所谓的"文化学马克思主义"是一种以马克思主义为文化事实的研究方法。而以此方法，他区分了马克思主义的三种基本文本形态：理论形态、实践形态和研究形态。理论形态指马克思主义经典作家创立的原生态马克思主义；实践形态指马克思主义经典理论与实践相结合产生的"应用形态"，也可统称为文化学马克思主义。这些观点也表达了研究马克思主义的一种路径，其实也与文化马克思主义概念具有相关性，只是很少引起人们的注意。

三、文化马克思主义的开放性理解

以上国内外关于文化马克思主义的研究和界定提供给我们丰富的理论资源，其庞杂的内容也充分说明，文化马克思主义是一个正在建构的开放概念。中西方学者提出的与文化马克思主义相关的概念有：文化唯物主义、英国的文化马克思主义、文化的马克思主义、文化主义的马克思主义、欧美的文化马克思主义、后现代文化马克思主义、文化学马克思主义。学者们的研究或偏向于文化研究，或偏向于马克思主义，或偏向于文化研究与马克思主义相结合的立场。综合各方观点，可以将文化马克思主义的基本内涵归纳起来做如下理解。

（一）一种文化研究的理论范式

文化马克思主义的主要议题是文化研究，文化马克思主义之"文化"主要指文化研究和文化批判，其首要任务就是站在马克思主义的立场，分析、解读社会文化，批判社会现实，开展理论实践，寻找文化革命道路。因此，文化马克思主义第一个层次的内涵就是马克思主义的文化研究。经典马克思主义理论中也有关于人的本质、人的异化、人的全面发展、人的解放、人的主体性、阶级与阶级斗争、意识与意识形态、文化与文明等议题和理论观点，但马克思主义最主要的贡献是对资本主义的政治经济学批判，并没有专门系统的文化理论著作，即便马克思在晚年的《人类学笔记》中已注意到世界历史发展的东西方文化差异，但已无力继续回答文化的问题。20世纪初的文化转向，使文化因素对世界历史发展的重要意义彰显出来，对社会文化现象的研究成为马克思主义理论面临的重要历史课题。文化马克思主义正是西方学者在马克思主义批评理论指导下开展文化研究而形成的一种理论范式。

（二）西方马克思主义的一个派系

文化马克思主义是在西方马克思主义的文化转向背景中出现的。西方马克思主义将马克思主义从对资本主义社会的政治经济批评引向文化哲学批判。在20世纪新的历史条件下，早期西方马克思主义者认识到资本主义社会阶级与阶级意识状况的变化，在重新思考历史主体问题时意识到总体革命和文化革命的重要意义。法兰克福学派开创了社会批判理论，对资本主义社会展开了心理、文化、意识形态批判。文化马克思主义沿着西方马克思主义开辟的文化路径，进一步深化了文化批判，并使文化研究理论化、学科化，发展了马克思主义文化理论，为当代资本主义发展的文化危机探寻了新的路径，使西方社会的马克思主义在正统马克思主义的危机之时得到拯救和复兴。从这种意义上讲，文化马克思主义从属于西方马克思主义，可以称为西方马克思主义的一个分支流派。

（三）文化研究与马克思主义结合的产物

文化马克思主义不是纯粹的文化研究和文化理论，它不同于20世纪之前的唯心主义立场或人类学角度的文化研究，将文化等同于精神或理性文化，将文化完全人化。文化马克思主义的文化研究从社会总体意义上看待文化，突破文化的高雅/低俗界线，将文化置于整体的、日常的生活中，从而使文化既获得了唯物主义基础，又具有了意识形态性和政治功能，文化马克思主义深入研究了消费文化、媒体文化等大众文化形式并揭示了大众文化的意识形态性。文化马克思主义已远不是一种单纯的"文化"的研究，而是将文化研究融入进了马克思主义理论框架，从而建立起新的更为复杂的研究主题，如"文化社会""文化权力""文化意识"和"文化政治"等。与此同时，通过文化研究，马克思主义也被文化"化"，被给予了文化解读甚至修正。文化马克思主义批判正统马克思主义的教条性、极权性，运用语言学、结构主义、后现代主义等文化理论重新解读了经典马克思主义理论，重新阐释了马克思主义历史唯物主义理论、意识形态理论。文化马克思主义将文化研究与马克思主义批判结合起来,改变了传统马克思主义的诸多观点,如阶级、主体和历史等。文化马克思主义还修正了马克思主义的历史唯物主义,创立了文化唯物主义;发展了马克思主义意识形态理论,提出文化意识形态理论,推进了文化政治实践。文化马克思主义不能仅仅被单维度看作一种文化研究的范式或者一种西方马克思主义的支系,而应被看作文化研究与马克思主义发展交互作用而产生的"新机体",一方面,马克思主义被以文化方式得到重新解释和修正,甚至直接被作为文本和文化事实看待;另一方面,文化研究又以马克思主义为理论指导和方法论。因此,文化马克思主义是马克思主义的文化和文化化了的马克思主义,或者借用后马克思主义界定自身的一种方法,文化马克思主义也可以说是"文化"马克思主义或文化"马克思主义"。而动态地看,文化马克思主义的形成正是从"马克思主义化"的文化走向"文化化"的马克思主义的过程。

(四)马克思主义发展的一种新的理论范式

文化马克思主义尽管同经典马克思主义相比有了许多新内容甚至偏离之处,但它终究走在发展马克思主义的路上。马克思主义的重要品格是批判精神,文化马克思主义进一步强调了马克思主义的自我批评精神。正是在承续这种批判和自我批判精神的过程中,文化马克思主义使自身成为马克思主义发展的新范式,行进在马克思主义发展之队列。一些文化马克思主义者明确申称自己的马克思主义身份,即便一些游离在马克思主义周围、拒绝马克思主义标签的文化马克思主义者也不忘肯定马克思主义的当代价值,或辩称自己正做着马克思主义的事业。文化马克思主义者以自己的方式在新的特殊的历史条件下追踪着马克思主义的理论轨迹。从发展的视角来看,文化马克思主义正是马克思主义发展的新范式。

基于前文中外学者对文化马克思主义的广义与狭义理解,本书超越狭义,从宏观角度界定了文化马克思主义的基本内涵,在概念界定中更着重于对文化研究与马克思主义内在关系的揭示。本书对文化马克思主义的发展研究是以英国伯明翰学派为主要考察中心,伯明翰学派作为英国文化研究的代名词,也是文化马克思主义的重要代表之一,以伯明翰学派为中心考察文化研究与马克思主义的关联与相互影响,能更加具体深入地说明文化马克思主义的发展状况。本书第二、三、四章将着重以英国伯明翰学派当代文化研究中心的发展为线索,探究文化马克思主义发展的理论缘起、逻辑线索及理论成果。第五章通过美国文化马克思主义者詹姆逊的文化理论集中研究了文化马克思主义的后现代发展状况;第六章在总结文化马克思主义的理论贡献和局限的基础上,尝试将中国化马克思主义的发展纳入文化马克思主义话语系统进行阐释,以表明文化马克思主义对中国化马克思主义和中国特色社会主义文化发展的启示,展现21世纪世界马克思主义发展的东方图景。

第二章 文化马克思主义的理论缘起

文化马克思主义的产生与20世纪初期文化转向的学术背景有关，西方马克思主义的文化转向为文化马克思主义的产生提供了契机，并直接提供了理论资源和支撑。英国新左派的产生促进了文化研究的发展，为文化马克思主义的发展提供了原动力。新左派知识分子认识到文化研究的重要意义，他们选择了介入政治的文化路径，从革命运动转向理论实践，促进了当代文化研究的发展。伯明翰大学当代文化研究中心是英国文化研究的重镇，伯明翰学派将文化研究与马克思主义结合起来，成为文化马克思主义发展的主体力量，伯明翰学派的当代文化研究成为文化马克思主义发展的逻辑原点。正是在英国新左派知识分子及伯明翰学派的文化研究和马克思主义批判中，文化马克思主义得到了丰富和发展。

一、西方马克思主义的文化转向及其影响

（一）文化转向的内涵与由来

"文化转向"是"二战"以来西方国家发生的一次广泛而深刻的社会观与政治观的变化，西方主要英语国家在人文社会科学领域兴起"文化研究"的热潮，如哲学、文学艺术、社会学、心理学、翻译学和地理学等多种学科都将文化作为研究焦点，开创了社会思想政治问题和理论研究的新局面。所谓"文化转向"，不同的话语背景意义不同。1998年詹姆逊出版的《文化转向》一书，收录了他1983～1988年写作的8篇论文，旨在揭示西方当代社会和文化转向的轨迹。书中，詹姆逊所谓"文化转向"是指在更为宏观的视野上从现代文化向后现代文化的转向。我国学者萧俊明2004年出版了《文化转向的由来——关于当代西方文化概念、文化理论和文化研究的考察》一书，考察了人类学、社会学、批判理论、结构主义与后结构主义、后现代理论、文化研究等多学科和多种理论话语中的文化概念。关于文化转向，萧俊明认为，20世纪曾经历了一系列的转向，如语言哲学转向、解释学转向、后现代转向等，他将文化转向定位在20世纪八九十年代这20年间发生，但又指出文化转向的萌动应追溯到更早的30多年前，他分析指出：从20世纪六七十年代的后工业发展走向90年代和新千年的后现代焦虑，从经济和政治的乐观主义走向环境和人文的悲观主义，这已经表明对文化的认识得到深化，过去处于边缘地位的文化已悄

然转向成为中心。① 很显然,萧俊明将文化转向基本定位在20世纪五六十年代,也就是英国文化研究开始活跃、伯明翰学派产生的时期,"文化转向"的意思也就是社会的关注点转向"文化"。不过,本文所谓"文化转向"是指马克思主义发展史上西方马克思主义产生带来的文化转向。

西方马克思主义概念最早由柯尔施提出。1923年,柯尔施发表长篇论文《马克思主义和哲学》,对第二国际理论家的"正统马克思主义"进行了尖锐批判,并对列宁的一些观点也进行了间接批评。1930年,柯尔施又发表了《关于"马克思主义和哲学"问题的现状——一个反批判》一文,他提出一个富有创造性的哲学派别已经在马克思主义内部诞生,其标志是卢卡奇的《历史与阶级意识》和他自己的《马克思主义和哲学》的出版问世,而他们两人便是代表。柯尔施认为西方马克思主义有别于以列宁、普列汉诺夫为代表的俄国马克思主义,因为列宁主义所指导下的俄国革命主要是在东方特殊历史条件下进行的,其成功经验不适用于西欧及整个西方。西方革命要想取得成功,必须结合西方文化的特点,强调辩证法,把总体性革命特别是主观意识革命置于重要地位。从外延上看,柯尔施所阐释的西方马克思主义,主要是指德国、法国和意大利等西方国家的马克思主义,包括卢卡奇、柯尔施等代表性人物。1955年,法国存在主义哲学家梅洛-庞蒂出版了《辩证法的历险》一书,他采纳了柯尔施的提法,在该书中运用了"'西方的'马克思主义"和"西方马克思主义者"概念。梅洛-庞蒂考察了辩证法在卢卡奇、列宁、托洛茨基、萨特等不同思想语境中的历险与命运,以韦伯式的自由主义立场深化了马克思主义与辩证法的意义。"西方马克思主义"这一概念终于在提出20多年后引起人们的关注。

1976年,英国新左派理论家佩里·安德森在《西方马克思主义探讨》一书中,从马克思主义发展的历史维度,将西方马克思主义归为第三代马克思主义者的理论。他从地域维度指明马克思主义诞生后的三代历史继承人:第一代直接继承者是来自东欧或南欧地区的拉布里奥拉等人;第二代继承者是来自柏林以东地区的列宁等人;第三代继承者是来自更远西部的卢卡奇等新一代理论家。安德森通过这种哲学史的考察从而断言:西方马克思主义改变了马克思从哲学走向政治和经济学的经典传统,与之相反,"它注意的焦点是文化。在文化本身的领域内,耗费西方马克思主义主要

---

① 萧俊明:《文化转向的由来——关于当代西方文化概念、文化理论和文化研究的考察》,社会科学文献出版社2004年版,"前言"第1~2页。

智力和才华的，首先是艺术"①。佩里·安德森从马克思主义发展史的视角确认了西方马克思主义的文化转向。

西方马克思主义概念内蕴的批判精神和文化转向其实与特定的社会历史有关。自19世纪以来，广泛而又深刻的文化转向发生在哲学、艺术、文学和政治等研究领域，由于社会进行彻底的批判和变革，文化、哲学、艺术以及道德的重要性得到强调。在这种背景下，西方马克思主义从单纯的武装暴力革命转向一种更为深刻的总体性革命，也自觉地实现了一种"文化转向"。西方马克思主义者以敏锐的方式反思20世纪的焦点问题——文化危机和文化焦虑问题，并从此将文化批判作为理论基点、主导线索和理论主题。此外，第一次世界大战后，资本主义发展相对落后的俄国取得了十月社会主义革命的胜利，西方发达资本主义国家尽管经济危机严重，阶级矛盾日益尖锐，但无产阶级革命却相继失败。西方共产党内先进的理论家和进步的知识分子通过反思认为，革命失败的深层理论根源是第二国际后期右翼理论家曲解了唯物史观，抛弃了马克思主义辩证法，深层现实原因则是资本主义商品经济的发展，以及国家意识形态功能的强化，削弱和淡化了工人阶级的政治和革命意识。因此，西方马克思主义者一方面坚持马克思"对现存的一切进行无情的批判"的基本立场；另一方面以一种开放式对话姿态积极吸取20世纪社会思潮的理论精华，对资本主义社会展开了总体性文化批判。西方马克思主义作为一股复杂、庞大而又松散的思潮，由于时代背景的改变，各流派研究的侧重点各不相同，即便是一个代表人物的理论观点也在不同时期有相应改变，但是，西方马克思主义各流派之间又存在内在联系，并形成一以贯之的文化批判主线。

西方马克思主义的文化批判与文化理论对文化马克思主义的产生具有重要影响。20世纪10～20年代，卢卡奇等早期西方马克思主义代表开启了马克思主义文化批判的先河；20世纪30～50年代，法兰克福学派广泛深入的社会文化批判对英国文化马克思主义的产生具有奠基意义；而西方马克思主义者中两位极具影响力的代表人物阿尔都塞和葛兰西对文化马克思主义的发展产生了直接影响。

---

① 〔英〕佩里·安德森：《西方马克思主义探讨》，高铦等译，人民出版社1981年版，第97页。

（二）西方马克思主义文化转向对文化马克思主义的影响

1. 卢卡奇开创了文化批判的先河

卢卡奇在20世纪马克思主义演进的历史谱系中占有十分重要的地位。他的名著《历史和阶级意识》（1923年）开启了西方马克思主义思潮，开创了文化批判的先河。

卢卡奇（Georg Lukacs）是匈牙利著名哲学家、美学家和文学批评家，是20世纪国际共产主义运动革命活动家。1918年以前，卢卡奇的著述主要集中于美学和文学批评，他先后出版了《心灵与形式》（1910）、《审美文化》（1913）、《小说理论》（1916）等书。他于1923年出版的《历史与阶级意识》一书对西方马克思主义的发展与演变产生巨大影响，该书以"历史"和"阶级意识"为主题，认为历史是由阶级意识决定的，而意识的功能要归结到辩证法问题。因此，他以"马克思主义辩证法研究"作为本书的副标题，将正统马克思主义辩证法等同于黑格尔的辩证法，并将马克思的辩证法归结为总体性范畴，以体现主体和客体的统一。

卢卡奇以物化、总体性、主客体统一、阶级意识四个核心范畴为其基本思想框架。他从马克思《资本论》对商品拜物教的分析中引申出"物化"概念，认为无产阶级意识已陷入危机，在现实生活中发生了"物性化"，从而无法发挥无产阶级革命作用。他提出了"总体性革命"的思想，揭示了无产阶级革命的多重性：既要开展经济革命，也要开展政治革命和思想意识革命。

卢卡奇深刻批判了资本主义物化现象。他认为在资本主义社会，物化与商品生产具有内在联系，人与人的关系被物与物的关系所掩盖，人所创造的物和人相对立并反过来控制和支配人自身。人的活动以及人本身变成了商品，人的价值丧失，物支配着人的命运导致人被异化。物化造成的"物化意识"使工人阶级丧失了批判性、战斗性，使无产阶级顺从地接受资产阶级统治，从而消解了无产阶级的主观革命热情。因此，要唤起无产阶级的自觉革命意识，就要培养他们的阶级意识。卢卡奇从当时西方无产阶级革命的现实状况出发，认为阶级意识的养成是无产阶级社会革命的关键所在，文化斗争比经济斗争更加重要，他特别强调了阶级意识和文化革命的重要作用。

卢卡奇以总体性范畴作为理解历史和阶级意识、倡导文化革命的重要哲学基础。他以黑格尔哲学为马克思主义辩证法的活水源头，认为总体性即马克思主义辩证法。他关于"总体性"辩证法的全新论述不仅打破了辩证唯物主义和历史唯物主义体系的固有划分，而且通过唤起历史主动性最终确立了一种人本主义的历史辩证法模型。卢卡奇的总体性范畴、物化意识、阶级意识、总体性革命等理论观点对西方马克思主义的发展产生了重要影响，也为文化马克思主义提供了理论资源和研究方法。文化马克思主义早期对文化的界定就运用了总体性方法，将文化理解为一种"整体的生活方式"，从而超越了传统理解文化的二分法，在此基础上形成文化主义的研究范式。

　　以卢卡奇为代表的早期西方马克思主义者将马克思主义引向文化研究，为文化马克思主义的发展引领了理论方向。他们将经典马克思主义政治经济批判传统转移到文化意识问题的理论主题上来，认识到文化独立于经济基础的巨大能动作用，把马克思主义从"经济决定论"的误区中拯救出来。但他们主要是出于服务无产阶级革命的目的关注文化，总体上是从意识形态角度论述文化，既没有提出明确的文化定义，也没有对文化进行深入细致的分析，更未深入研究具体文化现象及其革命功能。可以说，早期西方马克思主义的文化意识问题论述仍旧归属为无产阶级革命理论，还未形成严格意义上的文化理论，而文化马克思主义正好发展了马克思主义文化理论。

2. 法兰克福学派社会批判理论对文化马克思主义具有奠基意义

　　法兰克福学派是以德国法兰克福社会研究所为中心，由一些哲学家、社会科学家以及文化批评家等组成的学术共同体。法兰克福社会研究所于1923年创建，其核心人物是霍克海默与阿多诺，代表人物有本雅明、马尔库塞、弗洛姆等人。法兰克福学派于20世纪30～40年代初发展起来，在"二战"期间转移到美国。法兰克福学派受到了黑格尔、康德、弗洛伊德等众多西方哲学思想家的影响，是当代西方的一种社会哲学流派。该学派的理论来源主要是马克思的资本主义批判理论，同时也受到卢卡奇等人的理论影响，是属于"西方马克思主义"的一个流派。在长期的学术研究中，法兰克福学派汲取存在主义、现象学、弗洛伊德学说等众多思想，逐步形成了著称于世的"社会批判理论"。他们不满足于从历史学、经济学维度对资本主义社会进行实证性分析，以整个人类的全部物质文化和精神文化为研究对象，主张从哲学、社会学、心理学、文学艺术等多学科角度综合研究资本主义社会，进而揭示和阐释作为社会成员的人的命运。

法兰克福学派认识到传媒是文化生活的重要组成部分，通过媒介文化研究提出了"文化工业""单向度文化"和"机械复制"等论题，在大众文化研究中深入开展文化工业批判，他们的社会批判理论对全面深刻理解20世纪人类文化精神的演进具有重要意义。20世纪20年代，法兰克福学派以社会主义与工人运动史研究为该所的发展方向；30年代，主要以资本主义社会为对象进行社会哲学方面的研究；40年代，以法西斯主义、大众文化等作为研究方向，创立了具有特色的社会哲学理论。1950～1969年为其学术昌盛期，随着第二次世界大战的结束，霍克海默、阿多诺等人从美国返回法兰克福大学，重组社会研究所，出版了《法兰克福社会学丛刊》。马尔库塞、弗洛姆等人继续留在美国，开创了发达工业社会理论研究，从20世纪60年代起，他们的思想得到美国和西欧知识青年的广泛接受，对1968年的法国"五月风暴"具有理论先导的意义。

早期西方马克思主义者基本是在经济基础起决定作用的框架中强调文化的独立作用和地位，法兰克福学派面对物质资料日益丰富、科技日益发达的资本主义社会，主张将文化独立出来，从哲学的高度对资本主义文化展开全面批判。

第二次世界大战后，资本主义统治方式进一步向意识形态领域转换。科技革命大幅度提高了资本主义社会的财富及工人阶级的物质生活水平，资本主义社会出现消费主义和非政治化倾向，工人阶级的政治意识与革命诉求极端弱化、淡化，法兰克福学派正是在这种社会背景下对资本主义社会全面展开心理文化批判的。他们首先批判了作为资本主义工业文明核心的启蒙精神。霍克海默、阿多诺在《启蒙辩证法》中指出，"启蒙理性"使技术合理性思想成为统治当代西方社会的"文化工业"，它使人性在摆脱神性之后，又受制于科学技术和工具理性的统治，导致极权主义神话和人的完全异化。技术理性所造就的"文化工业"使人们沉醉于商品消费的快乐从而丧失了社会批判能力，成为缺乏否定思维的"单向度的人"。法兰克福学派深刻揭示了发达工业社会资本主义意识形态的三种职能：利用科学技术理性为统治辩护；操纵人们的思想，让生活的意义价值问题变成简单的技术问题；以虚假的物质生活"幸福意识"消除对现实的批判否定意识，以保证人们对资本主义意识形态的忠诚。

法兰克福学派在批判资本主义技术理性、文化工业以及意识形态的同时，极力倡导精英文化。他们将文化区分为人类学意义上作为社会生活方式的文化，以及精英层面纯粹精神意义上的文化。前者的表现形式为生活中的制度、惯例和仪式等，后者的表现形式为艺术、哲学、道德、宗教等。尽管法兰克福学派认为两种意义上的文化相互联系、密不可分，但他们更倾向于精英主义文化，认为纯粹精神意义的文化是一种"高级文化"，是表达人们的理想和代表真善美价值观的文化。高级文化包含着否定现实的合理性，是对现实不幸的救赎，是对未来幸福的承诺，它向人们呈现了不同于现实的更自由、更有价值的生活世界，高级文化因具有否定现存秩序的功能而对社会变革具有重要意义。从根本上看，法兰克福学派强调文化的革命性和政治功能，他们基于二元对立的思维方式和否定辩证法坚持文化精英主义，寄希望于少数思想家和艺术家来承担创造高级文化的重任，对大众及工人阶级缺乏足够的信心，从而忽视了作为社会生活方式的文化的辩证作用。法兰克福学派的文化批判理论对文化马克思主义的发展具有重要的奠基意义。伯明翰学派的文化研究从精英文化转向大众文化研究，进一步认识到大众文化的意识形态性，从而开辟了有别于法兰克福学派的文化马克思主义传统。

3. 阿尔都塞和葛兰西的理论对文化马克思主义发展产生直接影响

西方马克思主义者中有两位极具影响力的代表人物——阿尔都塞和葛兰西，他们对英国文化研究的范式转变产生了重要影响。

法国著名哲学家路易·阿尔都塞（Louis Althusser）是"结构主义马克思主义"的奠基人。他出生于阿尔及利亚首都附近的比曼德利小镇，大学曾在巴黎国立高等师范学校文学院学习，后因德国法西斯入侵而应征入伍，被德军俘虏并关押于集中营，1945年战争结束后获释，重返巴黎高等师范学校学习哲学，获哲学博士学位留校任教，并加入法国共产党。

阿尔都塞长期在大学任教，在现实社会中积极参与斗争实践，其著述《孟德斯鸠、卢梭、马克思：政治和历史》《保卫马克思》《阅读〈资本论〉》《列宁与哲学》等都具有极大影响力。他作为"反对资产阶级意识形态威胁的正统捍卫者"在党内外赢得了很高声誉。他反对把马克思思想人道化，反对简单讨论马克思与费尔巴哈、黑格尔的关系，认为：马克思是"理论反人道主义"，是在同费尔巴哈抽象的"人"以及"人道主义"不断决裂中产生的；马克思从黑格尔那里吸取的是"无主体过程"的哲学范畴，而不是辩证法和异化概念；马克思唯物史观具有发现"新大陆"的里程碑意义；以"实践状态"包含在《资本论》等著作中的辩证唯物论有待从理论上系统挖掘。他将辩证唯物论定义为"理论实践的理论"，把马克思哲学思想从《资本论》中抽离出来，通过"多元决定"，运用"结构主义"原则解释生产力与生产关系、经济基础与上层建筑的关系,对社会发展形态等给予了新的阐释。他认为历史发展是由经济、政治和意识形态等多因素构成一定社会结构的复杂整体,最终形成"无主体"的发展过程,而不是按照"人的本质异化"和"扬弃异化"的人道主义路径进行的。

阿尔都塞是结构主义马克思主义的代表人物,他受结构主义理论的影响对马克思主义做出重新阐释,将马克思主义进行了早、晚期划分,将早期马克思主义归于人道主义,晚期马克思主义归于科学主义,并提出了独具特色的多元决定论、意识形态国家机器等观点。多元决定论反对经济决定论的一元论观点,认为文化、政治、经济对社会发展发挥着同等的决定作用。而"意识形态国家机器"概念是指学校、家庭、教会等物质性机构与场所,在当代资本主义国家充当着意识形态国家机器,通过输出资产阶级的文化道德价值观念等发挥意识形态功能,以保证统治的合法性。阿尔都塞的理论推动了文化研究从文化主义范式向结构主义范式的转变,推动文化马克思主义关注文化意识形态的研究。

葛兰西是意大利共产党人,他在思考西方国家无产阶级革命失败的原因时提出了文化领导权理论。在名著《狱中札记》中,葛兰西认为上层建筑由两部分组成,一是政治社会,即法庭、警察、监狱、军队等国家强制暴力机构,这些机构履行政治意识形态的职能;二是市民社会,即政党、教会、工会、学校,还有各种文化组织如报纸、杂志、学术团体等非正式组织机构,它们作为精神价值系统在思想文化领域履行宣传统治阶级意识形态的功能。因此,要想推翻一个国家或一种制度,既要取得市民社会的政治领导权,也要取得市民社会的文化领导权。葛兰西认为西方国家的无产阶级革命没有像俄国革命那样取得成功的原因在于:西方国家拥有强大和牢固的市民社会,资产阶级通过掌握文化领导权实现了对广大民众的意识形态渗透。因此,西方国家要取得无产阶级革命的胜利,必须通过学校教育和各种文化团体的活动来建立无产阶级的文化领导权。他强调文化领导权的意义,认为掌握文化领导权是掌握政治领导权的前提。葛兰西的文化领导权理论引导英国文化研究走出范式危机,形成了"新葛兰西主义"。

阿尔都塞的结构主义马克思主义和葛兰西的文化领导权理论在英国新左派中和文化研究内部引起了持久的讨论和争议,正是在这种思想争论、反思、整合中,文化马克思主义理论才得以走向成熟。

二、新左派与文化马克思主义的关联

文化马克思主义的出现与英国新左派的兴起有很大关联,英国新左派是文化研究的主体力量和重要推动力。新左派知识分子在新左派运动中认识到文化研究的重要意义,他们从革命运动转向理论实践,创立新左派刊物并以之为平台开展马克思主义文化研究和思想批判,对文化马克思主义的发展做出重要贡献。所以,丹尼斯·德沃金直言:"我把英国新左派称为文化马克思主义。"[①] 他认为,英国文化马克思主义正是在英国新左派的社会环境中形成并发展起来的。因此,我们可以从英国新左派的产生和发展及与文化研究的关系中看到文化马克思主义的源起和发展线索。

(一) 新左派的兴起

"新左派"一词一直在英国文化研究中占据着关键词的地位,但它并非英国人的发明,而是转借自法语"nouvelle gauche"。1956年,法国人克劳德·布尔代在巴黎办杂志,他和一批英国马克思主义研究者的政治观点不谋而合:既痛恨苏联的专制,又反对西方社会的民主制;既信奉马克思主义,又与西欧共产党保持距离。他试图与这些英国马克思主义研究者联合起来建立一个能够影响整个欧洲的左翼团体——国际社会主义协会。他在会面中以"新左派"指称他们,由此"新左派"一词沿用下来。[②]

新左派的基本内涵一般是指一批尖锐批评资产阶级权力机构的马克思主义知识分子。新左派首先意味着与右派的区分,其次是与老左派的界分。右派代表着一种传统的保守的力量,意味着对现存社会的承认和支持;而左派正好相反,左派研究和批判整个社会结构,代表着一种改变和激进的力量。至于新左派与老左派的区分主要表现为:新左派本身不是一个阶级,它包括诗人、作家和知识分子、人权运动者、激进青年等多种身份人士,新左派也不是政党组织,而传统左派则以政党形式存在。新老左

[①] 〔美〕丹尼斯·德沃金:《斯图亚特·霍尔与英国马克思主义》,杨兴林译,《学海》2011年第1期。

[②] 参见 Chun Lin. *The British New Left*, Edinburgh: Edinburgh University Press, 1993, pp. 1~4.

派在理论和政治态度方面的主要差别是：新左派反对传统左派政党的经济统治、政治集权，关注社会边缘群体的自主多样性和差异性，并将其作为左派政治斗争的主体力量。

"新左派"一词是在新左派运动中产生的，在新左派的历史发展中，"新左派"这一术语作为一个政治标签，用以指称新左派人士、新左派组织、新左派社团、新左派刊物、新左派思想、新左派运动构成的综合体。英国新左派成员主要为左翼知识分子，他们团结在研究机构与出版刊物的周围，或个人或集体以笔杆代替枪杆开展介入社会的活动。但英国新左派在政治上并不是铁板一块，其内部差异不仅存在于不同代际的新老左派之间，而且也存在于同一代新左派的不同团体之间。

新左派是特定历史时代的产物。20世纪50年代，欧洲许多国家出现了一些大学生和文科知识分子的小集团，他们批评资产阶级权力机构，并对现存社会做出"道义上的诊断"，意欲制定出符合现时代的革命新理论。他们力图在思想理论方面和政治方面同右派和老左派划清界限，认为他们已失去时代感和革命精神。1956年以后，一些欧美国家陆续爆发新左派运动，英国新左派在20世纪50年代中期崭露头角，极盛于60年代欧洲激进社会运动氛围中，衰退于70年代末右派保守党政权撒切尔主义的卷土重来之际。他们不仅推动了英国文化研究和马克思主义的发展，而且将两者连接起来，创立了独具英国特色的文化马克思主义理论。

旅英华裔学者林春著有《英国新左派》，全面研究了英国新左派历史，她指出："大致说来，新左派产生于其间的环境便是消费资本主义与冷战。"[①] 第二次世界大战后，世界分为两大阵营，陷入冷战局势。1956年，国际社会发生几起重大事件——斯大林主义批判运动、匈牙利事件、苏伊士运河危机，这些事件激起英国左派知识分子重新思考和深刻反省社会发展道路问题。

1. 斯大林主义批判运动

1956年，世界局势骤变，赫鲁晓夫对斯大林彻底否定与清算。1956年2月14日，苏共二十大开幕，赫鲁晓夫首先做了工作报告，报告的核心内容是：世界力量对比发生巨大变化，世界大战并非不可避免，不同制度的国家应和平共处，某些资本主义国家有可能和平过渡到社会主义。在1956年2月24日大会闭幕的深夜，赫鲁晓夫没有按会议的议题走下来，

---

① Lin Chun. *The British New Left*, Edinburgh: Edinburgh University Press, 1993, p.1.

而是做了《关于个人崇拜及其后果》的报告,报告没有对斯大林的生平和活动做全面的评价,而是针对党内存在的对斯大林的个人崇拜问题及其造成的违反民主原则和革命法制的影响,开宗明义且激烈而严肃地批判了斯大林。对斯大林主义的批判运动像一枚重磅炸弹,不仅在苏联而且在国际社会引起持续动荡。

2. 匈牙利事件

继斯大林主义批判运动之后,包括英国在内的诸多西方国家开始批判斯大林、批判共产国际、批判共产主义。受苏共二十大及斯大林主义批判运动的影响,一些社会主义国家发生了内乱。在匈牙利,以裴多菲俱乐部(The Petofi Circle)为代表的匈牙利知识分子掀起了一股要求民族自主和改革的浪潮,他们组织会议,发表时政,批评党和政府机械推行苏联式路线和政策,要求实行全面的经济与政治改革。1956年10月23日,布达佩斯爆发了声势浩大的反革命动乱,匈牙利政府在苏联的帮助下进行了镇压。这一事件造成国家政局及整个社会的动荡。

3. 苏伊士运河危机

与匈牙利事件同时发生并对世界局势产生重大影响的另一起事件是苏伊士运河危机。起因是:埃及本来凭1936年7月签订的《英埃条约》已获准独立,但是英国军队按照1954年签订的《英埃协定》一直驻扎在苏伊士运河基地,严重威胁着埃及的领土完整。出于对英美两国收回为帮助埃及在尼罗河上修建阿斯旺水坝而提供的经济援助及美国拒绝提供武器援助的愤怒,以发动反西方和反以色列的泛阿拉伯运动而著称的时任埃及总统纳赛尔,于1956年7月26日宣布埃及已将苏伊士运河公司收归国有。英法政府为夺回对苏伊士运河的控制权,于是联合以色列,于1956年10月29日突然袭击埃及,造成苏伊士运河危机。

1956年的三起国际性事件对英国左翼社会力量产生了长久而深远甚至灾难性的影响。苏共二十大批判斯大林主义,致使英国左翼社会力量产生深刻的信仰危机;匈牙利事件致使英国左翼社会力量意识到苏维埃政权的极权性;苏伊士运河危机最终让英国左翼社会力量对英国帝国主义的存在产生警醒。英国新左派知识分子意识到极权主义和帝国主义的存在及其危险性,对西方资本主义民主制和苏联社会主义都失去了信任。一些忠心耿耿的英国共产党员在力图改变英共方针失败后退出英共,采取了在党外继续为社会主义奋斗的策略,他们同时拒斥共产主义与资本主义，做出了在两者之外寻求别样道路的抉择。以 1957 年而非 1968 年为起点，新左派开始显现。新左派的出现源自英国左翼多元社会力量的分化，是传统马克思主义无法从理论上、意识形态上解释时代社会结构问题的产物。

当然，英国新左派的出现也有其深刻内因："二战"后英国经济快速增长，物质产品极大丰富，民众生活水平显著提高，社会福利政策得到巩固和发展，社会普遍富裕，工人阶级的生活条件得到改善，阶级意识弱化，社会流行消费主义，这种时局对传统左派坚守的社会主义理论与实践提出了挑战。由于老一辈马克思主义者的去世或影响力大幅减弱，传统左派组织的抱负顷刻间荡然无存，社会左翼力量已失去正确认识英国社会关系及状况的能力，他们对资本主义的批判仅仅停留于战前水平，无力提出具体可行的未来图景。与此同时，亲工党的左派知识分子也因工党内部否定传统社会主义和公有制的修正主义思潮的不断壮大以及英国在苏伊士运河危机中的赤裸裸的帝国主义行径，遭遇重大思想危机。

时代呼唤着对资本主义社会各种对立因素的政治分析与全面考察批判，1956 年下半年以后，英国各地出现许多左派讨论圈子，众多人文社会科学领域知识分子紧密聚集在一起，他们彻底打破了英共和工党之间并不森严的门户障碍，反思传统左派的政治弊端和理论缺陷，从英国具体问题出发，探索符合本国实际的马克思主义理论，努力寻找社会发展的"第三条道路"。正是在这种国际、国内局势交错的背景下，新左派集结成群，彰显出其影响力。

（二）新左派刊物的创办与文化研究

英国新左派的实际形成过程始于几个新左派刊物的创刊。1957 年春夏，《大学与左派评论》（*Universities and Left Review*）与《新理性者》（*The New Reasoner*）相继创刊。1959 年秋天，这两个刊物合并重组为《新左派评论》（*New Left Review*）。新左派刊物将新左派知识分子集结起来，开展思想交流和思想论争，成为文化研究的重要阵地，也成为文化马克思主义理论成果的主要传播地。

1.《新理性者》的创刊

《新理性者》于 1957 年夏创刊，其前身为《理性者》（*The Reasoner*，又译为《明理者》）。1956 年 6 月 4 日，《纽约时报》全文刊发了美国中央情报局获取的苏共领导人赫鲁晓夫批判斯大林的秘密报告，引起世界性关注，激发起欧洲各国共产党人对斯大林主义的不满情绪。在英共党内，以爱德华·汤普森等为代表的左派人士顺应时局，创办了一份鼓励党内争鸣的油印刊物《理性者》。《理性者》成员多为坚定的共产主义者及共产主义历史学家小组成员，他们坚持认为需要对英国马克思主义及共产主义传统进行重新发现及重新确定。《理性者》刊物只出版了三期（1956 年 7、9、11 月）就遭到英共领导层等教条主义者的压制。1956 年 10 月下旬，苏联出兵平息匈牙利事件，汤普森在《理性者》第三期发表《透过布达佩斯的硝烟》一文，公开批判英共、苏共领导人支持苏军武装行动，从而引发英共党员大规模退党风潮。汤普森也宣布辞职退党，并着手在党外创办一份新的共产主义刊物，此即《新理性者》。汤普森等左派知识分子选择了在英国共产党体制之外寻找实现社会主义的新途径，他们将《新理性者》定位于批判斯大林主义及革新马克思主义。

《新理性者》体现着反法西斯运动的共产主义传统，也蕴含着以英格兰北部工业区为基础的工人阶级文化传统。其作者成分较单一，主要是一些资深的前共产党员或原本亲共产党的知识分子，他们大多出生于 1930 年以前，见证过"二战"后英国大众普遍向左转的潮流。《新理性者》办刊风格严肃正统，青睐理论性文章，注重英国本土政治和思想问题，旗帜鲜明地反对斯大林主义，以努力实现东西欧共产主义者之间的联合以及英国国内社会主义者之间的联合为政治目标，为老一代左派展示其思想提供了平台。爱德华·汤普森作为《新理性者》的创刊者，成为第一代新左派的著名代表人物，也成为伯明翰文化研究的重要代表，在英国文化研究和马克思主义发展中做出了重要贡献。

2.《大学与左派评论》的创刊

1957 年春《大学与左派评论》创刊，其前身是《左派评论》（*Left Review*）。1956 年 10 月，与匈牙利事件同时期的苏伊士运河危机引起英国民众大规模的反战示威游行。牛津大学左派读书俱乐部将来自世界各地的左派青年聚集到一起，创办了一份新的社会主义刊物即《大学与左派评论》，以唤起左派激进主义传统的复兴。《大学与左派评论》以青年学生为阅读对象，其主要编辑有斯图亚特·霍尔、查尔斯·泰勒（Charles Taylor）等，他们大多是 20 多岁的青年，但政治成分与态度较为复杂。作为英国新一代知识分子的代表，他们更钟情于大众文化，热爱电影但不喜欢戏剧，迷恋流行音乐而非古典音乐，喜欢美国文学而非法国文学。《大学与左派评论》的影响范围广泛,几乎占据了以牛津—伦敦为轴心的极具开放性的英格兰南部地区。刊物主要聚焦于青年文化及生活方式,旨在将资本主义批判与现代文化批判结合起来。由于办刊风格生动活泼、轻松愉快,虽然具有极浓的政治性,但还是成功吸引了各个社会阶层的广泛关注。老一辈左派文学批评家雷蒙德·威廉斯、历史学家埃里克·霍布斯鲍姆(Eric Hobsbawm)也是其重要支持者。

《大学与左派评论》的思想在总体上具有现代性,体现着牛津大学、剑桥大学的中产阶级激进主义传统,反映大都市文化,其作者一般出生于1930年以后,多数是当时读本科或研究生的大学生。他们具有开阔的国际视野,奉行折中主义,坚持多元的和漂移的社会主义立场,愿意汲取各种马克思主义和社会主义理论传统的养料。以主编斯图亚特·霍尔为核心,他们构成了英国第二代新左派知识群体。

3.《新左派评论》的创刊

1957年春夏先后创刊的《大学与左派评论》和《新理性者》,尽管由于主创成员的人生阅历、政见以及代际差异等原因,两刊办刊风格与政治目标显著不同;但作为新左派的两个政治刊物,它们的办刊主旨却具有一致性,都坚守并传播社会主义理想,坚持"社会主义人道主义"的政治立场,并以之为复兴社会主义的另一种策略。因此,在创刊后的两年半时间中,它们相互合作,共同推动了英国新左派运动的深入发展。1959年年底,在观念分歧、经费紧张、应对新形势及各自发展的需要等诸多原因下,《新理性者》和《大学与左派评论》两刊合并为《新左派评论》。1960年1月,《新左派评论》正式出刊,成为新左派的公共代言人。创刊之初,《新左派评论》的编辑队伍十分庞大,除主编斯图亚特·霍尔外,还有雷蒙德·威廉斯、爱德华·汤普森等一大批新左派成员活跃其间。后来经过两刊协商,霍尔成为专职主编。任职伊始,考虑到理论的贫困制约着英国社会主义发展,霍尔就重新界定了新左派运动,明确了《新左派评论》与新左派运动的任务分工。《新左派评论》的创刊成为英国社会左翼运动发展史上的一个重要转折点,奠定了英国文化研究的政治基础。该刊作为左翼运动的喉舌及社会主义思想的另一个中心,促进了马克思主义在英国的复兴,也使自己成为西方主要左翼论坛和社会主义理论重建领域的知名出版机构。

大多数人将《新左派评论》的创刊作为英国新左派产生的标志。但威廉斯坚持认为1957年霍加特的《文化的用途》的出版、1958年威廉斯本人的《文化与社会》的出版,标志着"新的左派出现了或正处于形成的边缘"。其实,这些说法本身并不矛盾且具有一致性。无可否认,1956～1960年,"新左派"一词的出现、新左派运动的兴起、新左派刊物的创刊、新左派文化思想成果的出版,其实都表明了一个事实:新左派的诞生。而新左派的产生意味着英国的文化研究与马克思主义研究有了新的中心和主体力量。

新左派成员主要由围绕在新左派刊物周围的人构成,其成员身份复杂,有核裁军运动组织的成员、种族激进主义者、对抗正统文化的学生和艺术家、持异见的共产主义者。新左派的发展大致经历了三个阶段:1957～1962年、1963～1969年、1970～1977年。前两个阶段主要为社会运动阶段,第三阶段主要为理论建设阶段。英国新左派首先是通过社会运动来发展的,或者更加具体地讲是通过参与核裁军运动迈出其发展的第一步的。核裁军运动与新左派运动毫不相干,但实际上却构成了新左派政治的重要基础。1958～1964年的英国核裁军运动(Campaign for Nuclear Disarmament,缩写为CND)是一场以中产阶级为主体的社会运动,他们竭力反对核军备竞赛,并主张推迟甚至禁止英国和其他国家的核试验。中产阶级知识分子及政治家在政治上拒绝中立,他们看到了为和平而斗争与为社会主义而斗争之间的本质相通性,认识到和平主义可以在社会主义框架内加以确认和展开。通过参与核裁军运动,他们意识到社会主义的潜力可能存在于大众抗议运动中。正是在核裁军运动中,威廉斯等新左派成员看到了新的希望,即革命的意识形态可能首先来自意识形态上的支配阶级内部,他们积极参与核裁军运动,从而实现了与中产阶级和平运动的"联姻"。核裁军运动与新左派运动的有效耦合成为新左派反对政治权力与政治文化的新的集结点。新左派刊物不仅历史地承担起了新左派运动的组织和领导功能,而且成为新左派知识分子的思想和文化阵地。正是在社会运动的参与中,新左派重新认识到政治的文化路径的可能性,也正是在新左派刊物这一文化阵地,文化马克思主义理论得以在两代左派知识分子的思想交锋与思想融合中产生。

(三)两代新左派对文化马克思主义的贡献

《新左派评论》不仅集结了《理性者》《新理性者》与《大学与左派评论》各刊物的主创力量,将老一代左派与年轻一代新左派联系起来,而且将文化研究和马克思主义批评连接起来,两代左派以新左派刊物为据点，反思英国社会问题，开展文化批评和研究，批判斯大林主义和正统马克思主义，共同推动了文化马克思主义的发展。

1. 两代新左派的分化

英国新左派并非铁板一块，它们并非一个同质的群体。霍尔曾经指出："新左派远不是在政治上铁板一块，而且从未在文化或者政治上变得具有同质性……因此，极为错误的是，试图回溯性地重构某种固有的'新左派'，以及给它强加上某种它从未拥有过的政治一致性。"① 尽管有广泛的共识，但新左派内部存在明显的代际差异和政见分歧。虽然《新左派评论》的创刊将两代新左派从组织机构上合并在一起，但并未能因此消除他们之间的思想差异。1961年春天，在种种压力下，主编霍尔提出辞去《新左派评论》的主编职务，并于1961年年底正式辞职，霍尔在新左派刊物的编辑生涯是知识分子在政治生活中发挥显著作用的罕见范例之一。1962年，与霍尔有着密切关系并深受其赞赏的年轻人佩里·安德森因能解决财政问题而成为接手《新左派评论》的最佳候选人。在20世纪60年代，两代新左派之间的思想矛盾日益加剧，第一代新左派固守本土工人阶级激进传统，坚持传统的文化分析，第二代新左派则汲取欧陆理论，全面剖析当代英国社会，他们以《新左派评论》为据点展开了激烈的思想争论。因此，新左派常常被以1962年安德森执掌《新左派评论》为界划分为两代新左派。第一代新左派的主要代表有爱德华·汤普森、理查德·霍加特（Richard Hoggart）、雷蒙德·威廉斯等历史学家和文学理论家，由于相同的成长经历、教育背景和社会经验，他们的理论观点和政治立场比较接近。他们一般在20世纪20年代前后出生，在30年代中后期具有牛津大学或剑桥大学学习经历，深受所在时代激进氛围的感染，信奉马克思主义，向往苏联社会主义道路。第一代新左派以汤普森、威廉斯等为思想核心团结在《理性者》和《新理性者》周围，探讨当代英国的社会问题和文化理论，对马克思主义理论和实践展开反思。第二代新左派以一批激进的新左派本科生和研究生为主，他们主要来自牛津、剑桥、伦敦等地的高校，代表人物包括斯图亚特·霍尔、查尔斯·泰勒、汤姆·奈恩和佩里·安德森等。这些20世纪三四十年代出生的青年学生受第三世界革命运动的激励，更具国际眼光和政治追求，他们认为第一代新左派思想家具有浓

---

① Stuart Hall. "The First New Left", in Oxford University Socialist Discussion Group (eds.), *Out of Apathy: Voices of the New Left 30 Years On*, London: Verso, 1989, p. 23.

重的经验主义和民粹主义色彩，马克思主义理论水平不高，因此渴望掌握理论化程度更高的马克思主义。在新左派运动兴起的早期阶段（1956～1962年）两代新左派较具共识，但1962年佩里·安德森接任霍尔的工作后，两代新左派之间的思想论争日益加剧，对文化研究的理论发展方向产生极大影响，而文化马克思主义也正是在他们的思想论争中走向成熟的。

2. 第一代新左派对文化马克思主义的贡献

英国马克思主义的历史传统与实力并非雄厚。尽管马克思侨居英国多年，但他在英国的活动范围仅限于德国侨民的小圈子。直到20世纪30年代，由于经济大萧条和法西斯主义崛起，英国知识分子倾心共产主义，马克思主义才在英国风行一时。20世纪五六十年代，欧陆马克思主义学术兴盛，卢卡奇开辟了西方马克思主义传统，德国的法兰克福学派、法国的阿尔都塞等享有盛名，而此时英国学术界尚停留在30年代以前阐释苏联正统马克思主义的水平。以汤普森为代表的历史研究学者敏锐地认识到马克思主义理论研究的浅薄与危机，希望通过自由讨论促进马克思主义的复兴与发展，他们将复归传统看成是英国马克思主义和社会主义复兴的关键。

汤普森等第一代新左派成员将《理性者》作为文化阵地，公开批评英共领导层的观点。他们因苏联历史所揭示的问题而反思英共的未来危机，认为英共存在的最重要问题是忽视了民族的道德批判和行动主义这一重要传统。为此，汤普森以历史学家的立场自然转向求助于传统文化。汤普森批判斯大林主义是建立在抽象基础上，由反智主义、道德虚无主义和个人价值贬损组成的思想体系和意识形态，提出以社会主义人道主义为改革努力尝试的目标，这也成为《新理性者》的办刊主题。在1957年夏《新理性者》第1期，汤普森发表了《社会主义人道主义：给门外汉的书信》，阐明了社会主义人道主义的政治哲学。他认为社会主义人道主义关注个人自由及社会平等目标，强调了"社会主义"和"人道主义"的同等重要性。汤普森极力主张以社会主义人道主义代替斯大林主义，并借此批判正统马克思主义，认为马克思主义的基础——上层建筑模式是对社会存在和社会意识相互关系的简化，忽视或最小化了道德或伦理问题。而斯大林主义的思想也崩溃于其经济主义，试图从经济和阶级结构的角度来观察社会政治、道德和艺术。

汤普森的政见深受斯大林制度下波兰和匈牙利的马克思主义人道主义的启发，而东欧修正主义对马克思主义人道主义的理解正源于卢卡奇的

《历史与阶级意识》中的黑格尔主义马克思主义，也就是对马克思《1844年经济学哲学手稿》的解读。除此之外，汤普森对正统马克思主义的批判来自英国传统，特别是莫里斯思想的影响。莫里斯对人类道德本性的发展做出历史性理解，汤普森认为必须承认莫里斯观点的意义，马克思主义的复兴需要恢复深藏在马克思著作中没有被充分表达出来的道德词汇，要用道德补充马克思的经济和历史分析。马克思主义的生产关系（经济基础）不仅仅创造道德价值（上层建筑），而且它们本身也有道德维度。汤普森反对经济基础和上层建筑的区分，同时强调了道德与经济之间复杂的相互关系。他将传统文化中的道德价值与马克思主义结合起来思考问题，不仅开辟了政治的文化视角，而且向文化马克思主义迈开了重要的一步。汤普森的社会主义策略是要将对马克思主义的批判与传统文化的道德诉求联系起来，这正好体现了文化马克思主义的倾向。

综上所述，第一代新左派对英国文化研究与马克思主义发展的重要贡献可归纳为：通过批判斯大林主义的马克思主义教条主义，促进了英国知识分子对马克思主义的重新接受；在历史唯物主义指导下研究英国具体问题，实现了马克思主义在英国的本土化和民族化；重视英国社会主义文化传统和人道主义政治原则对英国社会主义革命的重要性，推动了马克思主义在英国的传播、研究和发展。正是第一代新左派开启了英国文化马克思主义的征程。

3. 第二代新左派对文化马克思主义的贡献

以霍尔为代表的第二代新左派成员以《大学与左派评论》和《新左派评论》作为文化阵地，基于社会主义人道主义原则对资本主义展开批判。但是他们并不像《新理性者》圈子那样把马克思主义当作唯一科学理论。他们较少受到东欧反斯大林主义经历的影响，对马克思主义采取开放的态度，认为马克思主义是开放而非封闭的，是一种本身就需要审视的传统。他们不关心斯大林主义和共产主义，对社会主义人道主义理论基本支持但并无兴趣。他们更关注当代英国资本主义现实的重大变化，认为最重要的是直面现实，重新发现新的理论，建构新的社会主义战略。因此，他们针对英国社会现实提出了一系列有价值的问题，推动了英国新左派的文化研究。作为一个文化主义者，霍尔深受文化研究学者威廉斯的《文化与社会》一书影响。威廉斯尽管从来没有担任过新左派重要刊物的编辑工作，却是前面所述三本新左派刊物的忠实撰稿人。他擅长文学理论，开辟了从文化视角分析社会发展和变化的研究路径，他的思想极大地影响了新左派刊物的内容和性质。早在1958年，威廉斯的《文化与社会》（*Culture and Society*）一书就给霍尔及其他青年学者带来了启迪。霍尔接受了威廉斯的文化是"整体的生活方式"的观点，认为文化就是社会发展过程本身，而社会发展过程是经济、政治、文化的平行发展和综合作用，且其中没有居于决定作用位置的因素。文化是经济和政治的组成部分，而文化生产方式本身又是资本主义工业。《大学与左派评论》的编辑们在刊物合并之前，大多像霍尔一样是牛津大学的青年学生，他们对马克思主义持批判态度，对英国社会和文化有更深层次的思考，他们开辟了流行文化、电视文化的崭新研究话题。在20世纪60年代《新左派评论》创刊初期，电影、电视、电台、广播、杂志、报纸等大众媒介文化对英国青年和工人阶级产生了重大影响。与此同时，吸毒、朋克、摇滚等美国消费文化大举"入侵"英国，对英国本土传统文化观念造成巨大冲击，传统社会的公正、理性、科学和权威等思想观念受到人们的质疑。新左派人士和知识分子把充满矛盾的社会问题与教育、学术联系起来。《新左派评论》将"工人阶级亚文化""青年亚文化"和"媒体文化"作为早期文化研究的三大主题，以分析流行文化、批判现代媒体工业为主旨。霍尔在编辑新左派刊物的同时还作为代课教师，最早开设了电影、大众媒体和流行文化等新课程。1962～1964年，霍尔和华奈尔（Paddy Whannel）在共同完成英国电影学院（British Film Institute）资助的研究项目基础上，出版了文化研究史上第一部系统研究流行文化的专著：《通俗文化》（*The Popular Arts*）。

安德森接任《新左派评论》以后，第二代新左派的最大贡献是系统译介"西方马克思主义"思潮，阿尔都塞的结构主义马克思主义由此脱颖而出，成为第二代新左派批判文化主义、建构科学的马克思主义的主要来源。与第一代新左派展开的思想论争，推动了文化马克思主义的范式转变，即从文化主义走向结构主义并转向葛兰西，为文化马克思主义的后学转变埋下了伏笔。在20世纪70年代，第二代新左派在各自领域推进英国马克思主义的结构主义转型，并在文化、历史、文学、政治学等研究领域工作成效显著。第二代新左派大量汲取国外理论资源，继第一代新左派之后，将文化研究及马克思主义的发展推向一个新高度，形成了比较完备的文化马克思主义理论形态，并作为一种范式传播，产生了世界性的影响力。

4. 新左派与文化研究的联系

以新左派刊物为媒介，新左派与文化研究形成深刻的历史关联，新左派将文化研究与马克思主义批判结合起来开辟了一条文化马克思主义的新路径。新左派坚持社会主义人道主义的政治立场,认为它代表了基于整体生活方式和总体文化的一种理论,可以作为另一种社会主义策略。他们将文化置于绝对优先地位,并把文化与大众的整体生活紧密相连,充分重视文化设施和体制对人们生活的影响。正是在文化运动和文化理论实践中,英国新左派重新定义政治,认为政治并非局限于议会辩论或定期大选,也存在于多样态文化运动中,文化可以在社会变迁与转型之中扮演政治角色,普通大众正是政治实践的关键性社会力量,任何社会主义政治实践都必须结合大众的直接经验与鲜活的文化。正是基于这种认识,新左派将文化分析与文化政治置于其理论研究的核心位置,使文化成为其研究对象和介入政治的工具。

新左派选择文化作为研究对象存在深刻的原因:其一,战后英国经济的繁荣提高了国民生活水平,改变了国民生活方式,引起了英国阶级结构的变化,但在产生这些积极影响的同时,也引发了资本主义文化危机。传统文化特别是阶级文化的瓦解,使得左翼社会主义者失去了从传统阶级剥削视野解答社会时政问题的可能。其二,福利制度的推行提高了国民受教育面和受教育程度,大众传播技术改变了英国社会及人们的思想,"免费电影"(Free Cinema)、"社会主义戏剧"(Socialist Theatre)、民间音乐等大众文化盛行,以大众文化和艺术为载体的青年反叛文化凸现。面对新的文化形势,从文化与意识形态角度批判资本主义成为时代的紧迫任务。其三,对斯大林极权主义及对正统马克思主义经济决定论的批判反思,使以经验和能动性为重点的人文主义价值得到重申。其四,新左派成员广泛参与成人教育实践,了解底层大众社会、关注和强调文化问题成为他们介入社会的重要表现。

英国新左派知识分子为介入社会现实而选择的文化路径为英国文化研究学派的产生打下了基础,正是在此基础上,新左派力量集结起来,创立了伯明翰当代文化研究中心,使文化研究走上学科体制化道路。以汤普森、威廉斯、霍尔、伊格尔顿等为代表的伯明翰学派学者通过深入的文化研究和马克思主义批判,最后形成了文化马克思主义理论。

三、文化马克思主义发展的逻辑原点：文化研究

文化马克思主义作为文化研究的一种范式，开始于新左派的文化研究，新左派对文化马克思主义的产生起了重要推动作用。新左派为了理解战后英国的社会主义，把握当代社会工人阶级的富裕生活，认识消费资本主义和大众传媒飞速发展的作用，选择了介入政治的文化路径。正统马克思主义认为文化是对现实社会关系的反映，新左派从人类学意义上将文化理解为日常生活和经验的表现。新左派代表人物霍加特、威廉斯、霍尔等对建立新的整体意义的文化观念起了重要的先锋作用。但早期新左派的文化研究毕竟经验有余、理论不足，对文化的认识还显零散并存在诸多内部争议。从更适切的意义上讲，文化马克思主义形成的逻辑原点是伯明翰学派的文化研究，1964年伯明翰当代文化研究中心的建立可视为其开端。该中心也是新左派力量的重要集结地，它使文化研究成为专门学科并得到世界性传播。1968年后新左派运动的衰落期也正是文化研究的理论兴盛期。伯明翰学派的文化研究创立了独具特色的马克思主义的文化主义研究范式，也正是伯明翰学派与新左派之间复杂的交织关联和内部思想论争促进了文化马克思主义的成熟。因此，探讨文化马克思主义的发展应以文化研究为逻辑原点和中心，将伯明翰学派的文化研究者视作推动文化马克思主义发展的主体力量。

（一）文化与文化研究

1. 发展中的文化概念

文化研究因多学科知识构成的混杂性确实很难界定，这其实与文化概念的难界定有关。文化研究通常的含义是对文化的研究，但关于文化本身的理解就歧义丛生。英国文化研究学者威廉斯在考察了文化概念史后说："英语中有两三个最难解的词，文化即是其中之一。"[①] 文化现象本身具有

---

① Williams Raymond. *Keywords*, London: Fontana, 1983, p. 87.

模糊性、不确定性和难以把握性。但尽管如此,人们对文化现象的探究却从未停止过,对文化也做出过各种各样的解释。

西文"文化"(culture)一词缘起于拉丁语词汇"colere"(栽培),意即栽种农作物,后引申为对人的培养、教养。早在公元前1世纪,古罗马思想家西塞罗提出文化等同于心灵的培育;到欧洲中世纪,文化概念承袭古希腊精神并具有神学性质;直到17世纪,文化从神学的束缚下解放出来得到精神层面的界定,文化生活和精神生活基本上是同义语;在18世纪,启蒙时代学者一般将文化与理性、知识、教养等含义联系在一起;到19世纪的欧洲,文化概念已被广泛使用。在德国,康德认为文化就是人类的社会价值之所在,他将艺术、科学、道德观念等都归属于文化;黑格尔基于理性主义世界观理解文化,认为文化就是理性精神的外显。19世纪下半叶,文化术语不断被问题化,定义如雨后春笋般涌现。文化成为人类学、民族学、社会学等新兴学科的热门话题,各学科从不同层面各有侧重地使用文化概念。"人类学之父"泰勒最早从广泛的民族志意义上给文化下了经典性定义,他认为所谓"文化或者文明","是一个错综复杂的总体,包括知识、信仰、艺术、道德、法律、习俗和人作为社会成员所获得的任何其他能力和习惯"。[①] 泰勒认为,人类社会不分类型与发展阶段,都有自己独特的文化;文化并不仅仅是高雅文化的专利,而同时浸透于一个民族或社会的物质与精神层面。20世纪中叶以后,多种多样的文化定义被分为描述性的、历史性的、规范论的、结构性的等多种类型,从宏观维度囊括了文化的各项重要因子:文化模式、文化方式、文化表征、文化核心、文化价值等。符号文化学派的 A. L. 克鲁伯与克莱德·克拉克洪归纳了1871~1951年学者们的160多种文化定义,得到大多数西方学者的认可。

马克思、恩格斯较少使用"文化"一词,他们只是将其作为不证自明的概念使用,未曾对文化做出明确界定。他们认为当时的文化史观是唯心史观因而对其持批评态度,恩格斯说:"旧的、还没有被排除掉的唯心主义历史观不知道任何基于物质利益的阶级斗争,而且根本不知道任何物质利益;生产和一切经济关系,在它那里只是被当做'文化史'的从属因素顺便提一下。"[②] 马克思也明确说过:"历来的观念论的历史叙述的关系同现实的历史叙述的关系,特别是同所谓文化史的关系,这所谓文化史全部

[①] E. B. Tylor. *The Origins of Culture*, New York: Harper and Row, 1958, p. 1.
[②] 《马克思恩格斯文集》第9卷,人民出版社2009年版,第29页。

是宗教史和政治史。"① 马克思、恩格斯早年的理论研究旨趣是建立新的世界观，直到晚年为完善唯物史观和满足革命实践需要才自觉开始文化人类学的研究，但终究未来得及对文化问题做系统阐述。但马克思、恩格斯的论著包含着丰富而又深邃的文化思想，一些表征文化的词汇，如精神生产、精神生活、社会意识、意识形态、文明、观念、思想等在其著作中都被高频度地使用。马克思、恩格斯尽管没有系统的文化研究论著，但却在历史唯物主义世界观框架中建立了认识文化的总体原则。马克思主义认为一方面基础决定上层建筑，社会存在决定社会意识，物质决定精神，实践决定理论；而另一方面上层建筑对基础具有反作用，社会意识具有独立性和能动性，精神反作用于物质，理论对实践具有指导意义。这些原理和观点在宏观层面对认识文化具有指导意义，但也因过于抽象和简化而留下了理解的空白点和误解的可能性。

马克思、恩格斯经典文本中所使用的文化概念都有其特定的语境，归纳起来，关于文化的内涵理解可主要阐述为如下四点。

其一，马克思、恩格斯接受了当时流行的文化是与自然相对应的这一基本观念。认为文化是人的创造性行为及其成果，文化高于自然，人所创造的一切即文化，广义的文化亦即人类社会，文化被等同于人化和社会。"文化上的每一个进步，都是迈向自由的一步。"② 恩格斯在《反杜林论》中的这句话表明：人类文化的进步是摆脱自然束缚而实现自由。

其二，马克思、恩格斯常常在广义上使用文化概念，将文化等同于"文明"。所谓文明即指人类创造的全部物质成果和精神成果的总和，它表现了人类创造性活动的开化状态与进步程度。例如，马克思曾在《1844年经济学哲学手稿》中论述：粗陋的共产主义是"对整个文化和文明的世界的抽象否定"③，这里的文化与文明概念并列等同使用，它们的内涵具有一致性，意指人类的创造性和进步。

其三，马克思、恩格斯论著也曾使用"精神交往""精神生产"和"精神斗争"等概念，从而在狭义的精神文化意义上涉及文化的内涵。马克思不仅论述过物质生产和精神生产之间的辩证关系，而且也有关于"精神斗争"的论述，例如，马克思在1842年发表了《关于新闻出版自由和公布省等级会议辩论情况的辩论》，在讨论新闻出版自由时认为自由报刊

---

① 《马克思恩格斯文集》第8卷，人民出版社2009年版，第33页。
② 《马克思恩格斯文集》第9卷，人民出版社2009年版，第120页。
③ 《马克思恩格斯文集》第1卷，人民出版社2009年版，第184页。

是"人民精神的洞察一切的慧眼",能够"使物质斗争升华为精神斗争"。① 由此表明精神斗争高于物质斗争,文化的精神意蕴可见一斑。

其四,马克思、恩格斯经常在知识水平与教育程度的含义上使用文化概念,他们多次在论著中使用"文化水平""文化程度""文化素养"等词,这里的文化代表了一定的知识水平与教育程度。

马克思、恩格斯经典著作中散见的诸多文化观念,在20世纪初期的历史条件下很难引起人们的注意。由于教条化思想的影响,人们对马克思主义理论存在诸多误解,误认为马克思没有文化理论。对马克思主义文化理论研究的忽略为西方马克思主义的文化转向留下契机,早期西方马克思主义从总体上和宏观上探讨了一些文化问题,如卢卡奇的历史与阶级意识、葛兰西的文化霸权、法兰克福学派的文化工业等,但真正全面系统、具体深入地开展文化研究的还要数英国伯明翰学派,他们考察传统文化,探讨当代文化,对文化做出崭新的界定,并使文化研究学科化建制,成为多学科关注的对象。

2. 文化研究的内涵与特征

文化研究有广义和狭义之分。广义的文化研究即以文化问题为研究对象的不论什么学科或流派的理论阐述;狭义的文化研究特指英国伯明翰大学当代文化研究中心开展的文化研究。1964年,伯明翰大学当代文化研究中心成立,霍加特担任中心第一届主任。在霍加特、威廉斯、汤普森等人的引领下,研究生中心以"文化与社会"为主题开展文化研究。随着英国文化研究的崛起,美国、加拿大及澳大利亚等国积极响应,国际学术界逐渐形成文化研究的热潮。西方学者对广义的文化研究常用的英文表达是"the study of culture",而狭义的文化研究用"cultural studies"来表达。也有学者使用"cultural studies"既指广义又指狭义的文化研究。

文化研究的一个基本特点是跨学科性。它并不为某一学科所独有,往往涉猎诸多学科理论话语资源,这些学科包括社会学、政治学、历史学、传播学、美学、文学、哲学等等。而在多重的(multi-)或交互的(inter-)的学科影响中,社会学为文化研究提供了主要"元概念"(meta-concept)构架,文化研究与社会学具有内在共生关系,许多在文化研究领域所做的研究,其实是社会学和文化研究教授所做,或者是在社会学系内部进行的。文化研究旨在探讨普遍社会问题,凸现和回应社会的精神和文

---

① 《马克思恩格斯文集》第1卷,人民出版社2009年版,第179页。

化问题。文化研究坚持着"跨学科"的优越性，正如美国后现代主义大师弗雷德里克·詹姆逊所说："文化研究是一种愿望，探讨这种愿望也许最好从政治和社会角度入手，把它看做是一项促成'历史大联合'的事业，而不是理论化地将它视为某种新学科的规划图。"①

文化研究的多元性与多学科性源于它本身的现实性，文化研究始终坚持从现实的需要出发灵活地选择研究对象和研究方法，它"既不株守于固定的研究领域，也没有统一的研究方法，而是一个不断生成和扩展的知识实践领域"②。本·卡林顿更为极端地说："没有文化研究的区域，把你想要的东西创造为文化研究的区域吧。"③这充分说明了文化研究对象和范围的广泛性。

文化研究正是一种具有灵活研究对象和方法的社会政治实践，其本质特点就是政治介入。文化研究尽管直接受惠于文学批评，是文学批评拓展到社会文化而产生的，但文化研究已远远超越文学批评常用的文本研究方法及意图而切入到社会政治层面的实践。文化研究不仅仅是一种知识实践，更是一种文化政治学，它以特定社会现实中的阶级、种族、性别、身份、权力等问题为研究对象，密切关注在新的历史时期政治与权力关系的新变化。文化研究的理论问题在新的时空中要重新语境化，必须根据新的社会文化语境重新建立原则，并对文化研究的研究方法、理论范型、价值取向、批判对象等做出调整。④ 因此，文化研究极具现实性和政治性意义，其最突出的特点是政治性和批判性，主要目的是分析批判具体的文化生产和文化制度，而不是进行单纯的理论探索和构建。这种文化研究是作为批判性话语而诞生的，通过借鉴其他理论资源并对其基本观点和方法加以重组，使之适用于具体的文化批判。由于是对当代问题的具体分析，狭义文化研究的理论取向具有明显的多样性。

狭义的文化研究尽管开端与英国伯明翰大学相关联，但这并不表明文化研究只是英国的独特贡献。英国文化研究在其初期受到多方影响，许多特有的主题和研究重点并非首先发生在其本土，学者们从欧洲和美国的思

---

① 〔美〕弗雷德里克·詹姆逊：《论"文化研究"》，载王逢振主编《詹姆逊文集 第3卷·文化和政治意识》，中国人民大学出版社2004年版，第1页。
② 罗钢等：《文化研究与反学科的知识实践》，载金元浦主编《文化研究：理论与实践》，河南大学出版社2004年版，第41页。
③ 〔英〕本·卡林顿：《解构中心：英国文化研究及其遗产》，载陶东风主编《文化研究精粹读本》，中国人民大学出版社2006年版，第31页。
④ 参见陶东风《文化研究：西方话语与中国语境》，《文艺研究》1998年第3期。

想流派中汲取理论资源，从法兰克福学派、结构主义以及后现代主义中借鉴批判话语。因此，狭义的文化研究走出学科樊篱，通过广泛的研究范围打破了精英（高雅）文化与大众（通俗）文化之间的界限，将文化研究变成了对现实问题进行反思的文化批判。文化研究在非同质的学术思潮或理论流派之间展开观点碰撞与论争，关注的焦点主要是人的主体性意识、霸权与意识形态等问题。

本书重点关注狭义的文化研究，即英国文化研究，特别是伯明翰学派的文化研究。作为一种学术思潮的文化研究最早源于英国伯明翰大学当代文化研究中心，该中心由霍加特、霍尔等人创立并对文化研究做出重大贡献。伊格尔顿指出："一般认为，雷蒙德·威廉斯的《文化与社会》和《漫长的革命》、E. P. 汤普森的《英国工人阶级的形成》、理查·霍加特的《识字的用途》等，是英国文化研究的奠基之作，它们为早期的文化研究提供了思想资源和批评范例。"① 英国文化研究建立起一种独具英国特色的文化主义传统和范式，成为文化马克思主义理论发展的逻辑起点。英国文化研究不仅全面科学地回答了"什么是文化"这一问题，而且将文化研究引向一种批判的政治实践，从而使文化研究从一种英国文化主义传统转变为具有世界性意义的文化马克思主义研究范式。

（二）伯明翰当代文化研究中心的创立与发展历程

霍尔说文化研究没有"绝对的开端"，但是文化研究形成的关键时刻是1964年伯明翰当代文化研究中心的建立，到2002年研究中心关闭，文化研究的发展经历了漫长曲折的过程。

1962年，理查德·霍加特竞聘到伯明翰大学英语系任教，他向校方提出希望建立文化研究中心，继续研究他在《识字的用途》（*The Uses of Literacy*）中讨论过的问题，即"工人阶级文化"在大众文化发展境况中如何发生变化，研究中心得到企鹅出版社老板阿兰·雷恩爵士（Sir Allen Lane）的资金资助，校长同意了他的要求。1964年10月，伯明翰当代文化研究中心创立，坐落于伯明翰大学艺术学院（The Faculty of Arts）英语系（The Schools of English）。霍加特成为研究中心第一任主任，全面负责

---

① 〔英〕特里·伊格尔顿：《历史中的政治、哲学、爱欲》，马海良译，中国社会科学出版社1999年版，第559页。

该中心的日常研究工作。他将中心成立后的研究范围和任务确定在三个领域①：其一，研究"历史和哲学"，考察一个世纪以来关于"文化与社会"方面的思潮，广泛关注当代文化与社会的变迁；其二，关注"文学与艺术社会学"，考察各种类型文化生产的社会背景与重要意义，将文学批评、社会学、社会心理学与社会历史结合起来；其三，用恰当的批判语言开展价值评判，研究大众艺术、流行文化和大众媒介。正是霍加特把伯明翰学派的文化研究引向了文化马克思主义的发展道路。

霍加特将伯明翰当代文化研究中心喻为"莲花宝座"，他们与热衷于讨论战后英国社会变革的新左派始终保持着紧密联系。他聘请威廉斯为该研究中心的重要外来顾问之一，请牙买加裔新左派人士斯图亚特·霍尔出任他的助手。尽管霍尔不太认同"伯明翰学派"这一术语，更倾向于认同"伯明翰观点"，但作为世界上第一个体制化的"当代文化研究中心"，"伯明翰学派"的形成已成为一个不争的事实。依托新左派的学术历史，以霍加特为开路先锋，在霍尔的实际引领下，伯明翰当代文化研究中心闻名世界，成为文化研究的一面旗帜。1968年，一直在中心任副手的霍尔成为第二任主任，在霍加特1970年1月离开中心前往巴黎联合国教科文组织工作后，霍尔全面负责中心工作。与霍加特的文学身份背景不同，霍尔作为左派理论家更强调社会，他使研究中心变得更政治化，也更理论化。

研究中心主要开展科研和研究生培养工作，将当代文化与社会变迁的关系作为中心研究目标。中心的学生主要有两大类，一类是全职的，一类是兼职的，包括长期研究或短期研究以获得更高学位的研究人员。研究中心的学位设置起初主要是文学硕士和哲学博士，后来细分为媒介、文化与社会、媒介与文化研究、社会学等方向的荣誉学位。从中心对学位的具体设置上我们可以看到当时文化研究的方向和主题。

中心的文化研究具有独特的研究方式和方法。中心分小组开展课题研究，小组成员2～12人不等，每个成员可参加多个小组，大家各自发挥优势，相互补充，共同完成某一相关研究课题，小组成为中心生产性研究和知识发展的核心。1964～1988年，中心约建立30个小组，各小组涉及的主题包括文学与社会、亚文化、媒介研究、马克思阅读、语言与意识形态、文化帝国主义、阶级结构、政治与文化、女性主义理论等等。其中，以文学与社会、亚文化和媒介研究最为传统和持久。由此可见中心研究内

---

① 参见和磊《伯明翰学派：冰天里绽放的花》，《文学界》2011年第4期。

容的具体性和广泛性，他们把文化研究深入到了现实生活的方方面面，并随着社会的发展不断变换主题。研究中心定期内部出版"文化研究工作报告"（Working Paper in Cultural Studies，WPCS），自1971年开始到1978年一共出版了10期，每次以某一主题编选文章。① 中心还特别注重与校内外甚至世界范围内的其他相关研究机构和大学院系的外部联系，使中心获得支持，不断发展壮大，并取得了世界性的声誉。

到1974年，中心经过10年努力取得了很大成绩，并从英语系中独立出来直接隶属于艺术学院。在当代西方思潮和西方马克思主义理论的影响下，当代文化研究中心的理论视野更为宽广，发展逐渐进入成熟期。中心围绕社会特定历史时期的社会发展、社会结构与意识形态的关系，研究文化的独特形式和发展过程，并取得了巨大成果，产生了重要社会影响。但由于中心并不直接产生经济效益，又不能得到学校的经济支持，因此陷入财务困境。1979年，霍尔离开中心前往开放大学（The Open University）工作，理查德·约翰逊（Richard Johnson）接替霍尔成为中心第三任主任，将中心引向一种内涵发展道路。20世纪80年代中期，针对中心人员、资金短缺状况，约翰逊极力推动中心独立发展。1988年1月1日，经过多方努力，伯明翰当代文化研究中心成为文化研究系（The Department of Cultural Studies），由原来从属的艺术学院变为商业与社会科学学院，主要对本科生讲授文化研究课程。新文化研究系吸收了来自社会学系的学者，后来乔治·拉伦（Jorge Larrain）加入文化研究系成为第四任主任。文化研究系的成立意味着伯明翰学派的文化研究自此进入体制，得到校方的资金保证，但研究中心的体制化发展对其独立思想的传承和发展也产生了不利影响。

1991年，文化研究系又与社会学系合并，成立文化研究与社会学系，文化研究的体制化发展进一步深入。2002年，文化研究系与社会学系因缺乏经济效益和学科竞争力等种种原因被校方关闭，历时近40年的伯明翰当代文化研究中心解体。中心解体与自身研究方向和发展道路的不断转变也有着密切的关系。在霍尔时期，文化研究特别关注对活生生的现实文本的分析；但在约翰逊时期，文化研究注重历史层面的分析，关注主体性的历史建构，中心在学科体制化过程中越来越远离现实生活；到乔治·拉伦升为第四任中心主任时，意识形态观念居于理论研究的中心地位，伯明翰学派的文化研究越来越远离现实性、实践性、政治性，渐渐失去批判精

---

① 参见和磊《伯明翰学派：冰天里绽放的花》，《文学界》2011年第4期。

神而成为理论游戏，这恐怕是其解散的根本原因。

伯明翰当代文化研究中心虽然组织机构解散了，但这并不意味着文化研究的终结。事实上，伯明翰学派的文化研究已在世界范围内产生广泛影响。从20世纪80年代中期开始，文化研究已成为世界性潮流，在后现代主义语境中展开了具有后马克思主义倾向的文化研究，致使文化马克思主义向后马克思主义发生演变。

（三）伯明翰学派文化研究的总体特点

伯明翰学派是一个建构性术语，用以指称聚集在伯明翰大学当代文化研究中心周围的一群知识分子。广义上讲，伯明翰学派成员不仅包括曾在研究中心工作和学习过的人员，而且还包括与伯明翰学派文化研究密切相关的一些成员。其代表人物主要有：中心各届主任理查德·霍加特、斯图亚特·霍尔、理查德·约翰逊、乔治·拉伦；学员及著名研究人员保罗·威利斯（Paul Willis）、费尔·科恩（Phil Cohen）、戴维·莫利（David Morley）、安吉拉·默克罗比（Angela McRobbie）等；与中心有密切联系的新左派知识分子，如中心聘请的外来顾问——著名文学家雷蒙德·威廉斯及其学生特里·伊格尔顿；参与文化研究思想论争的著名共产主义历史学家小组成员E. P. 汤普森，曾在研究中心学习后旅居美国的文化研究学者约翰·费斯克（John Fiske），旅居澳大利亚与霍尔同在开放大学工作的托尼·本内特，等等。伯明翰学派成员尽管学术思路、理论兴趣和思想观点各有差异，甚至同一理论家自身在不同时期思想观点也有变化，但总体而言，他们都以文化问题为研究对象，其文化观念和理论具有相通和一致性，因此被统称为伯明翰学派。伯明翰学派使文化研究纳入学科体制并名扬四海，尽管伯明翰学派与文化研究、英国文化研究属三个不同概念，但它们常被混同使用，伯明翰学派也就成了文化研究的代名词。

伯明翰学派的文化研究是对英国特定历史发展时期的社会、文化、思想的反映。"二战"以后，英国社会从长期动乱中稳定下来并逐渐走向现代化。随着福利国家的形成，人们物质生活水平的提高，英国传统的激进革命意识消退，英国工人阶级意识也随之弱化，社会主义革命受到很大的挑战，马克思主义面临重大危机。面对国内工人运动消退和国际尖锐形势，左派知识分子对社会主义的认识陷入迷茫。在文化方面，由于经济复苏、道德失衡、秩序混乱，美国大众文化全面"入侵"，英国本土文化遭受严重危机。直面社会现实、解释文化危机，这成为具有忧患意识和责任感的知识分子深切关注和要解决的紧要任务。英国的左派知识分子试图发挥作用，对社会现实进行积极的干预，他们将成人教育引向政治介入，从下层人民的生活中获得了批判现实的资源。面对英国国内外政治、经济和文化状况，一些知识分子在文化研究和社会批判的具体实践中聚集起来，形成了新左派。新左派将文化研究视作一种政治介入的社会策略，他们把文化与政治结合起来，对英国社会进行了全面反思。

伯明翰学派的文化研究也与"二战"后英国社会的反叛思潮直接相关。这股社会反叛思潮在文学领域主要体现为愤青（The Angry Young Men）运动。[①] "愤青"一词来自莱斯利·艾伦·保罗（Leslie Allen Paul）所著自传体小说《愤怒的青年》（*Angry Young Men*, 1951），而约翰·奥斯本（John Osborne）的剧本《愤怒的回顾》（*Look Back in Anger*, 1956）使"愤青"一词得以流行。该剧塑造了一个反叛青年形象吉米·波特，他消极、玩世不恭，对抗和挑战社会，深刻表现了战后被漠视的少数人对社会结构和政治状况的极度失望。20世纪50年代产生了一系列愤青运动代表作，这是英国战后社会危机在文学上的集中反应。愤青文学作品描述的不再是上流社会而是活生生的平民大众的真实生活，文学从此由精英走向大众，由保守和认同走向了激进和批判。愤青文学运动警醒大众看清自己的严酷处境和社会现实，催生了知识分子的批判立场，从而为伯明翰学派的文化研究提供了社会环境和思想基础。

伯明翰学派的文化研究"在很大程度上受惠于英国的文化主义传统"[②]。20世纪50年代，英国文化主义盛行，文化研究作为一种独特的问题意识，出现于50年代中期。英国文化研究的历史传统可向上追溯到阿诺德、艾略特、利维斯，可向下追及霍加特、威廉斯、汤普森等人。在以阿诺德、艾略特、利维斯为代表的精英主义文化时期，文化掌握在少数人手中，被认为是世界上最好的思想和言论，而大众因缺乏教养没有文化，需要对他们进行文化教育。但随着大众文化的兴起，这种精英立场的文化观逐渐衰落。威廉斯以"文化是普通的"（culture is ordinary）、文化是"整体的生活方式"的论断，使文化研究发生重要转折，从精英文化走向大众文化。威廉斯在《文化与社会》中指出，正是那种为了政治剥削或文

[①] 参见和磊《论伯明翰学派的建立》，《社科纵横》2011年5期。

[②] 萧俊明：《文化转向的由来——关于当代西方文化概念、文化理论和文化研究的考察》，社会科学文献出版社2004年版，第220页。

化剥削的目的，才产生了把人看作群众的看法。① 只有打破这种看待人的方式，取消人与人之间的差别，才能形成一个大众的文化的"共同体"，从根本上否定精英文化与大众文化之间的差异性。威廉斯所开启的共同的、整体的新文化观念成为伯明翰学派的共识，在此基础上，伯明翰学派知识群体开始了具有广泛主题的当代文化研究，尽管不同代表人物具有不同的理论研究兴趣和思想差异，但他们的文化研究还是呈现出许多共同特点，特别是在霍尔主持工作的时期。

牙买加人斯图亚特·霍尔在20世纪50年代晚期英国新左派的创建过程中起到了关键性作用。他于1951年定居英国，在牛津大学攻读文学，受到文化研究先驱人士汤普森和威廉斯等的深刻影响，曾担任多项学术工作要职。霍尔具有多重重要身份，他是《新左派评论》主编，是当代文化研究中心的创建者之一。他作为英国黑人经验的主要分析者，是具有重要影响力的政治理论家和公共知识分子。伯明翰大学当代研究中心尽管是霍加特创立，但实际执掌人可以说是霍尔。霍尔在研究中心一共工作了近15年，1964～1968年担任"代理主任"4年，1968～1979年担任主任职务11年。从某种程度上讲，正是霍尔影响了当代文化研究中心的理论取向。在霍尔的直接领导下，当代文化研究中心取得重要理论成果，他们以独创的批判方式分析离经叛道的"异常文化"，研究青年亚文化和广播、电视、电影等媒体文化的社会影响。采用民族志方法，但不受其局限；强调跨学科研究，但不受其羁绊；主张结构主义和后结构主义关于语言和意义的分析，但不受其主控。家庭、性别、阶级、种族、媒介等众多主题都得到文化研究者们的关注。由于文化研究实际工作以小组形式开展，研究范围广泛庞杂，讲究跨学科性，追求开放性，研究成果也多以集体名义呈现。因此，伯明翰学派的文化研究具有鲜明的总体性特点。

其一，跨学科性和批判性。整体而言，伯明翰学派在文化研究的方法上，强调跨学科性，注重实证研究和个案研究；在研究取向上，注重反思性和政治批判性。这些特点在文化研究的对象、课程设置和学生培养等诸多方面都有具体体现。②

其二，文学艺术批评仍旧是文化研究的基本内容。英国文化研究可以说是以文学批评为源头转化而来，伯明翰学派文化研究的对象非常广泛，

---

① 参见〔英〕雷蒙德·威廉斯《文化与社会》，吴松江等译，北京大学出版社1991年版，第379页。

② 参见陆道夫等《浅谈伯明翰学派文化研究的学术传统》，《学术论坛》2006年第3期。

但文学艺术仍旧是文化分析的基础文本。霍加特的《识字的用途》、霍尔的《通俗艺术》、威廉斯的《马克思主义与文学》等都细致分析了许多流行文化形式和大众时尚艺术等。

其三，大众文化研究成为文化研究的重要对象。伯明翰学派重视大众文化研究，许多文化研究学者支持受众解码立场的灵活性，他们认为大众文化是被统治阶级与统治阶级开展协商和斗争的领域，总是包含着抑制和抵抗的双向运动。因此，大众文化既是实施霸权的场所，又是反抗霸权的场所。

其四，亚文化研究被纳入文化研究范围。自20世纪50年代以来，欧美特别是英国青少年亚文化流行，出现无赖青年、光头仔、摩登派、朋克、嬉皮士等亚文化现象，伯明翰学派几乎研究了所有亚文化，对亚文化的起因、形成、风格以及亚文化与媒体、道德恐慌和大众文化的关系等方面都提出了许多重要观点，形成了极富影响力的亚文化理论体系和研究方法。

其五，媒介文化成为研究的热门领域。伯明翰学派认为，大众传媒的受众不是媒介文化生产体系中存在的消极客体，而是以主体身份进行着积极的、能动性的选择，因此，媒介不能仅仅被看作是国家用以维护意识形态和传递统治阶级意志的一种工具。

总之，伯明翰学派的文化研究领域非常广泛，他们以学科交叉的方法发挥跨学科优势，借鉴政治经济学、社会学、文化人类学、哲学、文学理论、影视研究、大众传媒研究、博物馆研究等学科领域的理论和方法开展文化研究，探讨各种社会文化现象。伯明翰学派的文化研究总是将一种特定的文化现象与阶级、种族、性别等社会文化身份及社会意识形态联系起来。因此，阶级、种族和性别便构成了伯明翰学派文化研究"三位一体"[①]的多元文化研究内容，其主题也从"文化—社会"到"文化—权力""文化—政治"和"文化—意识形态"不断发生着历史位移，但自始至终都没有放弃文化这一焦点和核心。文化研究以极强政治性和批判性特征，通过解构"正统"，从而走出一条超学科、解中心、反霸权的道路。正是文化研究的这种总体性特征构成了伯明翰学派鲜明的理论气质。

---

① 李庆本：《伯明翰学派文化研究的发展历程》，《东岳论丛》2010年第1期。

（四）伯明翰学派文化研究与新左派刊物的关联

伯明翰学派文化研究是时代造就的思想敏锐的左派知识分子的结晶。新左派刊物作为左派知识分子的思想平台，为伯明翰学派形成自己的理论追求奠定了基础。伯明翰学派文化研究承袭了新左派刊物的风格和传统。

第一，新左派刊物具有强烈的反思精神。它关注社会政治、文化的现实状况及其变化，坚守自身的独立性，不受激进组织或运动思想的影响，不服务于任何集团利益。伯明翰学派也把各种社会现象和社会文化作为研究对象，坚持与其他学科对话，但不接受任何传统学科的规训，甘愿自身的边缘地位。

第二，新左派刊物具有高度的合作精神。《大学与左派评论》《新理性者》《新左派评论》几种刊物的编辑工作都是集体合作的产物，相应地，伯明翰学派文化研究产生的学术论文集也是集体创作的产物。霍尔在文化研究领域享有崇高地位和声望，他为许多文化研究专著撰写的导言都被视为该领域研究发展的风向标。但霍尔很少独立出版专著，几乎都是合著或合编。他一贯重视合作精神，从不突显个人作用，他常用的语言是集体名词"我们"而不是"我"。

第三，与时俱进的全球化视野。新左派刊物虽然生根于英国，但视野开阔，具有全球化眼光。《大学与左派评论》《新左派评论》这些刊物更多地关注政治、经济和文化的相关分析，很少涉及纯文学内容。与此相呼应，伯明翰学派文化研究也关注现实世界，研究内容不局限于国别、种族、民族、性别、宗教等，而是倡导多元文化共存。

第四，新左派刊物为伯明翰学派的文化理论提供了重要的展示窗口。1957年，理查德·霍加特出版《识字的用途》一书，反映了富裕社会境况下大众文化的兴盛对英国工人阶级意识的影响，引发了牛津大学新左派学生的热烈讨论。1958年秋，霍尔在《大学与左派评论》第五期上发表了《无阶级的观念》一文，从资本主义生产及工人阶级的身份认同、生活方式等方面，详细地阐述了英国等当代发达资本主义国家的阶级状况。1963年，汤普森出版《英国工人阶级的形成》，作为第一代新左派对无阶级问题进行了系统全面、影响深远的回应。通过无阶级问题的争论，伯明翰学派更加充分认识到，英国工人阶级可能被大众文化整合到资本主义社会范围，从而消解并失去社会主义潜能。于是，在霍尔的主导下，《大学与左派评论》展开了对亚文化、青年文化、电视电影评论、工人阶级教育等一系列大众文化现象与问题的研究，成为展示和传播大众文化研究成果的重要窗口。

英国新左派面对激变的现实社会，基于问题意识和批判思维，强有力地推进了文化研究，使其在人文社科领域内得到建制化、学科化发展。英国新左派刊物则成为文化研究诞生的摇篮和文化研究先驱人物发表研究成果的重要阵地。伯明翰学派集结了众多新左派的代表人物，他们以一种极大的理论热情投身于政治实践，通过文化研究考察社会现实，找寻到一条独特的文化革命和理论革命的道路。英国当代文化研究者突破传统文化主义的藩篱，以一种批判精神汲取一切有利于文化研究的外来文化资源，坚持马克思主义基本理论和立场，创立了文化马克思主义的研究范式。文化马克思主义正是以伯明翰学派为主体力量，以新左派刊物为重要理论阵地，将文化研究与马克思主义批判结合起来，从而形成了英国独具特色的文化主义和马克思主义的研究范式。

第三章

文化马克思主义发展的逻辑进程

文化马克思主义产生于文化研究的历史实践。文化马克思主义的发展有一个逻辑演进的过程，这个过程实质上是文化研究发展与马克思主义理论发展相互影响、相互作用的过程。一方面，文化研究在马克思主义理论的指导下，改变和深化了文化观念；另一方面，马克思主义理论也在文化研究的过程中得到重新解释和修正，甚至从文化视角得以"文化化"，从而产生了一系列的新范畴和新观点。因此，循着文化研究的发展线索，可以看到文化马克思主义发展的逻辑进程。

　　文化马克思主义以英国文化研究为典型代表。英国文化研究充满内在分歧与争论，不同思想观念间的论辩、交锋、对话成为文化研究保持活力的源泉。1981年，霍尔发表《文化研究：两种范式》一文，总结了英国文化研究发展的阶段，即从文化主义范式向结构主义范式转变，最后转向葛兰西主义，这实际上也勾勒出了文化马克思主义发展的逻辑进程：文化主义—结构主义马克思主义—新葛兰西主义。在20世纪50年代至60年代中期，英国新左派通过对英国文化研究及马克思主义传统的反思，在马克思主义唯物主义立场上重新界定文化，确立了文化主义的社会分析范式；从60年代中期开始到70年代，英国文化研究大力引鉴欧陆理论，阿尔都塞的结构主义马克思主义作为外来文化被引入，与英国本土的文化主义形成两种范式相竞争的局面。到80年代以后，文化研究受到后现代主义理论的影响，向后马克思主义迈进，在反思文化主义和结构主义两种研究范式的过程中，开始转向葛兰西，形成了新葛兰西主义。文化马克思主义涵盖了英国本土文化主义、外来结构主义、葛兰西主义、后现代主义、马克思主义等各种思想及其交互影响，并通过思想之间的批判与论争、碰撞与结合、融合与超越从而得以成熟和发展。从文化观念的重新界定和基础地位的确立到文化主义范式的形成，从西方马克思主义的引入到文化主义与结构主义的论争，再到葛兰西的转向和新葛兰西主义的产生，文化研究走过的不平凡道路展现了文化马克思主义发展的逻辑进程，这一进程实质上是马克思主义立场在文化研究中不断深化并不断得到重释和发展的过程，也是马克思主义不断得以"文化化"的过程。

一、文化主义研究范式的形成

（一）文化主义概念的双重能指

"文化主义"是文化研究中产生的一个特定术语，由英国伯明翰大学当代文化研究中心第三任主任理查德·约翰逊在1979年首先提出，在《三个问题系：工人阶级文化的理论构成》一文中，他用"文化主义"一词来指称威廉斯、霍加特、汤普森三位理论家之间的理论连贯性，即他们都认为各种文化形式与阶级地位必然相关，都强调文化是"普通"的，大众都有主动地、创造性地建构意义的能力，都对英国工人阶级历史中的阶级文化、民主及社会主义等问题感兴趣。[①] 于是，"文化主义"这一术语在伯明翰当代文化研究中心内外得到广泛运用与阐释。

1981年，伯明翰学派领军人物霍尔在《文化研究：两种范式》一文中从学科史和方法论维度直接把"文化主义"看成与"结构主义"相对应的一种话语系统，认为"文化主义""结构主义""葛兰西转向"构成了英国文化研究发展的三个阶段。[②] 霍尔把文化主义作为文化研究的一种当代范式，从与结构主义相对立的方面论述了其特点。克利斯·巴克也曾指出："它（文化主义）的重要性在于它与结构主义之间的对立，而且它也鲜少出现在文化研究的论辩之外。"[③] 约翰逊和霍尔所谓的"文化主义"指称的正是由威廉斯等人开创的英国文化研究的范式。斯道雷在《文化理论与大众文化读本》中分析了文化主义的起源和特点，认为文化主义作为一种方法，是通过批判利维斯主义和马克思主义经济决定论而产生的，"它认为通过分析一个社会的文化、一种文化的文本形式和成规惯例，有可能重新在那个社会中建立起生产和消费这些文化文本和惯例的男男女女所共享的行为模式和思想"[④]，强调人的能动性和文化的生产功能正是文

---

① 参见邹赞《英国文化主义研究述论》，《社会科学家》2011年第10期。
② 参见邹赞《大众社会理论与英国文化主义的源起》，《浙江师范大学学报（社会科学版）》2011年第4期。
③ Chris Barker. *The SAGE Dictionary of Cultural Studies*, London: Sage Publications, 2004, p. 43.
④ John Storey. *Cultural Theory and Popular Culture: A Reader (Third Edition)*, Harlow: Pearson Education Ltd., 2006, p. 23.

化主义的主要特征。

文化主义这一术语在用以指称文化研究范式的同时，也有人用来指称英国文化研究的思想传统。我国学者萧俊明在追溯文化主义的思想传统时，将文化主义作为一种与功利主义相对立的社会思潮进行了分析，认为它是超越功利主义和反抗资本主义的产物，其最典型特征是强调文化价值，反对功利追求。文化主义站在反个人主义和反功利主义的立场，视文化为有机整体，具有高于物质文明的价值。文化主义传统可追溯到马修·阿诺德、T. S. 艾略特和 F. R. 利维斯等先驱人物，他们确立了文化主义传统，并对文化主义传统的发展起到了决定性作用。[①]

可见，文化主义概念勾连文化研究的传统与现代，它具有双重能指，既指阿诺德、艾略特和利维斯等文化研究先驱开创的文化主义传统，他们将文化与文明区分开来，批判资本主义工业文明，主张精英文化，试图以文化主义超越功利主义；又指威廉斯、霍加特、汤普森等文化研究者在批判继承利维斯主义文化传统的基础上所开创的文化研究范式，他们区分了大众文化和精英文化，认为文化是普遍的、共同的，是"整体的生活方式"，强调工人阶级作为文化的主体能创造属于自己的文化。文化主义研究范式以文化主义传统为基础但又超越了它，在这里，文化从社会整体角度得到理解，几代文化研究者也因这一术语而联系起来。

基于一种总体意义的社会文化观，文化主义的基本内涵可以从三个方面去理解：其一，文化主义从广义上理解文化，认为文化是整体的生活方式，文化即社会过程，它是经济和政治的组成部分；其二，文化主义认为社会过程是经济、政治、文化等方面因素多元复杂决定的结果，不是经济决定一切，也没有任何一个决定因素居于首要地位；其三，文化主义认为在文化生产本身即资本主义社会的工业中，文化与经济的边界变得模糊，而社会主义政治也将适应这种形势走向文化政治，关注文化意识形态。对文化主义的理解应将文化主义传统批判和文化主义范式构建联系起来作为整体过程看待。

（二）文化主义的传统追踪

英国文化主义研究范式是在本土文化主义传统的基础上产生的。文化主义与英国文化研究传统具有不可分割的联系，不可单独割裂开来予以断

---

① 参见萧俊明《英国文化主义传统探源》，《国外社会科学》2000年第3期。

代地和简化地看待。考察英国文化及思想发展的历史可以发现，文化主义是经由阿诺德、艾略特和利维斯等文学批评家开创的"文化—文明"传统转化而来。1789年的法国大革命曾在英国引发激烈讨论，在固守传统或走向现代的抉择面前，英国保守派主张以工业革命代替法国式暴力革命；激进者则将矛头对准资本主义工业文明和功利主义思想。面对急剧的社会转型，英国作为最早实行工业革命的国家，在体制内部平静而温和地完成了社会政治改革，在走向现代化的过程中形成了一条独特的平缓稳定转变的英国模式（British Pattern），这种独特的英国模式引导了大众社会的产生。以阿诺德、艾略特、利维斯为代表的知识分子坚持从精英文化立场，对工业文明进行了多维度的批判和反思，形成了英国的"文化—文明"传统。阿诺德的完美文化论开创了英国文化主义传统；艾略特的有机文化论为文化主义传统创造了新的活力；利维斯的精英文化论成为英国文化主义传统的标签。而以霍加特、威廉斯、汤普森为代表的新左派在大众社会发展的背景下，基于对利维斯主义的批判，从而建立了英国文化主义研究范式。

1. 马修·阿诺德的完美文化论

马修·阿诺德（Matthew Arnold）是英国文化主义传统无可争议的先驱人物。在英国社会矛盾日趋尖锐、工人运动日趋高涨的时期，阿诺德于1869年出版了《文化与无政府状态》一书，对英国文化和大众社会做出集中思考。阿诺德坚持一种完美文化论，认为文化是最美好的思想与言论，能给人们带来美和价值力量。阿诺德直言不讳地批评工业化和物质文明，反对穆勒和边沁的功利主义和个人主义，从道德和社会向度检视英国国民性及文化。他分析了英国社会维多利亚时代的三个主要阶级，认为贵族阶级尽管外表优雅，但其实是"生性愚钝，缺乏足够的内在心智"的野蛮人（Barbarian）；中产阶级是沉迷于物质文明、工具主义和实用主义的非利士人（Philistine）[①]；而劳工阶级只不过是"群氓"（Po-pulace）。阿诺德认为以上三个阶级都不能承担起传承文化的重任，只有"剩余民"，即三个阶级中接受过良好教育的"知识阶层"才能肩负起文化的重要使命。面对英国社会急剧变革及大众社会的兴起，阿诺德的内心异常矛盾，一方面，他反对工业社会的物质文明和个人主义，特别向往有机社会，但另一方面，他警惕劳工运动可能导致社会失序，从而影响人类社会的完美。为解决社会秩序问题，阿诺德提出三个理想化途径：树立国家权威；

---

① 非利士人：意指不喜欢文学艺术、没有文化教养的平庸之辈。

高度重视宗教；加强学校教育。他希望通过国家权威树立起国民健全理性，扭转无政府倾向。他认为文化与宗教都追求内在理想状态，反对狭隘的个人中心主义，追求人性完美与和谐发展。阿诺德出身宗教家庭，认为宗教有助于英国民众健全道德和克制冲动，承认宗教意识的崇高，因此，他主张利用宗教为塑造公民和巩固国家服务。但同时他坚决抵制宗教分裂国家，并认为文化不能过分依靠宗教，而必须超越宗教，因为宗教和文化相比毕竟是狭隘的。阿诺德的文化理想是使智性和德性融合一体达到完美和谐，他特别重视教育，希望通过宗教和学校教育重建新的文化观念，最终实现完美和谐的有机社会的目标和理想。阿诺德对19世纪英国大众社会的批判塑造了文化主义传统的初步形态。

斯道雷评价阿诺德首开了"文化—文明"的传统，开创了一种考察和分析大众文化的具体方式，也开创了一种把大众文化置于整体的文化领域的具体方法。① 威廉斯评价阿诺德以文化的方式做出了对社会危机的直接回应。阿诺德将无政府状态视为文化的对立面，将自己视为优雅和人文价值的护卫人，有责任将文化引向高处。

2. T. S. 艾略特的有机文化论

T. S. 艾略特（Thomas Stearns Eliot）出生并成长于美国，后加入英国国籍。在第一次世界大战以后的思想文化领域，艾略特与19世纪的阿诺德一样对弘扬文化主义传统做出了重要贡献。

艾略特主张有机文化论，他扩大了文化概念，从人类学角度赋予其当代意义。艾略特曾在《文化定义随笔》中将文化解释为"生活在某一地区的某一民族的生活方式"，认为文化体现在一个民族的社会制度、风俗习惯、宗教、艺术中。② 艾略特所说的文化其实是一种全民族所共同拥有的文化，由于社会存在阶层等级差异，只有具有良好文化素养的精英才能有意识地理解它并平等地参与其中。艾略特进一步深化了对精英的理解，他认为"精英"是一个动态性概念，它绝不是固定指一群优雅人士、大亨或者地方首领，而是指代一个秩序井然、与众不同的群体。艾略特批判曼海姆（Karl Mannheim）③ 混淆了"阶级"（class）与"精英"（elite）的概念，曼海姆

---

① 参见陆扬等《文化研究导论》，复旦大学出版社2006年版，第64～65页。
② 参见 T. S. Eliot. *Notes towards the Definition of Culture*, London: Faber, 1948, p. 120.
③ 曼海姆，德国社会学家，知识社会学的创始人和主要代表人物之一。1893年3月27日生于匈牙利首都布达佩斯，父亲为匈牙利籍，母亲是德国籍，双亲皆为中产阶级犹太人。1933年因受纳粹迫害逃往英国，任伦敦经济学院讲师，1942年后任伦敦大学教育学院教授。

提出的"血缘"(blood)、"财产"(wealth)和"成就"(achievement)不能作为判定精英群体的标准。他将"精英"群体赋予"共同文化"的特性，认为他们关注共同的对象，并以共同的语汇表达共同的诉求。艾略特还批评阿诺德在揭露底层人士弱点时忽略了探讨各阶层存在的合理性与协调性。他后来超越阶层区分将文化看成一个有机整体，认为文化存在于整体的更广阔的社会范围中，个人不可能包含文化所具有的全部品质，文化不可能在个体或某一群体中寻找得到。① 他认为，个体不能与群体相分离，群体的文化不能与社会相分离。在一个富有生机的社会中，文化精英与统治阶级之间存在紧密联系，少数文化精英担负着传承和保护"共同文化"、捍卫高雅文化的责任。他将家庭和教育作为传统文化传承的核心，认为每个人不可能摆脱早期家庭环境的影响，如果家庭不能够尽善其责，文化就会面临厄运。② 而教育应该有助于维护阶级（preserve the class）和遴选精英，应该以适应政治和社会改革为教育目的，培养时代所需要的人。面对现代资本主义内在的结构性危机，艾略特既希望共同文化不受政治因素的破坏，但又对社会阶级之间的复杂关系及大众社会兴起的广告、电视等通俗文化形式深表忧虑。艾略特尽管在文化研究中深陷矛盾，但他的有机文化论仍旧为文化主义传统注入了新的活力，对后世影响深远。

3. F. R. 利维斯的精英文化论

20世纪30年代，是文化主义传统转型的时期。F. R. 利维斯（Frank Raymond Leavis）是剑桥大学的文学讲师，他对最初由阿诺德提出的文化设想进行了修改和扩展。利维斯以创办并主编《细绎》（*Scrutiny*，又译《细察》）杂志而闻名，围绕在该杂志周围的群体形成利维斯派，他们发起了对后世产生深刻影响的"文化与文明"运动。利维斯以及利维斯派承袭了阿诺德、艾略特的文化观点，在20世纪30年代，即利维斯所谓的"马克思主义化的十年"③，他们将一种对"共产主义马克思主义"的批判，与英国文学批评传统结合起来，产生了非同一般的影响。

利维斯坚决捍卫文化传统，他认为理想的文化就是文学，要特别重视艺术与道德关怀的双重向度。利维斯像艾略特那样主张文学文化与非文学

---

① 参见 T. S. Eliot. *Notes towards the Definition of Culture*, NewYork：Harcourt, Brace, 1949, p. 21.
② 参见 T. S. Eliot. *Notes towards the Definition of Culture*, NewYork：Harcourt, Brace, 1949, p. 42.
③ F. R. Leavis. *The Common Pursuit*, Harmondsworth：Penguin Books, 1962, p. 182.

文化的并存，认为文学的背后存在着一种社会文化及生活的艺术。他像艾略特一样重视精英，甚至比艾略特更偏爱少数人的精英文化，利维斯认为一种共同文化的基本价值就在于其是否能够对少数高人一等的文人进行各种支持。他以阿诺德为榜样，认为自己生活在一个"文明"与"文化"相对立、且深陷"文化困境"的时代，文化已被工业文明及功利主义思想破坏，机器化操作史无前例地变革着生产方式。利维斯认为英国文化问题的症结就在于一种以"更高的效益、更多的销售、更多的批量生产与标准化"为特征的美国化，极大地危害了英国的报刊、广告、电影等大众文化。英国有机社会的消失与美国化相关联，"美国化"给英国社会生活和大众文化带来灾难性影响。① 利维斯希望通过学校教育和英语专业来重建理想文化，创造并传承具有道德教化的价值观。他将文学研究与其他学科联系起来，富有启发性地推进了文化主义思想传统，但正如威廉斯所指出的，利维斯的"少数人文化"本质上是对产生于文化内部的小资产阶级的道德说教式的反叛，从这种意义上讲，利维斯无疑是一个保守主义者，当然这并不影响利维斯主义成为英国文化思想的重要启示。利维斯主义在20世纪30年代"马克思化的十年"中通过与发展之中的共产主义、马克思主义批评相结合，使英国原有的文化主义传统得到了丰富和发展。作为一种文化现象的利维斯主义的最主要贡献是借助文学批评把一种"总体化"的观念注入英国的文化，对于英国的文化转型起到了承上启下的作用。

阿诺德、艾略特和利维斯的思想成为英国文化主义传统的先声。他们通过对英国大众社会的批判和对"理想文化"的设定，共同构筑起具有英国特色的"文化—文明"传统。他们支持精英主义文化立场，重建传统道德价值观念，希望学校、家庭、宗教机构改革承担起传承文化的重任，实现理想的"共同文化"。在英国20世纪五六十年代的社会变革时期，当他们的文化思想与马克思主义相遇，这种具有精英主义色彩的"文化—文明"传统便开始转变为左翼文化主义。

20世纪50年代，以雷蒙德·威廉斯、理查德·霍加特和 E. P. 汤普森等为代表的一批英国左翼知识分子，在批判反思利维斯主义的政治保守主义和文化精英主义立场过程中，试图在利维斯主义和马克思主义之间寻找"第三条道路"。他们以《新左派评论》为理论阵地，通过文化政治实践催生了英国"左翼文化主义"范式的出现。文化研究成为一种独特的问

---

① F. R. Leavis. *Mass Civilisation and Minority Culture*, Cambridge: The Folcroft Press, 1930, p. 7.

题意识,其重点从"文学"转向"文化",从精英文化转向了工人阶级的文化、大众文化。文化研究从"文化—文明"传统走向"文化—社会"范式,英国文化研究传统由在马克思主义文化传统中关注阶级和道德,转变为在西方马克思主义传统中关注意识形态和文化领导权。

(三) 文化主义研究范式的形成过程

1964年,英国伯明翰大学当代文化研究中心成立,从此文化研究在西方进入学术体制内发展,开始当代文化主义研究范式新的发展阶段。

英国当代文化主义范式的形成离不开英国文化研究传统的滋养,也是现代社会下新的社会文化局势的产物。战后英国形成一种新的社会文化环境——"大众社会"崛起,文化发展现代化和美国化,传统工人阶级中产阶级化或资产阶级化,正是这种社会文化背景成就了英国文化研究的早期成就。几位新左派人士深受传统文化的影响,他们有着相似的生活经历,都曾在剑桥大学聆听过利维斯的文学讲座或阅读过利维斯的著作,直接或间接地受到利维斯主义的影响。正是在现代文化与传统文化交错纠缠的背景下,他们完成了具有重要影响力的文化主义早期著作。

霍加特和威廉斯二人都具有工人阶级家庭出身的背景,他们都积极参加对工人阶级的成人教育工作。他们对利维斯主义带着一种矛盾心理,一方面赞赏经典文本确实比大众文化更有价值,另一方面,他们又批评利维斯主义并不真正具有认同大众文化的立场。霍加特在《识字的用途》一书中表现出一种自相矛盾的心态,该书第一部分描写传统工人阶级社会,第二部分批判现代大众文化。他在怀念古老的高雅文化的同时也思念自己年轻时代的工人阶级文化。他反感大众文化的商业化,否认文化精英在工业社会中拥有"从上至下"传播文化的"特权",但在面对大众文化的冲击时,仍旧坚持强调工人阶级文化的合法性,肯定工人阶级有能力自主选择并创造出自己的通俗文化。尽管霍加特也具有一种对精英文化的怀旧情绪,但他对工人阶级文化的合法性和自主性的强调意味着与利维斯主义传统的重大分离。

威廉斯的《文化与社会》是一部以文学史为内容的著作,但其关注的主要内容是文学文本与观念的关系而不仅仅是文学文本的研究。该书的主体内容论述了文化传统,在"导论"和"结论"部分探讨了文化的含义。威廉斯梳理了19世纪、20世纪英国文化传统的发展线索,追述了"文化"一词的历史发展与内涵的丰富和转变。提出了文化是一种

"整体的生活方式"这一著名论断,并从社会整体角度阐述了文化的三个层面的内涵:其一,文化总是以一种特定的生活方式而存在;其二,文化表达特定生活方式的意义和价值;其三,文化分析的目的是澄清某种生活方式的价值意义。威廉斯的总体文化观开启了一个以"文化与社会"为主题整体看待文化的思想传统。在这种总体文化观下,威廉斯认为存在一种共同文化(common culture),这种共同文化在统治集团的虚假社会认同基础上达到统一。在英国,工人阶级运动的传统组织和制度为共同文化的形成提供了基础。与霍加特批判工人阶级已被大众文化所腐蚀不同,威廉斯则肯定了工人阶级传统的力量,他认为工人阶级与资产阶级之间的根本差别依然存在,不会因为语言、穿着方式、休闲方式的差别而消失。威廉斯正是从这种共同社会身份的表现看到一种共同文化的存在,由此扩展了文化概念,但他并没有将大众文化与阶级文化等同起来,而是认为工人阶级作为一个"自为阶级",也有自己的文化表现形式。

威廉斯的总体文化观受到汤普森的批评。汤普森在《新左派评论》上发表多篇文章表达自己的文化观,他反对将文化作为一种"整体的生活方式"来看待,认为文化是在具有差异性生活方式之间的冲突中产生的,文化是一种"整体的斗争方式",这一观点显然与威廉斯的观点针锋相对。对于汤普森的批评,威廉斯做出了积极的回应,并在后来的研究中加以了修正,最终同意了汤普森的观点。

历史地评价,霍加特、威廉斯等人的文化研究从传统逐步走向现代,在文化研究的主题、内容、立场、方法等方面都展现出新的不同于以往的特色。他们批评继承了以阿诺德为开端的文化主义传统,将目光和关注点转向战后不断变化发展的社会现实,使文化注入强烈的社会政治色彩。文化的意义由此扩展,政治纲领和社会目标渗透在文化理想中,文化研究的实践性、批判性、政治性特征得到集中表现。1959年《新左派评论》创刊后,将一批新左派文化批判学者聚集起来,他们注重对个人生活和主体经验的研究,注重考察社会不平等的文化效应,从而使文化研究与传统的文学批评及具有实证主义色彩的其他社会科学区别开来。早期的英国文化研究者批判庸俗马克思主义的经济决定论,主张人道主义马克思主义,表现出一种新左派的激进主义立场。他们沿用了过去精英文化常用的文学批评和文本分析的方法,并将其扩展应用到大众文化领域,使传统的方法有了新的维度和能量。

总体来看,这种承续了英国文化研究传统思想的文化主义研究范式,其着眼点主要是文化，从整体研究文化，关注工人阶级文化与日常生活，转向大众文化研究，并涉及大众文化的意识形态问题。文化主义作为文化研究的一种范式，突显了文化马克思主义这一范畴中"文化"的意义，文化成为左翼马克思主义者特别关注的研究对象和重要的理论范畴。文化主义的形成开启了文化马克思主义的发展征程。

二、结构主义的引介与思想论争

如果说文化主义研究范式的形成开启了文化马克思主义的发展征程，那么，结构主义的译介及引发的思想论争则极大地推动了文化研究与马克思主义的结合及文化马克思主义的深入发展。

20世纪60年代，英国社会出现严重文化危机，伯明翰当代文化研究中心成立后，急需形成一套自己的话语系统以解释和应对文化危机。左派知识分子具有一定的马克思主义知识基础，但主要是正处在批判和修正中的苏联马克思主义，并且英国具有根深蒂固的文化主义传统，由于缺乏社会学，他们急于寻找新的理论资源，以批判传统庸俗马克思主义和应对文化主义的挑战。正是在这种现实和理论背景下，第二代新左派旗手佩里·安德森极力主张译介国外理论以飨英国学界，西方马克思主义就此进入英国文化研究者的视野，其中阿尔都塞和葛兰西的理论尤其瞩目。如果从作品传入的时间来看，葛兰西的作品早于阿尔都塞传入英国；但从它们影响伯明翰学派的文化研究来看，阿尔都塞的理论影响更早于葛兰西，也就是说人们是首先从阿尔都塞作品里认识到了葛兰西的重要性，从而转向研究葛兰西的。[①] 英国文化研究历程中有一个重要的学术转向事件，即从结构主义转向葛兰西主义，文化研究者们企图用葛兰西主义解决由结构主义引发的与本土文化主义的矛盾和思想论争。

阿尔都塞的结构主义马克思主义理论在文化马克思主义的发展进程中具有不可忽略的重要地位。阿尔都塞理论的独特魅力在于：将当时流行的法国结构主义思潮与马克思主义相结合，基于结构主义的多元决定立场，

---

① 葛兰西的作品于20世纪50年代末至60年代传入英国，70年代开始全面影响英国的文化研究；1967年，英国出现了阿尔都塞的《矛盾和多元决定》一文，1969年《保卫马克思》（法文版1966年初版）被翻译成英文传入英国，1970年《读〈资本论〉》（法文版1965年初版）被翻译成英文，1971年《列宁与马克思》（法文版1968～1969年）被翻译成英文。

运用症候阅读法，对马克思主义文本进行了新的阐释。他提出了马克思主义理论发展阶段断裂论，重新阐发了马克思主义意识形态理论，对历史和主体都进行了结构主义的解释，从而为文化研究提供了一种新的马克思主义观及研究方法。我国学界一般将阿尔都塞的理论称为结构主义马克思主义，主要将其作为一种重要的西方马克思主义流派和思潮，但较少注意到其对文化研究的影响，因此，将结构主义马克思主义放进文化马克思主义话语框架中进行解读，可以从文化研究角度发掘出一些有价值的东西。

（一）阿尔都塞结构主义马克思主义的基本观点

结构主义是20世纪60年代在西方广泛流传的一种思潮，是一些人文社会科学领域的学者共同使用的一种研究方法。结构主义的先驱可以说是瑞士语言学家索绪尔（Ferdinand de Saussure）。索绪尔生前开设语言学课程，1916年他的学生根据听课笔记整理出版了《普通语言学教程》[①] 一书，其中有关语言学结构主义方法在理论界产生了重要反响。索绪尔反对传统语言学对词形、词义等语言因素的历时态研究，强调对现实语言系统的共时态研究。他区分了语言和言语两个概念，认为语言是普遍的符号系统，言语则是声音形象。语言的意义不是由与它相关联的外界事物来决定的，而是依赖于符号之间的关系，而符号的理解受制于整个语言系统结构。索绪尔在语言理论中对语言"系统"和"要素"的强调内含了后来结构主义者所说的"结构"概念及其分析方法，语言结构成为结构主义的原初形态。后来，法国人类学家列维·斯特劳斯（Claude Lévi-Strauss）将索绪尔的语言理论运用于人类学研究，于1945年发表了《语言学的结构分析与人类学》，提出结构主义这一概念。结构主义思潮在哲学观点和研究方法上的基本观点是：只有从整体与要素之间的关系才能认识事物，主张整体优先于部分；强调共时性，认为共时性是整体性和系统观的理论延展；强调建立一种科学理论模型，以把握潜藏表层下的深层结构。结构主义的诞生改变了人们认识和思考问题的方式，对语言学、人类学、心理学、文学艺术等多学科的发展都产生了影响。

20世纪60年代中期，法国哲学家阿尔都塞运用结构主义方法研读马

---

① 费尔迪南·德·索绪尔，瑞士语言学家，祖籍法国，现代语言学理论的奠基者，被称为"现代语言学之父"。从1907年开始，他在日内瓦大学曾三次讲授普通语言学，首创这一学科，但没有写成讲义。1913年他病逝于澳大利亚之后，他的两个学生收集许多听课笔记整理成《普通语言学教程》一书，于1916年出版。

克思主义经典著作，他在 1965 年出版了《保卫马克思》和《读〈资本论〉》两部著作，提出马克思主义理论发展阶段断裂论，认为马克思著作存在着"认识论上的断裂"，马克思是通过早期彻底批判人道主义以后才达到成熟期的科学历史理论的，并由此区分出早期马克思和晚期马克思。阿尔都塞基于一种结构主义的立场，结合弗洛伊德、拉康的精神分析等理论，阐述了自己的结构主义马克思主义观点。

1. 多元决定论

阿尔都塞以多元决定论为理论前提，反对黑格尔式的简单化的社会总体论，坚持一种社会构成论的观点。他认为社会形态主要是由经济、政治和意识形态三种要素组成，它们对社会发展起同等作用。尽管社会表现形式变化万端，但经济活动、政治组织、宗教、伦理、哲学等一般意识形态形式始终是社会构成和发展的基本方面。意识形态是社会总体的有机组成部分。阿尔都塞反对机械性地理解马克思主义经济基础和上层建筑关系原理，认为社会各因素的发展是不平衡的，它们之间具有相互作用的关系。在每个社会形态内部，尽管经济对社会总体构成最终起决定作用，但在真实的历史中，经济、政治、理论等要素交替起着第一位的作用。阿尔都塞在肯定经济基础最终决定因素的基础上，明确表达了多元决定论立场，并声称自己更偏爱使用"多元决定"这一短语。阿尔都塞的多元决定论把人从单一的经济决定中解放出来，通过否定传统马克思主义的经济决定论和还原论，肯定了人的相对自主性及意识形态的相对独立性，这对文化研究影响重大。但他并未具体阐述多元决定中各种因素之间的关系，对复杂关系和发展动力的分析是由葛兰西的领导权理论完成的。

2. 主体消解论

阿尔都塞将马克思主义作为一种"理论反人道主义"看待，他认为马克思用"生产方式、生产力、生产关系、上层建筑、意识形态等崭新的概念"[①]，而不再是人的概念或人道主义的概念来思考实在问题。阿尔都塞将马克思主义归结为一种"理论反人道主义"，并重新阐释了主体的意义和地位。他认为，马克思将生产关系而不是人作为生产过程中的主体，"生产关系的结构在决定着生产当事人所占据的位置和所承担的职能"，因

---

① 〔法〕阿尔都塞：《保卫马克思》，顾良译，商务印书馆1984年版，第243页。

此，真正的主体并不是这些占据生产位置和承担职能的人，而是"那些规定者和分配者：生产关系（以及政治的和意识形态的社会关系）"。① 阿尔都塞消解了西方认识论史上人是主体的理论，他将主体置于结构之中，成为结构的承受者，人从相对自主变得完全被动，而不是创造自身历史的主动者。阿尔都塞强调决定的多元性，使人成为构造之"物"，而"结构"也就被推上了主体的位置，他否定了经济决定论，最终走向了结构决定论。

3. 意识形态表象论

阿尔都塞对文化研究影响最大的是对意识形态概念做出了结构主义的理解。不同于特拉西和马克思，他将意识形态作为具有独特逻辑和结构的表象体系来看待，认为在意识形态的表象中，个体与自身生存的实际状况之间构成一种想象关系。意识形态是社会历史生活中的一种基本的、客观的无意识结构，其具体形态包括宗教、伦理、哲学、艺术等等。意识形态作为表象体系，在多数情况下以形象或者概念表现出来，它们经常和意识毫无关系，往往不是先通过人们的意识，而是作为结构而强加于人，"它们作为被感知、被接受和被忍受的文化客体，通过一个为人们所不知道的过程而作用于人"。② 作为表象系统的意识形态自身也是构成人类世界的一个客体，"人类社会把意识形态作为自己呼吸的空气和历史生活的必要成分而分泌出来"。③ 阿尔都塞运用结构主义、精神分析等理论突破性地发展了马克思主义意识形态理论，他对马克思意识形态理论做出了一种极具文化色彩的解释，使意识形态"一般化"和"文化化"，成为一种文化存在物，并作为先在的结构物永恒存在和产生影响。

4. 意识形态国家机器论

阿尔都塞发展了马克思关于国家机器的观点，提出意识形态国家机器概念。在《意识形态与意识形态国家机器》一文中，他认为有两种国家机器：强制性国家机器（repressive state apparatuse）与意识形态国家机器（ideological state apparatus）。在强制性国家机器（政府、行政机构、军队、警察、法庭和监狱）之外，他将宗教、教育、家庭、法律、政治、工

---

① 〔法〕阿尔都塞等：《读〈资本论〉》，李其庆等译，中央编译出版社2001年版，第209页。
② 孟登迎：《意识形态与主体建构：阿尔都塞意识形态理论》，中国社会科学出版社2002年版，第112～123页。
③ 〔法〕阿尔都塞：《保卫马克思》，顾良译，商务印书馆1984年版，第202～203页。

会、传媒、文化八个方面的物质化机构归类为意识形态国家机器，认为这些现实存在的专门化机构各具特点，发挥着意识形态影响力。① 相较于强制性国家机器，意识形态国家机器数量更多，主要属于私人领域而非公共领域，更侧重于以意识形态方式而非暴力手段发挥作用。阿尔都塞的意识形态国家机器概念受到了葛兰西的国家理论的影响，葛兰西深刻揭示了资本主义新的强大的统治方式，认为资本主义国家机器在国家层面之外还应包括诸如教会、学校和工会等市民社会层面的相关机构。但葛兰西在《狱中札记》中只是零散而非系统地表达了这些观点，他认为市民社会领域的教会、学校、工会等机构发挥着文化领导权的作用。阿尔都塞正是在葛兰西理论的基础上明确提出了意识形态国家机器这一概念，将属于市民社会的一些组织机构统整起来，系统地阐述了它们的意识形态功能，丰富和发展了马克思主义意识形态理论。

5. 意识形态询唤主体论

阿尔都塞消解传统主体观，在结构主义理论框架中将主体建构的职能赋予意识形态。他充分肯定意识形态具有实践功能，认为作为表象体系的意识形态不同于科学之处就在于其"实践的和社会的职能压倒理论的职能（或认识的职能）"。② 而意识形态的实践功能主要表现为对主体的塑造和询唤，所有意识形态都通过主体这个范畴发挥功能，把具体的个人呼唤或传唤为具体的主体。意识形态将个人质询为主体是以主体的独立存在和中心地位为前提的，也就是说已经给所召唤的对象预设了主体的位置，主体的位置已先于个体而预先存在。意识形态将个人询唤为主体的过程，是一个拉康意义上的"镜像"过程，它通过"误识"来完成。意识形态国家机器在对主体的不断"询唤"中不断再生产自身，亦即再生产了既定的社会关系。阿尔都塞将意识形态泛化为一般意识形态，在他这里人成了意识形态的动物。在意识形态的框架中，个体的主体性已被很大程度地消解，如果说个体还有主体性的话，那显然不是本体论意义上的存在，而是一种建构意义上的存在。这正是结构主义理论的必然后果，也可以说是后来英国文化研究放弃阿尔都塞走向葛兰西的理由之一。

阿尔都塞的结构主义马克思主义理论成为英国文化研究的应景之需。马克思主义左派历史学家佩里·安德森敏感地看清这种理论局势，以其执

---

① 陈越：《哲学与政治：阿尔都塞读本》，吉林人民出版社2003年版，第335页。
② 〔法〕阿尔都塞：《保卫马克思》，顾良翻译，商务印书馆1984年版，第201页。

掌的《新左派评论》为平台，推动了对结构主义马克思主义的研究和应用。

（二）安德森对阿尔都塞理论的译介与挪用

1. 安德森对西方马克思主义的译介

文化研究的结构主义范式转变得益于新左派旗手佩里·安德森[①]对西方马克思主义的译介。佩里·安德森是英国著名马克思主义历史学家和第二代新左派的代表，《新左派评论》的著名编辑。他虽然未曾在伯明翰研究中心工作过，却与伯明翰学派联系紧密。早在大学期间，他就受到了作为学长的霍尔的激进思想的影响和启发。1960 年，安德森参与创办了属于《新左派评论》的分支的一个学生刊物《新大学》，他作为编辑深受《新左派评论》主编霍尔的赏识，并与霍尔联名发表过有创意的文章，后经霍尔极力举荐，接管了《新左派评论》，使这份刊物成为影响伯明翰学派文化研究并展示其成果的重要平台。

1962 年，年仅 22 岁的安德森担任《新左派评论》主编，他调整编辑理念，重新确立了《新左派评论》的形式和方向，将引介欧陆理论作为解决英国社会文化危机的当务之急。

作为 20 世纪 60 年代被哺育的英国马克思主义知识分子，安德森对此时的西方革命形势极为关注，1964 年，他在《新左派评论》第 23 期上发表了《当前危机的起源》一文，追问英国作为老牌资本主义国家却没有发生波澜壮阔革命的缘由。他通过深入考察本国历史从而得出结论，认为英国的资产阶级革命没有遵循经典唯物主义路线，它只是改变了英国的经济基础却没有改变上层建筑。工业革命时代诞生的工人阶级被封建贵族和资产阶级的联合策略所击败，找不到可以明确反对的阶级。英国工人阶级尽管得到了相对独立的发展，却仍然从属于资本主义的固有结构，并未改变英国社会现存的基本性质。安德森比较了英法两国革命发生的不同历史时间，认为英国的资产阶级革命发生于 1642～1688 年，而法国发生于启蒙运动之后，两国形成了截然不同的主导意识：英国的经验主义和法国的理

[①] 佩里·安德森 1938 年出生于英国伦敦一个富有的中产阶级家庭，因其父亲在 30 年代任职于中国海关，他曾在上海度过婴儿时期（1938～1941）。他在寄宿制贵族学校——伊顿公学上中学，在牛津大学成为激进的左派学生知识分子。曾任加利福尼亚大学洛杉矶分校的历史学和社会学教授，是《新左派评论》的著名编辑。

性主义，分别以经验主义和理性主义为基础的两种文化之间存在巨大差距。他批评英国的马克思主义文化由于经验主义而停滞不前，并不能给予本国工人阶级有效指导，认为欧洲大陆的理性主义正可弥补本国马克思主义文化的缺失。因此，他认为引入国外思潮特别是"西方马克思主义"理论已成为一项极为迫切的任务。

20世纪60年代初，英国引进国外思潮不可忽略的一个人物是第二代新左派代表人物汤姆·奈恩（Tom Nairn）[1]，他在意大利比萨高等师范学校（The Advanced Normal School of Pisa）学习美学期间接触到葛兰西的著作，很快便成为一个葛兰西主义者，并将葛兰西的思想带回英国。奈恩回国后，极力向安德森推荐葛兰西思想，安德森极为重视并开始仔细研读，也成为葛兰西理论的推崇者。在葛兰西思想的启发影响下，安德森形成了对英国社会历史发展的新观点。与此同时，汤姆·奈恩也在《新左派评论》中发表了《英国工人阶级》等一系列考察英国政治形势、工人阶级及社会主义运动的论文。安德森与奈恩两人的观点共同构成了有关英国状况的"奈恩—安德森论题"（Nairn-Anderson thesis）[2]。安德森认为，缺少理论传统的英国与缺少革命意识的英国无产阶级都需要拯救，他引用了列宁关于革命的理论决定革命的行动以及葛兰西革命的文化决定革命的理论的论述，"一个能够指导工人阶级运动走向最后胜利的政治科学只会在整个知识分子阵营中产生，它可以在思想的每个领域挑战资产阶级的意识形态，并对文化现状进行一次决定性的霸权转换"[3]。奈恩、安德森等人认为在西方马克思主义这里已经找到了开动英国革命巨轮的金钥匙。

从20世纪60年代中期到70年代初，安德森在《新左派评论》中有计划地出版了德国、法国和意大利等国家的西方马克思主义理论家著作，柯尔施、卢卡奇、葛兰西、马尔库塞、阿多诺、萨特、阿尔都塞等欧洲大陆理论巨匠的著作被译介到英国来，在英国理论界引起热议，对英国文化研究产生了极大的理论震动。正如安德森在《〈新左派评论〉重建》一文中所回顾的，《新左派评论》花费了长达10年的时间，对西方马克思主义的各流派——结构主义、形式主义等进行了最早推介，西方当代思潮"往

---

[1] 汤姆·奈恩，《新左派评论》编辑之一，也是安德森的合作者，著有《不列颠的瓦解》等书。

[2] 〔美〕丹尼斯·德沃金：《文化马克思主义在战后英国——历史学、新左派和文化研究的起源》，李凤丹译，人民出版社2008年版，第150页。

[3] Perry Anderson. "Components of the National Culture", *New Left Review*, 1968, No. 50, p. 4.

往首先在该杂志的书页中问世"。①

安德森通过组织引进、译介欧陆马克思主义理论,认识到马克思主义理论在西方的最新发展,他于1974年写作了长篇文稿《西方马克思主义探讨》,作为他在《新左派评论》中开展译介工作的编译导言,后于1976年出版了同名英文专著。安德森指认了西方马克思主义理论的存在,他从变化了的世界及理论语境中敏感地觉察到"在历史唯物主义发展内部,实际上已经形成了一个完全崭新的学术结构"②,他将这一崭新的理论称为西方马克思主义。安德森明确将西方马克思主义放在了马克思主义发展史中,认识到它与历史唯物主义的关联。1983年,他又出版了相关姊妹篇《历史唯物主义的踪迹》(中文译本《当代西方马克思主义》)。安德森对西方马克思主义的探讨实际上是在新的时代和社会背景下对马克思主义发展状况的历史考察,他对待西方马克思主义理论的态度是:进口理论,即翻译和介绍这些理论;批判这些理论,揭示这些理论的弱点;在研究实践中应用这些理论。

2. 安德森对阿尔都塞结构主义马克思主义的批评与挪用

安德森带着问题意识着力解读并批判汲取了阿尔都塞的结构主义马克思主义思想。他以结构与主体的关系作为历史唯物主义的基本问题,一方面肯定了阿尔都塞的结构主义方法,但另一方面也批判了他的主体思想。

安德森认为,阿尔都塞拥有整体主义的意识,强调结构整体上对局部以及局部构成要素所起到的决定性意义。但阿尔都塞的极端结构主义理论框架包裹着一层功能主义的面纱,是以牺牲主体为代价的。安德森尝试以马克思历史唯物主义为指导,试图超越纯而又纯的结构主义,来解决结构与主体的关系问题。他指出,结构与主体的问题"一直是解释人类文明发展的历史唯物主义之最重要和最基本的问题之一"③。马克思把社会发展的根本动力归因为生产力与生产关系的矛盾运动,同时强调暴力革命在历史变革中的关键作用,但阿尔都塞只强调生产力和生产关系的决定作用,完全取消了暴力革命的力量,其理论的重要缺陷在于在强调结构时忽视了主体的作用。安德森一针见血地分析了结构与主体的关系,认为如果结构

---

① Perry Anderson. "Renewals", *New Left Review*, 2000, No. 2, p. 2.
② 〔英〕佩里·安德森:《西方马克思主义探讨》,高铦等译,人民出版社1981年版,第36页。
③ 〔英〕佩里·安德森:《当代西方马克思主义》,余文烈译,东方出版社1989年版,第39页。

消解了主体，那么它的客观性就不可能得到公认。因此，他反对极端的结构主义，认为用语言模式分析结构与主体的关系，将会导致因张扬结构而分裂主体。① 安德森认为结构与主体具有相互依赖的关系，极端的结构主义或极端的主观主义都不能妥善解决结构与主体的关系这一理论难题。

安德森指出了阿尔都塞的理论局限与问题并对之予以改造。他运用结构主义思维方式对唯物史观的经典命题进行分析，将马克思主义基本原理与欧洲历史实践相结合，全面阐述了生产方式从古代奴隶制向封建主义、资本主义的历史发展及其存在问题。安德森在对社会形态的解释中，着重分析了封建主义和资本主义起源的问题。他反对用线性的历时态视角来说明社会历史的发展，不赞同封建主义是奴隶社会生产方式内部矛盾发展、运动变化的必然结果。他主张用结构主义的共时态视角解释封建社会的形成，认为奴隶社会生产方式、原始公社生产方式与封建主义生产方式并存，封建社会是残留的和新型的生产方式相互冲突、碰撞、重组、融合的结果。对于资本主义的考察，他也不赞同按历史的时间序列进行研究，认为通向资本主义的发展历程不是一种循序渐进的编年史，而是占主导地位生产方式与其他遗留存在的生产方式共同存在着，它们在过渡到新的生产方式中都发挥着应有的作用，只有打破历史线性发展的观念才能对资本主义生产方式的兴起做出解释。他在运用结构主义阐释社会历史发展时，特别强调了政治、法律等上层建筑的自主性和能动性，甚至认为上层建筑有可能起到决定性作用。安德森对社会形态更替的解释体现了一种结构主义的共时态的历史观。

安德森对封建主义的结构各要素分析为他反对唯一的、绝对的经济决定论提供了证据，他明确指出了政治、法律等上层建筑是不可忽视的，它们内在于生产方式并对其性质具有决定性影响。安德森力图说明欧洲资本主义产生的原因在于其封建主义的独特性，这种独特性蕴含在上层建筑之中而非经济基础之中。东西方封建主义社会的经济基础的内容具有共同性，但在政治和法律上层建筑的形式上却存在极大差别，过去认为法律和国家是"次要的和非本质因素的"，在现代反而成为"历史最重大突破的创造者"。② 安德森通过历史考察，证明了上层建筑各因素的积极性、能动性，肯定了它们在历史发展中的决定性作用。

---

① 参见〔英〕佩里·安德森《当代西方马克思主义》，余文烈译，东方出版社1989年版，第74页。

② 参见〔英〕佩里·安德森《绝对主义国家的系谱》，刘北成等译，上海人民出版社2001年版，第432~433页。

作为英国新一代的马克思主义知识分子,安德森将唯物史观的理论问题和经验事实相结合,发展了马克思主义的基本原理。他以结构主义为基点,超越老一代马克思主义历史学家的经验性解释,得出了与经验主义和历史主义不同的观点。安德森并没有违背马克思主义,而是灵活而丰富地发展了马克思主义。安德森采取了一种开放性态度理解马克思主义,他说:"在这种意义上,对马克思签过字的东西'冒昧更正',只不过体现了马克思主义学说的自由性。"[①] 安德森在接受马克思主义时,不是教条式固守马克思经典话语,而是在保持"最大的尊敬"的同时保持了"最大的清醒"。

(三)汤普森与安德森的思想论争

安德森将西方马克思主义作为救治英国社会的良药,在《新左派评论》中大量译介当时颇具影响力的阿尔都塞、葛兰西等人的著作,并陆续发表了一系列与英国历史发展的结构特性及资本主义社会发展相关的分析文章,从而引发了围绕"奈恩—安德森论题"而形成的激烈争论。安德森所代表的年轻一代新左派的理论规划受到了老一代新左派的激烈批评。由于两代新左派具有不同的个人经历、思想差异及对现实社会主义运动的不同认识,从20世纪60年代至80年代初,他们针锋相对展开了长达20年时间的学术争论。争论围绕经验与理论、结构与主体、理论与实践等核心问题展开,其中最具代表性也历时最长的是"汤普森—安德森之争"。汤普森和安德森都是具有马克思主义史学知识背景的两代新左派的代表人物,他们在相互的争论和批评中不断澄清问题,呈述自己的思想理论见解,极大地推动了文化马克思主义的发展。

"汤普森—安德森之争"可分为两个阶段,第一阶段发生在20世纪60年代中期,第二阶段发生在十多年后,本土文化传统和外来理论及其相互关系成为论争的核心内容。

1. 60年代围绕英国历史传统文化的争议

1964年,安德森写了《当前危机的起源》(*Origins of the Present Crisis*)一文,将"危机"从两个方面进行了解释:一是社会的危机。安德森认为

[①] 〔英〕佩里·安德森:《从古代到封建主义的过渡》,郭方等译,上海人民出版社2001年版,"前言"第4页。

英国当代社会发展并不符合马克思对当代资本主义发展的构想,由于英国16世纪早熟的农业资本主义导致了17世纪资本主义革命的不彻底性,革命没有改变社会上层结构,只是改变了英国社会的基础,从而带来许多社会问题。二是新左派运动的危机。安德森认为左派(包括新老左派)的失败原因都在于未能对英国社会进行结构性分析,不能认识到他们固守的传统主义和经验主义正是社会发展的障碍。安德森认为,英国的传统主义是封建贵族遗留下来的思想观念,充满对君主、教会、贵族和市民的敬仰,而英国的经验主义则沉溺于书写英国资产阶级的零碎生活。传统主义念念不忘曾经的记忆,经验主义脱离当下现实和实际,它们构成社会进步和社会发展的沉重障碍。安德森对英国文化和英国左派充满失望情绪,他说:"英国是欧洲最保守的主要社会,有一个自身的文化印象:平庸而迟钝。这种文化的波澜不惊在任何国际环境中都是显露无遗的。正是基于这一文化,英国左派在很大程度上只是一个冷漠的旁观者,偶然也是一个受蒙骗的帮凶。"[1] 安德森认为,英国资产阶级与封建贵族的妥协给20世纪英国资本主义的发展制造了困难,"在英国,懒散的资产阶级产生了附属的无产阶级,它没有传承自由激情、革命价值观"[2],"英国学生运动迟缓的一个重要原因就是英国文化中没有任何革命传统"[3]。安德森认为英国已缺乏自我康复的能力,必须抛弃传统主义、经验主义,并摆脱对苏联马克思主义的依赖,从外部寻找力量实现社会主义革命。

对于安德森的观点,汤普森于1965年发表了《英国的特性》(*The Peculiarities of the English*)一文加以反驳。汤普森首先表明,英国的特殊性在于它是一个新教国家,英国发生革命主要不是因为经济矛盾,而是因为教堂权威和教义的冲突。其次,汤普森认为安德森没有准确理解葛兰西的霸权概念,对当前危机的认识和分析缺乏社会学纬度,对共产主义施加于英国劳工运动的影响缺乏洞见。他认为阶级的形成除了经济因素外还有文化和社会的因素,葛兰西的霸权概念似乎意味着一种社会政治状态,而特定生活方式与思想通过制度弥散于全社会,渗透在道德、习俗、宗教和政治原则及所有社会关系中,"不是霸权阶级,而是阶级霸权——社会集团的霸权是通过所谓的非正式组织如教堂、当局、学校等施加于整个社会

---

[1] Perry Anderson. "Components of the National Culture", *New Left Review*, 1968, No. 50, p.4.
[2] Perry Anderson. *English Questions*, London and New York: Verso, 1992, p.36.
[3] Perry Anderson. "Components of the National Culture", *New Left Review*, 1968, No. 50, p.4.

之上"。① 汤普森认为传统的马克思主义者将霸权与国家权力的关系定义为阶级专政,但葛兰西并没有循着列宁在《国家与革命》中的思路,他恢复了霸权的文化反应,遗憾的是安德森却没有看到这一点。最后,汤普森强调,马克思主义和共产主义是英国劳工运动史中不可分割的部分,当前劳工运动的危机既有英国自身的问题,同时也存在更为广泛的国际背景。基于以上认识,汤普森提出英国采取无产阶级革命的模式过渡到社会主义已没有可能,只有通过具有社会主义战略的政党的改革,通过广泛变革历史性阶级构成,以带动旧有制度和价值体系的突破,才有可能取得社会主义的胜利。对国家权力的分析不仅仅要有政治维度,而且还要有社会、经济、文化等多种维度。很显然,安德森特别强调了依据英国自身文化传统和社会特性探寻社会主义道路的可能性。

2. 70 年代围绕结构主义范式的争论

1978 年,汤普森借鉴马克思批判蒲鲁东而写的《哲学的贫困》这一书的书名,出版了政治自传《理论的贫困》,借批判阿尔都塞的结构主义理论之名将矛头直指身边的安德森。汤普森认为,安德森等人脱离具体的历史事件,抽象化地认识和理解历史这一理论范畴,这与"形而上学的异端"蒲鲁东的观点不存在区别。汤普森的《理论的贫困》有两个互相关联的主题:一是继续探究国际共产主义运动的危机;二是对马克思主义传统进行批判性检验。他在批评阿尔都塞的《保卫马克思》与《读〈资本论〉》的基础上,系统阐明了历史认识论和唯物主义观。他区分了马克思主义内部的神学传统和理性传统,决意在理性传统内丰富和拓展马克思主义对历史过程的解释。

汤普森在《理论的贫困》中批评以安德森为代表的第二代新左派,将他们存在的问题总结为:其一,忽视和否认英国存在严肃的马克思主义传统;其二,夸大国际纬度,限制"不同政见者"的理论兴趣;其三,狭隘地宣称马克思主义是教条,关闭了验证的特定开放领域;其四,抛弃并抵制经验的调查模式,视其为经验主义或实证主义,以结构性的概念组织优先于实体分析。②

在英国学界,汤普森的《理论的贫困》出版后激起争论波澜。安德森

---

① 参见 E. P. Thompson. *The Poverty of Theory & Other Essays*, New York and London: Monthly Review Press, 1968, p. 283.

② E. P. Thompson. *The poverty of Theory & Other Essays*, New York and London: Monthly Review Press, 1968, p. 283.

以《英国马克思主义内部的争论》(*Arguments within English Marxism*,1980年出版)一书回应了汤普森的批评。安德森提出了各种不同于汤普森的观点,同时也分析了存在思想分歧的根源,并对十多年的分歧做出总结,从此基本结束了两人之间的思想论争。

汤普森与安德森之间长达20年之久的论战,是马克思主义实现社会主义理想的方式之争,而不是马克思主义与非马克思主义之争。20世纪70年代,汤普森在一次采访中将他们两人之间的争论总结为:"我很看重文化,而安德森看重权力。我想,这就是问题的核心。"① 汤普森认为安德森很少关注权力与结构的关系以及文化与经验的内在性质。他们两人之间的分歧与历史没有关系,主要在于具有不同类型的历史意识。汤普森与安德森的论争说到底是围绕本土文化主义与外来结构主义之间关系的论争,它们各自在论争中的鲜明立场展露了文化主义和结构主义各自的优势和局限。对此,文化研究的著名代表人物斯图亚特·霍尔集中做出了更明确的解答。

(四)霍尔对文化研究两种范式的检视

斯图亚特·霍尔②(Stuart Hall)被誉为"英国当代文化研究之父",他是《新左派评论》首任主编,在伯明翰当代文化研究中心担任主任职务10年,使研究中心于1972年完全脱离英语系成为一个独立单位,文化研究也进入一个高峰时期,取得丰硕成果。霍尔主持出版了大量的出版物,创办了期刊,编辑出版了一批文化研究著作,逐步扩大了文化研究的影响。尽管许多研究成果只是文稿(working papers)而非正式出版物,理论立场和观点也在不断位移,但这个时期的理论取得重大发展,文化研究借鉴符号学、结构主义、社会学和人类学等多学科理论,理论视野更为广阔。霍尔对这一时期的理论发展做出经典概括,1981年,他发表了论文《文化研究:两种范式》,文化研究的两种范式即文化主义和结构主义,他将这两种范式作为英国文化研究相互联结的两个阶段,并对之进行了全面检视和总结。

文化主义研究范式从20世纪50年代到60年代中期一直占据着主导

---

① 张文涛:《析 E. P. 汤普森与佩里·安德森之间的争论》,《山东社会科学》2008年第1期。

② 斯图亚特·霍尔,1932年2月3日生于牙买加金斯敦,1951～1957年获得罗氏奖学金在英国牛津大学学习,获文学硕士学位。1964～1969年,霍尔在伯明翰当代文化研究中心担任霍加特助手;1969～1979年,接替霍加特任中心主任;1979～1997年在英国开放大学任社会学系教授;1997年荣休后,任英国拉尼美德委员会委员。

地位。文化主义认为文化是产生于人的经验的整体的生活方式,强调人的经验和实践活动是文化的来源。它汲取了社会学、人类学等理论内容和方法,特别推崇美国芝加哥学派的民族志方法,注重开展日常生活经验研究。结构主义研究范式从 60 年代中期开始自国外被引入英国。结构主义认为文化的结构和意识形态特征最终决定着人的实践,人是文化的意识形态产品而不是文化的创造者。它受到列维－斯特劳斯、阿尔都塞、罗兰·巴特、拉康和福柯等人的影响,并以语言学、文学批评和符号学作为自身的理论基础。外来的结构主义与本土的文化主义在英国形成竞争局面,文化主义将"意义"这一核心范畴视为社会生活中主体人活动的产物;而结构主义更关注的是不带任何个人色彩的生成意义的指意(signifying)实践,它消解了人作为文化主体的中心地位,以一种反人文的方法主张科学的文化研究。结构主义研究范式正是对文化主义研究范式的反驳和纠偏。

霍尔作为年轻一代新左派的代表对结构主义的优势持肯定态度。他认为,结构主义消解了经验的中心地位,重视"限定条件"(determinate conditions)。与文化主义相比较,结构主义的理论优势主要表现为:首先,文化主义只是理想化地简单肯定人的能动性;结构主义认识到在现代资本主义条件下,各种限定性关系约束着人类活动,制约了人们的思考或想象。其次,文化主义注重具体经验和复杂文化现象但不注重理论抽象;结构主义认为理论抽象能揭示那些不能为肉眼所见的各种关系和结构,这对文化分析和批判具有重要意义。最后,文化主义强调文化的总体性或整体性,模糊了文化整体中基于人的能动性的文化冲突和对立因素;结构主义也认为文化是一个整体,但强调文化整体是一个复杂的结构统一体,是由各种相对自主的局部冲突和对立构成的。

霍尔在肯定结构主义理论优势时辩证理性地认识到,文化主义和结构主义各有长短或优劣,文化主义的长处正是结构主义的短处,反之亦然。文化主义正确肯定了阶级斗争和意识形态分析的必要性,反对结构主义对之进行贬低的做法。结构主义虽然摆脱了经济决定论,但又回到了结构决定论,将人的主观能动性及具体复杂的文化差异归结于结构的个别化,在消解主体神话的过程中创造了结构神话。因此,霍尔认为文化主义和结构主义两种范式各有优势和局限,两者都未能独自完成概念明确、理论充实的文化研究领域建设。霍尔比较分析两种研究范式,其目的是从不同的理论前提出发,使它们互相取长补短或达到综合,以反思的方式建构新的理论形态。霍尔已经清醒地认识到,坚守文化主义或用结构主义取代文化主义都解决不了文化研究所面临的问题和矛盾。从更深层的意义上讲,他试图超越文化主义、结构主义的理论取向，创造新的理论范式。正是在对文化主义和结构主义的解读和不满中，文化研究向葛兰西文化领导权理论倾斜进而转向葛兰西。

三、"葛兰西转向"与新葛兰西主义

伯明翰当代文化研究中心为摆脱其理论困境或范式危机寻找到一条新的出路，这就是转向葛兰西，也称为"葛兰西转向"（The Turn to Gramsci）。文化研究者们不仅接受了葛兰西的领导权理论，而且对其做出新的诠释，在解读和运用葛兰西的理论中产生了许多以文化和意识形态为核心的新观点，形成了新葛兰西主义。

（一）葛兰西领导权理论的思想逻辑

安东尼奥·葛兰西（Antonio Gramsci）是意大利共产党的创始人和早期领袖，被视为西方马克思主义的著名代表。1926年墨索里尼宣布取缔意共，他被逮捕入狱。从1929年至1936年病危期间，葛兰西获准在狱中写作，共写下32本（2800多页）笔记，这就是著名的《狱中札记》。尽管由于特殊的写作环境，《狱中札记》文字内容晦涩难懂，其思想也缺乏系统性、条理性和严密性，却对后世影响巨大。1947年，葛兰西去世十年后，其名著《狱中札记》在意大利国内以意大利文编辑出版，并由此兴起葛兰西研究热潮。1975年，英文版《狱中札记》以编年体例出版，有效推动了葛兰西思想在世界范围内的传播。

早在20世纪50年代至60年代中期，葛兰西理论就开始影响英国文化研究。葛兰西一生的命运与其所处时代、国家及工人阶级的政治命运紧密相连，十月革命的胜利，意大利法西斯的崛起，德、奥等国社会主义革命的失败等，促使他思考"为什么西欧先进国家没有继十月革命之后取得社会主义革命的胜利？"这一问题。葛兰西被捕入狱后，联系意大利和西欧的历史和现状深入探索了这一问题。通过对东西方社会结构的差异的考察，葛兰西形成了不同于马克思主义经典作家所论述的"市民社会"概念，基于市民社会理论提出了领导权理论，并引出知识分子理论和阵地战理论。葛兰西对英国文化研究产生重要影响的主要是其领导权理论。

"领导权"亦称"霸权",其希腊文是 ηγεμωνια,拉丁文是 egemonia,英文是 hegemony。威廉斯在《关键词》(Keywords)一书中从词源学角度考察指出,该词最初起源于希腊文,具有政治支配的含义,指一国支配他国的 leader(领袖)或 ruler(统治者)。19 世纪之后,它被广泛用来描述一种达成政治支配目标的政策。20 世纪后该词的意涵复杂且变化不定,葛兰西赋予这个词新义,用于描述社会各个阶级之间并非政治控制的广泛的支配关系,是洞察世界、人性及关系的一种特殊方法。它不同于"世界观"概念,兼属智能层面和政治层面,涵盖了制度、关系到意识的范围。它有别于"意识形态"概念,不仅表达统治阶级利益,而且也被统治阶级接受为一般"常识"(commonsense)。hegemony 和 hegemonic(霸权的)广泛包含了政治、经济、文化因素,但又有别于马克思主义的经济"基础"(base)和政治思想"上层建筑"(superstructure)概念。

葛兰西的领导权理论直接受到列宁的影响。列宁在反对各种"经济主义"倾向时重新估价了"文化斗争"的作用,提出了思想和道德的领导权对暴力统治国家(无产阶级专政)的补充意义。[①] 葛兰西从列宁那里受到启发,认为领导权理论可以作为马克思理论的当代形式。列宁在《怎么办?》(1901~1902)中提出社会民主党人应到群众中去宣传影响和发动他们,不能只是口头上主张全面发展无产阶级的政治意识。[②] 这里虽然没有明确提出领导权概念,但已内含领导权的基本思想。在《社会民主党在民主革命中的两种策略》(1905)中,列宁直接使用了领导权概念,列宁认为革命起义既要领导无产阶级,又要领导革命的资产阶级和小资产阶级(非无产阶级的集团),"就是说,由社会民主党和革命资产阶级'分掌'起义的领导权"。[③] 列宁的领导权思想对葛兰西产生了重要影响。

列宁对领导权的使用主要是在政治实践层面,葛兰西使之理论化成为学术概念,并发展了领导权的新内涵。葛兰西在《南方问题的一些情况》(1926)一文中第一次明确使用领导权概念,后来又在《狱中札记》中进一步指明,一个社会集团能够也必须在赢得政权之前开始行使"领导权",即使牢牢地掌握了政权,也必须继续以往的"领导"。[④] 他明确将"统治"

[①] 参见〔意〕朱佩塞·费奥里《葛兰西传》,吴高译,人民出版社 1983 年版,第 262 页。
[②] 参见《列宁选集》第 1 卷,中共中央马恩列斯著作编译局编,人民出版社 1995 年版,第 366 页。
[③]《列宁选集》第 1 卷,中共中央马恩列斯著作编译局编,人民出版社 1995 年版,第 581 页。
[④] 参见〔意〕安东尼奥·葛兰西《狱中札记》,曹雷雨等译,中国社会科学出版社 2000 年版,第 38 页。

和"领导"区分开来,从强调领导权的阶级统治转向领导权的民众同意。

葛兰西领导权理论的思想来源是市民社会理论。他将西方资本主义国家分为政治国家和市民社会两个部分,政治国家是由军队、监狱等政治上层建筑构成,由统治集团对全体社会行使领导权和直接统治功能;市民社会是私人有机体的总和,由政党、教会、工会、学校以及相关学术团体、新闻媒介机构所组成。随着西方资本主义民主程度的提高,社会统治方式已从传统暴力方式转向通过道德和精神方面的宣传使广大民众认同各种法律制度或世界观,服从统治阶级的领导,从而实现统治目的。就实质而言,文化领导权是领导能否被接受和认同的问题,是一个争夺领导"权"的问题,而不是一个争夺"领导"的问题。统治集团或统治阶级必须赢得被统治者的赞同,才能获得统治的合法权,压制或暴力不可能对民众的自愿认同具有效果和意义。葛兰西还指出,统治集团要赢得民众的自愿认同,领导者必须超越甚至牺牲自身的经济利益,体现出一种精神和道德的统治,以保证从经济合作阶段达到"最纯粹的政治阶段",从而将领导权建立在"普遍的基础上"。从经济基础过渡到复杂的上层建筑领域即达到了领导权阶段。由此可见,领导权是一项全面涉及经济、政治和文化问题的统治工程。领导权运作的过程是双方的谈判或协商而非简单灌输和强加,是统治与反抗之间的一种不断变化的动态平衡,从而取得一个集团对其他集团的领导权。

葛兰西将领导权的争夺喻为阵地战。阵地战不同于运动战的正面直接攻击敌人,而是采取迂回策略不断持续地打击敌人,侵蚀敌人的地盘,从而掌握领导权。在西方先进资本主义国家,市民社会已成为复杂的上层建筑结构,正如现代战争中的堑壕已形成一套复杂而严密的抵御体系,因此,只有采取阵地战才能夺取领导权。长期不懈的阵地战是一种全面的策略和新的革命实践形式,应与正面的游击战整合在一起。而在获得领导权的过程中,知识分子尤其是有机知识分子作为国家与大众之间的中介,担当着教育或启蒙大众的作用,是发动群众争夺领导权的重要力量,是领导权实施的重要保障。葛兰西将知识分子区分为传统知识分子(traditional intellectuals)和有机知识分子(organic intellectuals)。传统知识分子是在旧的经济生产方式变更后,不断传承历史文化而保持相对稳定和独立力量的群体,如教士阶层等;有机知识分子是随着社会发展而产生的新兴阶级,是在新型社会中活跃的"专业人员"。葛兰西更强调有机知识分子的作用,认为经济社会领域产生社会集团的同时也有机地制造出一个或多个知识分子阶层,无产阶级需要努力培养有机知识分子队伍,来同化和说服传统知识分子。

葛兰西认识到领导权的赢得不是只依靠单一阶级或单一社会力量,而是有赖于多种社会力量在反复谈判和斗争中形成的合力。因此,他提出"历史集团"或"社会集团"等概念代替"阶级"范畴来指称社会力量。历史集团作为一个描述性范畴是指不同社会力量通过不断接合、解接合与再接合而形成一种综合性社会力量,它具有比阶级或阶级联合更为复杂的结构。历史集团意味着异质性和同一性的统一,一方面,它具有异质性,寻求多种立场、多种决定因素及多种联盟;另一方面,它又具有共同性,共同致力于争取领导权的战略目标。历史集团体现了经济基础与上层建筑的统一。①

葛兰西将领导权的斗争看作一场意识形态的斗争,他在《狱中札记》提出了两种有区别的意识形态:一是为特定结构所必需的意识形态;二是特定个人的随意的意识形态。传统马克思主义将意识形态看作统治阶级强加给被统治阶级来维护自身统治合法化的工具,但葛兰西把意识形态转向了所有的阶级或集团,既包括统治阶级也包括被统治阶级,还包括个人。意识形态作为历史发展的条件,它能"组织"人民群众,并激发人们在社会活动中的身份意识,个人也在意识形态领域中能够开展论战和斗争。这就使意识形态不再仅仅是阶级的反映,而且本身具有了一定的独立性、积极性、主动性。意识形态不是传统马克思主义所谓的"虚假意识",它与物质力量统一起来,保证了对人民群众的动员与组织。强调意识形态的物质特性、否认意识形态的虚假性、否定将所有意识形态都归属于阶级,葛兰西对马克思主义意识形态理论的这些贡献对后来文化研究产生了重要的影响。

葛兰西理论中的许多概念和命题并没有固定的内涵或边界,领导权概念其实也是一个没有单一定义、很难界定的高度灵活的术语。其新颖之处在于,将领导权由无产阶级扩展到资产阶级甚至包含普通个人的普遍性概念,用历史集团或社会集团代替阶级概念,从统治的意涵转向强调认同;给领导权概念注入了特定的文化、道德和智力活动等内容,强调领导权运作中知识分子的作用及阵地战术,使领导权获得文化意义。葛兰西的领导权概念也常被称作文化领导权,在不同的历史时期,人们总是从不同的方面接受葛兰西,并结合不同场景运用、丰富和扩展葛兰西的理论。

---

① 参见〔意〕安东尼奥·葛兰西《狱中札记》,曹雷雨等译,中国社会科学出版社2000年版,第280页。

(二) 英国文化研究对葛兰西理论的接受

葛兰西的许多概念成为英国马克思主义理论建构的中心。从20世纪50年代晚期到60年代中期，英国文化研究将葛兰西视作一个非（或反）斯大林主义的真正的马克思主义者，对葛兰西的接受最初只是政治上的考虑，后来转向学术上的需要。最有代表性的是奈恩和安德森运用葛兰西的理论分析英国社会现状，并由此形成了"奈恩—安德森论题"。论题主要内容涉及五个方面：研究民族历史的独特性；主张历史分析与当前形势诊断相结合；从注重经验主义转向强调政治统治的文化意识形态；社会统治的偶然关系被永久化为"常识"；批判劳工运动不能转向新社会运动的前沿。安德森通过奈恩接触到葛兰西的著作，1966年他写了一篇蕴含着葛兰西精神的文章《当前危机的起源》，运用葛兰西术语分析了英国资本主义发展的后果，强调要创造一种革命意识去挑战统治阶级占统治地位的意识形态。丹尼斯·德沃金说："安德森的文章体现了在英国第一次支持在历史分析中使用葛兰西的观念的尝试。"[1] 到20世纪70年代以后，英国文化研究对葛兰西理论全面接受，把它看作是对经济决定论和阶级本质主义的拒绝和还原主义的矫正。从70年代末到八九十年代，随着社会的深刻变革，葛兰西主义成为重新分析和思考政治、经济、文化关系及其变迁的主要解释范式。

英国文化研究对葛兰西的接受通过了阿尔都塞对葛兰西的批判解读这个重要结点。葛兰西和阿尔都塞都是马克思主义哲学家，但分属不同时代、不同阵营。葛兰西所处的时代在20世纪初期，是帝国主义战争爆发和无产阶级革命激荡的时代，十月革命的胜利使社会主义思想在世界各地广泛传播，东西方国家无产阶级革命的蓬勃发展要求从理论上解答无产阶级革命和国家问题。正是在这种形势下，葛兰西分析了意大利无产阶级革命已经存在和应该拥有的主客观条件，提出了人道主义马克思主义这一思想。阿尔都塞生活在20世纪后半时期，第二次世界大战后的冷战使人道主义马克思主义失去了原有的生命力，他适应时代要求提出了科学的马克思主义的观点。阿尔都塞认为，生产力与生产关系、经济基础与上层建筑辩证关系的原理是马克思历史科学的总问题，它们代替了马克思之前人本

---

[1] Dennis Dworkin. *Cultural Marxism in Postwar Britain*, Durham and London: Duke University Press, 1997, p.110.

主义哲学谈及的个体和人的本质等旧的术语,这一事实表明,马克思主义的历史科学绝不是人道主义和历史主义的。人道主义马克思主义的错误就在于,误把马克思主义视为是历史主义甚至绝对历史主义。阿尔都塞既批评了葛兰西等人的人道主义马克思主义,也高度赞扬了葛兰西哲学是面向现实、面向政治、面向实践、改造世界的哲学,肯定了葛兰西领导权理论的贡献,并在此基础上提出意识形态国家机器理论,阐述了意识形态的社会功能、运行机制及对主体的建构作用,并将意识形态的本质一般化和普遍化。

葛兰西的理论只是对单纯的、具体的政治问题的研究,阿尔都塞将葛兰西的理论扩展到更广泛的认识论、语言学、文学、人类学、历史学等诸多领域,促使葛兰西理论成为当代文化研究、社会学、政治学等人文社会科学的重要文本,从而实现了葛兰西理论研究的范式转换。在阿尔都塞之前,人们把葛兰西视为传统的马克思主义者,主要从传统理论框架中唯物主义与唯心主义对立的角度分析其思想,阿尔都塞则从人道主义马克思主义和科学主义马克思主义对立的角度予以研究,通过不断引入和融合当代思想理论重新发掘了葛兰西思想的价值,从根本上改变了马克思主义的传统研究范式。文化马克思主义正是建立在从人道主义马克思主义到科学主义马克思主义的发展过程中,是继两者之后的又一种新的马克思主义研究范式。在英国文化研究中,威廉斯、拉克劳、墨菲和霍尔等通过反思阿尔都塞理论和葛兰西思想,超越人道主义马克思主义和结构主义马克思主义的对立,从而走向了文化马克思主义。

在阿尔都塞之后,英国的历史学派、文化研究学派和后马克思主义者走出阿尔都塞的研究回到葛兰西,重新阐释葛兰西理论,从而形成了当代的新葛兰西主义。拉克劳(Ernesto Laclau)[①]、墨菲(Chantal Mouffe)[②]和霍尔从葛兰西领导权理论分别阐发出话语领导权和接合理论等。新葛兰西主义为英国文化研究学派提供了新的研究范式,霍尔将领导权理论运用到

[①] 拉克劳,1935年出生于阿根廷的中产家庭,青年时代就读于首都的布宜诺斯艾利斯大学。1966年他因阿根廷发生军事政变被迫流亡英国,并进入牛津大学求学。1970年代初受聘于埃塞克斯大学政治系任教,开设了意识形态和话语分析的研究生课程。此后,拉克劳到美国和拉丁美洲工作,后又回到埃塞克斯大学任行政管理系系主任。其代表作有1977年出版的《马克思主义的政治和意识形态》,1985年与墨菲共同出版的《领导权与社会主义的策略》。

[②] 墨菲,是从事左派政治学研究的女学者。1943年出生于比利时的布列,青年时期曾在比利时的卢汶大学、英国的伦敦大学等求学。毕业后,先后在南美哥伦比亚国立大学哲学系、伦敦城市大学、伦敦大学等任教。其代表作有:1979年出版的《葛兰西与马克思主义理论》,1985年与拉克劳共同完成的《领导权与社会主义的策略》。

对社会和文化的具体分析之中，威廉斯也通过解读领导权理论完善了他的文化观念并构建了文化唯物主义理论。从文化主义、结构主义到新葛兰西主义，英国文化研究表现出一种后现代主义的特征，文化马克思主义的发展呈现后学演变趋势。

（三）拉克劳、墨菲的新领导权理论

拉克劳、墨菲尽管并非英国人，也不能说是伯明翰学派的代表，但他们在20世纪70年代都有在英国求学的经历，并与葛兰西产生理论联系。作为政治理论家、后马克思主义的代表，他们在一种后现代主义语境中，运用话语理论阐发了葛兰西领导权理论，由此形成"新领导权"，也称为"话语领导权"或"新葛兰西主义"。

拉克劳和墨菲以葛兰西的领导权问题作为政治理论研究的聚焦点。他们起初肯定葛兰西理论超越了传统马克思主义的经济决定论，走出了本质主义的阴影。但后来转向批评，认为葛兰西终究没有摆脱阶级还原论的纠缠，提出要使葛兰西的术语适应当代理论，就必须予以重新定义和激进化。于是，他们以领导权概念作为其思考政治问题和建构政治理论的核心、出发点和基础，开始了对传统马克思主义诸多范畴和理论的解构。早在1977年，拉克劳在《马克思主义理论中的政治与意识形态》中，就用"人民权力集团"概念去重新建构葛兰西领导权中统治阶级与从属阶级之间的对立，而墨菲则在1979年将《葛兰西的领导权与意识形态》一文收录在论文集《葛兰西与马克思主义理论》中。1985年拉克劳、墨菲出版《领导权与社会主义的策略》，建立了领导权的"谱系学"，在该书2001年再版"序言"中，他们明确指出"政治分析的核心范畴是领导权"，并坚称要"回到领导权斗争中去"，[①] 以回应"回到阶级斗争"的呼声，由此构建了一种激进多元民主的政治理论和策略。

葛兰西领导权概念的提出，标志着分析发达资本主义社会的权力关系的开始。墨菲曾经明确指出："毫无疑问，我们已经进入了一个新的阶段，即'葛兰西主义'阶段。"[②] 拉克劳、墨菲认为葛兰西提出了一些全新的观念：首先，葛兰西改变了马克思主义哲学对意识形态的传统定义，不再

---

① 〔英〕恩斯特·拉克劳等：《领导权与社会主义的策略——走向激进民主政治》，尹树广等译，黑龙江人民出版社2003年版，"第二版序言"第5页。

② Chantal Mouffe. *Gramsci and Marxist Theory*, London & Boston: Routledge & Kegan Paul, 1979, p.1.

将意识形态简单理解为观念的体系,他认为意识形态是一种包含于制度和机构中的组织和关系的总体;其次,葛兰西改变了政治主体的概念,不再将单一的阶级作为政治主体,而是由"集体意志"构成的复杂"文化—社会"整体;再次,葛兰西改变了国家概念,认为国家是由政治权力和领导权共同构成,而不仅仅代表一种政治权力。① 正是通过改变一系列传统观念和形成新观念,葛兰西建构了一种非经济决定论的研究范式。拉克劳和墨菲在后现代主义的背景下,重新理解葛兰西领导权理论,充分吸收后结构主义、符号学等学术资源,提出了话语领导权理论。

索绪尔在《普通语言学教程》中,把语言看作一种表达观念的符号系统,由"所指"与"能指"构成。"所指"表示符号的概念或深层含义;"能指"表示符号的声高形象或形式,"所指"和"能指"是任意的联系,但又构成不可分离的整体。在语言结构中,声音离不开思想,思想也不能没有声音。② 拉克劳指出,索绪尔将"能指"与"所指"看作一个封闭的整体是有局限的,这种局限在于"能指"与"所指"之间的对应性势必削弱语言符号的多样性和差异性,从而影响话语的活力,并造成控制话语的全能主体。事实上,自索绪尔之后,从列维·斯特劳斯的结构人类学、巴特的符号学,一直到福柯的话语理论、德里达的解构理论,话语的这种对应性和全能的主体便慢慢被消解了,人们逐渐认识到,"能指"与"所指"之间关系不是固定的和简单对应的,而是任意的和偶然的,在不同的语境条件下,话语具有丰富多样的意义。

通过对语言学、符号学、话语理论以及结构主义和解构主义理论的分析,拉克劳和墨菲重新界定了话语,在《领导权与社会主义的策略》中,他们将话语认定为一种"接合"实践及其结果。他们把任何建立要素之间关系的实践称之为接合,将来自接合实践的结构化总体称之为话语,③ 认为话语是由不同的要素即各种"漂移的能指"接合建构起来的,话语的意义是非固定的并具有场域性,因此一切话语都是建构的。他们尽管并不否定客观事物的存在,却将一切事物还原成话语,认为一切事物都被话语建构,或者说受话语场域形构和制约。对此,贝斯特和凯尔纳在《后现代理

---

① 何萍:《论阿尔都塞对葛兰西哲学的批评——为纪念葛兰西逝世75周年而作》,《学习与探索》2012年第10期。
② 参见〔瑞士〕费尔迪南·德·索绪尔《普通语言学教程》,高名凯译,商务印书馆1980年版,第158页。
③ 参见 Ernesto Laclau & Chantal Mouffe. *Hegemony and Socialist Strategy*: *Towards a Radical Democratic Politics*, London & New York Verso, 1985, p. 105.

论》中指出，问题并不在于他们将任何事物都还原成了话语，"真正的问题在于他们把非话语条件消解为话语条件，并置语言于实践与制度之上"。① 这就是说，拉克劳、墨菲以语言和话语作为理论建构的核心范畴，他们用话语理论置换和解构了传统主体观，并建构了崭新的话语领导权理论。

拉克劳、墨菲通过话语理论批评、解构了传统主体观。古典主体观预先设定了作为物质本质的实体；传统马克思主义将阶级作为主体；葛兰西认为主体是由经济起最终决定作用的"集体意志"建构的；阿尔都塞认为意识形态是建构主体的前提和基础，所有的主体都是意识形态主体。拉克劳、墨菲认为传统主体观尽管超越了本质主义，但并没有从根本上走出本质主义的阴影。当代资本主义社会经济、政治、文化、阶级等结构方面都发生了重大变化，后现代社会的特征是充满差异性、多样性与偶然不确定性，现实境况无限变化，不存在决定性的环境、根本的利益、固定的身份，也不存在所谓必然的联系、矛盾和斗争。人们拥有的是一系列诸如女权主义、生态主义、种族主义等的独特主体身份，这些主体身份的内涵并非事先确定和固定，而是通过话语建构的。话语之外不存在主体，一切主体都是话语性主体，在话语中占据着主体位置。拉克劳和墨菲指出，"'人'是一个话语构造的主体立场"②，无论何时使用主体概念，都在话语结构中突显了主体的意义。人并非简单地固定在某一位置意味着人具有多元身份，墨菲明确指出了主体的多元性，她认为一个社会内部的每个主体人都存在多元的社会关系中，不仅包括生产关系，而且包括性别、种族、民族等各种关系，所有社会关系都将决定主体的位置和身份，而每个给定的能动主体都不具有固定的位置，总是在多种社会关系的交叉点上位移。"一个给定的社会能动者的主体性，总是不稳定的和暂时固定的，或者用拉康的术语来说，是被定位在多种话语的交叉点上。"③ 拉克劳和墨菲的多元主体论揭示了发达资本主义社会中人的身份的多变性与非固定性及可能引发的身份危机，也消解了主体成为社会发展的根源性以及传统工

---

① Steven Best & Douglas Kellner, *Postmodern Theory: Critical Interrogations*, London: Macmillan Education, 1991, p. 203.
② 〔英〕恩斯特·拉克劳等：《领导权与社会主义的策略——走向激进民主政治》，尹树广等译，黑龙江人民出版社2003年版，第129页。
③ Chantal Mouffe. "Hegemony and New Political Subjects: Toward a New Concept of Democracy", in Cary Nelson and Lawrence Grossberg (eds), *Marxism and the Interpretation of Culture*, Urbana: University of Illinois Press, 1988, pp. 89~90.

人阶级的主体地位。

拉克劳、墨菲将话语提升到主体的位置，用话语理论置换主体理论，从而消解了传统马克思主义的经济或阶级主体。他们认为领导权是不同主体的话语链接，任何既定社会的主体都是多元的，阶级主体并不具有优先权。在"后现代"语境中，他们利用维特根斯坦、德里达、福柯与海德格尔等西方理论家的思想资源，将话语理论与意识形态理论、领导权理论关联起来，打通了意识形态与话语的内在通道，认为意识形态并不是虚幻或虚假意识，而是主体确实具有的内在于其话语系统中的世界观和价值观，意识形态与话语系统具有内在统一性，是同一硬币的两个方面，而领导权正是意识形态和话语的接合。拉克劳、墨菲将葛兰西的文化领导权、意识形态领导权改造为话语领导权，这种以话语领导权为核心的新领导权理论的主要观点有三点。

第一，新领导权理论以话语为其理论关键词，认为领导权不是预先设定的，而是话语的任意链接。新领导权理论主要强调：社会具有多元性、差异性、偶然性、不确定性，充满矛盾和对抗。社会主体并非只存在唯一的阶级主体，还具有各种社会身份的团体，如环保主义者、生态主义者、同性恋者、女权主义者等。新领导权理论解构了传统马克思主义的阶级主体理论，也因此赋予马克思主义超越经济、政治的更加多样化的文化内涵。

第二，新领导权理论认为现实生活世界是话语建构的，话语不只是语言或者言语，而且是物质实践。通过话语作为沟通的桥梁，社会现实问题才能得到解决。因此，马克思主义必须以开放的姿态应对时代的变化和发展，只有这样才能保持对现实的解释力。

第三，话语领导权的根本问题是政治问题，政治是领导权的别名。当民主话语成为反抗压迫和各种不平等的斗争形式时，自由平等的民主政治原则才会得到表现，民主协商政治才会得到实现。

拉克劳、墨菲消解了马克思主义的"一元论的渴望"，使葛兰西的领导权理论发生"后现代的转向"。他们认为领导权是主张多样性、差异性、不确定性与偶然性的逻辑，而不是主张普遍性、同一性的逻辑。领导权主张的偶然性逻辑表现为：不固定性已经成为每一个社会同一性的条件，同一性的存在以不确定性为前提。社会具有不确定性，社会概念被理解为话语空间。社会是由话语实践所构成的，话语建构起来的社会不存在客观规律和历史必然性，它只具有异质性、开放性、偶然性、非决定性。领导权内在于每一个政治实践甚至社会实践之中，社会是由多种权力以及对抗形式构成的一个复杂的场域，社会政治实践不存在特权，它主要依赖于形成"集体意志"，领导权正是多样性、差异性与偶然性的统一。领导权逻辑与多元主义政治相适应，支持新社会运动的多样化斗争，向马克思主义的阶级还原论提出挑战，通过质疑新的权力控制与服从形式，为实现民主政治提供了新的可能性。新领导权理论开拓了一种适应后现代社会的文化政治领域。

拉克劳、墨菲认为，第二次世界大战以后资本主义社会发生了质的变化。由于生产力与现代科学技术的迅猛发展，传统马克思主义基于本质主义的经济决定论和阶级决定论，已不能适切解释当代资本主义社会现实；由于社会阶层分化，当代资本主义已不可能由于阶级冲突引发社会革命。面对资本主义的新发展与新问题，拉克劳、墨菲认为新的领导权逻辑通过反对本质主义，可以起到解构传统马克思主义的决定性作用。因此，他们坚持认为，必须放弃所谓统一的主体神话，走出本质主义的藩篱。基于但又不同于葛兰西的领导权理论，拉克劳、墨菲的"新葛兰西主义"明显出现了"后现代转向"，走向一种多元主义的文化向度。

拉克劳、墨菲不仅以葛兰西领导权理论为思想酵素，推动了领导权理论的发展，而且在执行葛兰西领导权理论发起的实践任务中，使马克思主义理论趋向偶然性和重新表达。拉克劳、墨菲的新领导权理论以话语作为一切社会和政治生活的本体论原则，用话语分析范式取代了阿尔都塞的意识形态批评范式，向左派提供了一种崭新的后马克思主义的激进、多元、民主的社会主义构想和规划。他们使马克思主义汇入后现代主义大潮，作为全球文化与政治力量能够重新面对社会现实的新发展。拉克劳、墨菲的新领导权理论重新激活了马克思主义传统，赋予马克思主义以新的活力，其话语理论和接合理论在英国文化研究中产生了广泛而深刻的影响，为文化研究转向后现代主义开启了新的方向。

（四）斯图亚特·霍尔的接合理论

霍尔曾感叹与葛兰西相遇的情景，他说："葛兰西是我在轻率地冲向结构主义和理论至上主义（theoreticism）途中所停止的地方。"[①] 霍尔的学术乃至政治之路深受葛兰西的影响，他运用葛兰西的思维方式分析现实问

[①] Stuart Hall. "The Toad in the Garden: Thatcherism among the Theorist", in Cary Nelson and Lawrence Grossberg (eds), *Marxism and the Interpretation of Culture*, Urbana: University of Illinois Press, 1988, p.69.

题,试图解决文化研究中的基础理论问题。但他绝不是一个"葛兰西式的人物",他没有全盘接受或僵化地运用葛兰西的理论,而是以开放的态度不断从符号学、结构主义、话语理论中汲取理论资源和方法,诠释、丰富和发展葛兰西理论,从而使之获得持久的生命力。

在文化主义与结构主义的思想争论中,斯图亚特·霍尔也觉察到文化研究面临的范式困境,他在《文化研究:两种范式》一文中表达了转向葛兰西的意图,1988年出版的《艰难的复兴之路》这部论文集集中表明了这种转向。霍尔充分认识到葛兰西的霸权概念对文化研究具有重要的启示意义:其一,葛兰西将"接合"(conjuncture)理解为不同的各种限定因素的基本组合;其二,葛兰西批判了这样一种"经济决定论",即将文化和意识形态层面的社会斗争理解为阶级斗争的直接表现;其三,领导权概念表明政治统治具有不确定性,包容了整个社会和文化生活领域;其四,领导权要求"赞同"和争取一种领导地位,但它也允许不同声音的存在,它需要遏制对立面但并非要将其消除,领导权在推行其意识形态当中允许差异性和多元性的存在。领导权并非单纯指意识形态意义上的领导权,也并非单纯指政治、经济意义上的领导权,领导权的表现方式是多样化的。同样,为争夺领导权而进行的斗争也是复杂和多层面的,它是不同机构和力量的参与,关涉多种多样的矛盾与问题。霍尔正是在对葛兰西理论的后现代解释中,表述了一种"新葛兰西主义"理论——接合理论(the theory of articulation)。

一般认为,后马克思主义代表人物拉克劳是接合理论的率先发起人,而将接合理论引入文化研究中的则是斯图亚特·霍尔。霍尔将"接合"作为一种极富洞见的文化批评理论和重要研究方法,通过协调话语与社会结构之间的立场,整合结构主义与后现代主义的关系,从而开启了将社会经济关系、历史条件以及语言整合在一起的文化研究的新阶段。接合理论作为一种理论探索,是文化研究继文化主义范式之后发展的又一新的尝试。

1. 接合理论的来源

霍尔的接合理论与后马克思主义代表拉克劳、墨菲相关联。拉克劳、墨菲在《霸权与社会主义战略》一书中,基于话语理论阐述了"接合"思想。他们所谓的接合(亦称连接)即建立要素之间关联的实践,而连接实践的结构化总体即为"话语"。[①] 作为一种话语实践理论,"接合"就是

[①] 参见〔英〕恩斯特·拉克劳等《领导权与社会主义的策略——走向激进民主政治》,尹树广等译,黑龙江人民出版社2003年版,第114页。

各个主体所具有的差异性立场之间的非永久性连接，是一种由差异性话语构成的实践活动。由于各种现实的社会关系是由不同话语维系的，因而，"接合"就成为认识、理解现实及意义的一种可能方式。

拉克劳将"接合"的内涵回溯到西方哲学传统，在《马克思主义理论中的政治和意识形态》一书中，他引用柏拉图的"洞穴隐喻"，认为洞穴人所听见的声音与墙壁上的影子的内在关联就是"接合"，但这种"接合"不是由它们之间的逻辑关系所连接，称不上是一种真正意义上的"接合"。柏拉图意欲解开这种虚假的连接，重构真实的连接。拉克劳的主张与柏拉图的本质主义立场相对立，认为所有连接都是意涵性的，一个概念与任何其他概念的关联并不具有必然性，概念之间没有本质的必然连接关系，试图从一个概念出发而重建总体性的任何努力都是不可能的。

拉克劳、墨菲的"接合"思想产生于对正统马克思主义的经济决定论、阶级还原论的深度批判和对后现代主义的借鉴与改造。接合理论以20世纪西方人文科学的语言学转向和后现代转向为主要学术背景，受到诸多西方社会思潮的影响。结构主义关于语言与言语、能指与所指的区分、符号的任意性及非必然联系，维特根斯坦关于语言游戏的观念、意义与语言、社会行动与话语生产等，这些思潮中的重要观念都对接合理论的萌芽和发展产生了深刻影响。接合理论的基本立场主要来自后现代主义的反宏大叙事、反本质主义、反总体性、去中心化的倾向，同时汲取了后现代主义理论中强调流动性身份、碎片化主体、差异性及多元决定论等观点。

此外，拉克劳、墨菲的"接合"思想还受到葛兰西和阿尔都塞马克思主义理论的影响。葛兰西不赞成经典马克思主义的阶级决定论，他认为意识形态是不同主体、不同话语资源之间动态的接合与重构，并不仅仅是由阶级关系预设的；霸权是由占支配地位的阶级与各种社会集团的利益接合而产生，不是靠国家机器强制性力量形成的。阿尔都塞认为，意识形态不是虚假的，它具有真实性，表征着个体与其真实存在条件的想象性关系。意识形态正是通过不同要素的接合而实现对个体的质询和召唤，从而彰显了意识形态的存在。

霍尔的接合理论在接受拉克劳、墨菲影响的同时，还批评汲取了福柯的话语理论。80年代中期以后，霍尔的文化研究转向话语理论，通过话语理论的分析方法扩展了领导权的理论框架。在《表征——文化表象与意指实践》等著作中，霍尔从话语概念、权力与知识以及主体等方面概括了福柯的话语理论，认为福柯把实践引入语言，也将权力建构在了话语理论中。话语作为一整套规范他人行为及言谈方式的体系，在关涉某个话题时，必然排除其他不符合规范的行为及言谈方式，从而与权力联系在一起。"在某些特定历史时刻，某些人比另一些人更有权力谈论某些话题。"① 一个话题能被有意义地谈论和追问正是由于有话语的控制，话语控制产生的话语权力左右着各种观念投入实践和规范行为，同时也约束和限制了其他言谈方式或建构知识的方式。话语生产知识，知识规范着甚至强制着实践和各种社会行为，话语、知识与权力存在着扯不断的关系。

霍尔还认识到，在话语框架中，主体作为话语建构对象，在话语内部产生出来，同时受到话语主宰，并服从于话语权力的处置。在话语与权力构成的关系中，"每个人，不论有权的还是无权的，尽管不在同等地位上，都被卷入权力的循环。没有人……能完全呆在它运作的领地之外"②。话语所建构的主体不是实体性的，而只是一种处于流动与变化中的"主体—位置"。福柯通过话语而建构的"话语权"已从葛兰西式的统治与从属的"领导权"转变为一种更为微观的权力，这种"微权力"涉及每个人，已深入到了社会生活的各个层面。

霍尔认为在权力问题认识上福柯与葛兰西具有相似性，这种相似性表现为：其一，权力关系的范围广泛，已渗透到社会各层次和领域，从经济压迫到观念表征、文化领导，从公共政治、经济和法律到家庭与私人领域；其二，权力的实施方式多样，权力不仅靠武力和强制，还需要运用诱惑、吸引赢得赞同；其三，权力的实施方向由一个群体独占到自上而下单纯控制，再到形成网状组织结构；其四，权力无处不在，具有生产性。"它生产新的话语、新的知识类型（即东方主义）、新的知识对象（东方），它构成新的实践（殖民化）和机构（殖民政府）。"③ 两位理论家都认为权力广泛存在并循环往复，两者的重要区别在于：葛兰西强调权力在各个阶级间运作，而福柯则否认任何主体是权力的来源。霍尔认为福柯的差异概念中没有接合，权力概念中没有领导权。

霍尔在《后现代主义与接合理论》中对拉克劳话语理论的极端性进行了批判。批判他们放弃了现实的具体的社会实践，把一切还原为话语，在他们的话语实践中，社会如同语言一样运作，话语之外一无所有，从而陷

---

① 〔英〕斯图亚特·霍尔：《表征——文化表象与意指实践》，徐亮等译，商务印书馆2003年版，第43页。
② 〔英〕斯图亚特·霍尔：《表征——文化表象与意指实践》，徐亮等译，商务印书馆2003年版，第264页。
③ 〔英〕斯图亚特·霍尔：《表征——文化表象与意指实践》，徐亮等译，商务印书馆2003年版，第264页。

入一种新的还原论——语言化约论。霍尔还批评了话语理论的历史缺席,他指出:"他们的问题不在政治,而在历史。他们使那些已经生产了现在(have produced the present),并继续对话语的接合起着限制与决定作用的历史力量问题,自手中滑落掉了。"①

霍尔的接合理论不是简单地汲取阿尔都塞、葛兰西、克拉劳、墨菲、福柯等人的思想,而是通过理论批评,并在理论批判中运用连接方法,在批判的接合中呈现文化研究的理论意蕴。

2. 接合理论的特征及其贡献

接合理论是当代文化研究中最具生产性的概念之一,对当代文化的发展具有重要意义。在"接合"理论化的过程中,霍尔功不可没,他充分运用和发展葛兰西领导权理论,使接合理论成为新葛兰西主义对当代文化研究的重要贡献。霍尔在访谈稿《后现代主义与接合理论》中曾解释"接合",他说:"在英国,这个词具有微妙的双重意义,因为 articulation 的意思是发声、说出来、发音清晰;它带有用语言表达、表述等方面的含义。"② 霍尔又将"接合"比喻为由两个构件相互连接而构成的一个可以随时拆开的特殊的联动装置,认为"接合"是在一定条件下将具有差异性的两种要素关联起来,这种关联方式并非总是确定的、绝对的、必然的和本质的,它随时可能遭遇拆解。

霍尔将"接合"解释为"发声和联系"的双重含义,这就是说正是通过语言产生了各种社会关系之间的联系,各个要素通过接合在联系中产生特定的意识。霍尔对"接合"的基本解释坚持了语言的中心地位,语言的发声是偶然的,一旦进入一种社会关系和意义争斗的场域,话语权争夺就成为社会斗争的一部分。但是霍尔并不完全赞同拉克劳的话语理论,他认为拉克劳的"接合"思想陷入另一种语言还原论,这种还原论将社会视为一个完全开放的话语场,将诸种社会冲突力量的连接归结为语言形式,这与正统马克思主义的阶级还原论和经济决定论没有本质差异,并且忽视了历史和结构在建构意识形态上的价值意义。

霍尔的接合理论采纳了阿尔都塞的多元决定论观点。他认为,"接合"就是连接不同元素而形成一个统一体。事物并不就是由一种统一的、同质

---

① 〔英〕斯图亚特·霍尔:《表征——文化表象与意指实践》,徐亮等译,商务印书馆2003年版,第43页。

② 〔英〕斯图亚特·霍尔:《接合理论与后马克思主义:斯图亚特·霍尔访谈》,周凡译,载周凡等主编《后马克思主义》,中央编译出版社2007年版,第203页。

的元素所构成的,一个"接合"也就是由许多甚至无数的接合再接合而构成的链条和层级。"接合"是一个不断连接——解连接——再连接的动态过程,这不仅仅是静态的事物之间的连接,而是一个动态创造连接的过程,这与领导权不仅仅是统治而是创造同意、共同确定利益的过程是相类似的。"接合"不是必然但也并非任意,既需要有成熟的历史条件,又需要依照接合者的意图,两者缺一不可,否则"接合"不可能发生,或者即使发生了也不能成功。霍尔强调了阿尔都塞"结构"与"实践"之间"双重接合"的重要意义,作为决定性力量的结构是一种给定的存在条件,本身是先前实践的结果,这就是说,基于以前结构的某个结构,对下一个结构而言便成了"给定的条件"和必然的起点,霍尔自始至终意识到了"接合"中蕴含的实践性和历史性。

霍尔的接合理论同时强调话语与意识形态和霸权范畴的理论地位。他认识到:社会关系由话语组织并运作,意识形态通过话语建构,霸权归根到底是经由话语认同构造的过程。马克思主义认为意识形态是一种虚假意识,霍尔认为由不同要素接合而造就的意识形态本身有具体物质外壳和形式,因而具有实在性。并且,意识形态尽管不直接由个体所生产但会受到个体无意识行动的影响,支配阶级与被支配阶级都有自己的意识形态,意识形态建构主体。"接合"必然是在特定的历史时空和社会结构环境中,不同主体之间、不同阶级之间的复杂性连接。意识形态实践蕴涵了双重能指的"接合",接合一端是社会实践与主体位置的再现,而另一端连接着深层的隐含意指。由此接合理论成为一种多元的、能动的、开放的解释理论与分析方法。

霍尔的接合理论的根本特征是强调"差异中的统一"。接合起始于差异,经过一系列解"接合"与再"接合"的动态过程最终走向统一,这种特征将他与后现代主义者以及拉克劳、墨菲区分开来。接合作为一种多样化方法,是由差异显现的多样化,这不同于后现代主义所谓"碎片",也有别于当代文化流行的"拼贴"与"杂交"。因为后现代主义"碎片"指的是一种分离和漂移而无法接合与统一的状态;"拼贴"作为青年亚文化挪用资本主义现有资源的一种抵抗霸权形式,具有很强的象征性和想象性;"杂交"指殖民化和全球化导致的一种文化交融现象,它突显了文化混合和新身份的出现。霍尔用"多元文化的"(multicultural)或"多元文化主义"意指"社会已被混杂了(mongrelized)",这是一种没有理想化的、同质的和原初过去的文化身份的"混杂",它表达了一种差异间的"滑动"。霍尔在"接合"中强调了差异、多样化和多元文化,但他并未忽略接合中的统一。

霍尔对接合理论的贡献主要表现为:他反对将文化还原或化约为阶级、生产方式、结构、经验的倾向和诱惑,拒绝用阶级、生产方式、结构、经验等传统范畴阐释文化;他将话语与其他社会力量接合起来,并突显它们之间接合关系的重要性,但又避免了将任何事情归结和还原为话语的误区。霍尔的接合理论注重文化研究干预现实的政治功能和策略,秉承了文化研究一贯以来的开放性理论态度及批判扬弃、汲取各种理论力量的思想作风,具有文化研究的认识论和方法论的意义。

在认识论上,接合理论能指导文化研究认识和分析复杂的社会结构和社会关系。接合理论是一种话语聚合的实践,尽管话语成为理解意识形态的组成成分的重要因素,通过考察话语质询主体的方式也能分析主体被意识形态构建的过程,通过理解话语权力关系能理解社会政治主体的形成及权力运作的状况。社会是多元冲突的复杂统一体,文化实践作为一种表意实践,通过文本和话语表征意义,受各种符码和表征关系网络的制约,但最终是社会接合实践的产物。"接合"实践作为一种非本质主义的能动行为,它有助于人们认识特定的社会实践与社会关系是如何被结构化和被言说的等问题。

在方法论上,接合理论始终坚持反对本质主义、反对还原论。传统文化主义和结构主义研究范式都采纳了本质主义方法,预先确定社会结构是连贯和统一的,然后用实践、经验、政治经济关系等加以具体说明和表现,本质主义将社会作为被表现的总体,并通过诸种因素对其加以还原,以找到一个共同的根源。即便是结构主义反对预先给定,其实也一样预设了一个"结构"的存在。而接合理论则是"解中心的",它尊重差异和偶然,关注通过即时接合而形成的任何鲜活的实践和变动的社会现实。因此,从总体上看,霍尔的接合理论更多的不是进行理论的演绎与推理,而是对现实进行具体的分析和研究。霍尔的一句名言是:"我对理论本身(Theory)不感兴趣,我感兴趣的是不断进行理论化(Theorizing)。"[①] 霍尔致力于具体分析问题并在分析具体问题中进行理论化,他与葛兰西一样,在分析问题中注重突出文化层面的重要性,他们都将文化看作一种特定的介入社会政治的实践。

霍尔的接合理论是对社会现实的一种政治介入。他把结构、历史、阶级、经济和文化等因素连接起来,通过不同条件的不同"接合"实践,形

---

① Stuart Hall. *Critical Dialogues in Cultural Studies*, London: Routledge, p. 413.

成多元决定的辩证关系，产生多重"接合"的复杂意义，从而通过新的功能、新的社会力量和新的斗争方式，以产生新秩序、改变旧秩序。接合理论远远超越了过去将文化解释为整体生活方式的传统文化主义研究范式。

（五）文化研究中的"领导权"阐释与分析应用

伯明翰学派的文化研究受到葛兰西文化领导权理论的直接影响。20世纪70年代，英国文化研究中广泛引入葛兰西的"文化领导权"概念，葛兰西的理论引发了人们对大众文化的重新思考，并对文化研究的方向凝练具有启迪作用。托尼·本内特在《大众文化与"转向葛兰西"》（*Popular Culture and the "Turn to Gramsci"*）一文中明确指出，文化研究通过转向葛兰西的领导权理论，否定了结构主义和文化主义的简单视野，文化被视为一个权力和反权力斗争的场所和动态过程。在文化与权力的分析框架中，英国文化研究学派的代表人物威廉斯、霍尔及其他伯明翰学派成员，结合阶级、政治、意识形态、媒体、亚文化等研究对象，对领导权理论进行了新的阐释和具体分析。

1. 霍尔在文化研究实践中对"领导权"的阐释与分析

霍尔以积极的态度推动了文化研究的葛兰西转向，他不仅如前所述从葛兰西理论中阐发出接合理论，而且将葛兰西理论具体运用到文化研究的实践，对大众文化、媒介文化中的阶级、主体、领导权认同与运作等进行了具体阐释和分析。

（1）对阶级问题的持续思考。霍尔在克拉劳等人极力解构阶级和阶级还原论的语境中，始终没有抛弃"阶级斗争"。霍尔认为是否使用"阶级"并不是关键性问题，最重要的是如何理解"阶级"范畴及其传达的意义。在引入葛兰西和阿尔都塞理论后，他在统治与从属的框架中思考阶级斗争问题。在《文化、媒介与意识形态效应》一文中，霍尔强调了葛兰西领导权理论中的"统治"内容并引入一种动态的斗争观念。霍尔明确指出：其一，统治阶级只有在意识形态领域积极运用并建构领导权，"统治系统才会从被统治阶级那里赢得一种特定的接受"[①]；其二，统治的方式

[①] Stuart Hall. "*Culture, the Media and the Ideological Effect*", in James Curran et al. (eds), *Mass Communication and. Society*, London: Edward Arnold in association with the Open University Press, 1977, p. 338.

是多样化的，领导权的赢得可以在生产和经济、国家政治与上层建筑等广泛层面；其三，领导权不是一种"给定的"和持久的状态，而是必须去积极赢得和保持的，它同样也可能失去。① 因此，围绕领导权必然存在一种动态的斗争。在1983年的《意识形态问题：没有担保的马克思主义》(*The Problem of Ideology: Marxism without Guarantees*)一文中，霍尔所谓"没有担保的马克思主义"，也就是马克思主义本身是一个建构性术语，并不是预先给定和必然的，而是在斗争的过程中被建构起来的，经济基础与阶级和统治观念等之间的对应关系也是无法加以保证的，它们需要在不断斗争中建构。霍尔认为葛兰西意义上的"领导权"并不意指阶级权力的获得，而是作为社会力量的一个历史集团的建构和确保其统治地位。正是在领导权统治的历史化过程中，霍尔重新思考马克思文本中反复涉及的"阶级""统治阶级"等一系列范畴，认为这些范畴都需要在动态的过程与历史发展中去建构，但无法给予担保。霍尔的"无法担保的马克思主义"立场从一定程度上代表了文化研究者的马克思主义态度，也显露出文化马克思主义朝向后学演变的趋势。在《艰难的复兴之路》中，霍尔将占统治地位的领导者描述为"历史集团"，来展示撒切尔主义的复杂性和异质性权力，并不再使用"统治阶级"这一范畴，因为他认为赢得统治的是不同阶级或阶层普遍联合的结果，而不是单个的阶级或阶层的作用。但是，霍尔依旧没有完全放弃阶级概念和阶级斗争的观念。

（2）领导权运作与认同过程的具体分析。在伯明翰文化研究集体之作《监控危机》(*Policing the Crisis*, 1978)中，霍尔运用葛兰西理论具体分析了一件抢劫事件，通过分析它如何引发"道德恐慌"而成为国家加强社会控制的借口并赢得人民的同意，以展示领导权运作与认同的过程。

1972年8月，在英国伯明翰市的一个黑人聚居区，靠领养老金生活的亚瑟·豪斯（Arthur Hills）遭到三名青年黑人的抢劫而受伤。这本属一起纯粹的刑事犯罪案件，但在当时特定条件下，却引发了地方官员、司法人员、媒体等社会各界大讨论，令整个英国社会陷入对黑人抢劫的恐慌之中。单纯的犯罪事件导致了英国传统价值观念的崩溃和英国法律的失序，抢劫事件被转换成英国社会问题的一个"符码"，进而又形成一种"道德恐慌"，使得尽快恢复传统价值观及社会秩序成为民众呼声。在媒体推波

---

① Stuart Hall. "Culture, the Media and the Ideological Effect", in James Curran et al. (eds), *Mass Communication and Society*, London: Edward Arnold in association with the Open University Press, 1977, p. 333.

助澜的引导下，黑人抢劫这个简单的普通犯罪行为，瞬时被扩大化为破坏英国生活方式的一种社会现象，随之，种族、犯罪和青年人都"被压缩进了'抢劫'的意象中"，抢劫于是被伪装成为巨大的意识形态符码，转变成了国家控制的阴谋。① 吸毒、学生示威、嬉皮士，甚至女性运动等也都与抢劫行为联系起来，通过运作成为国家实施控制和民众同意这种控制的符码。就是在这种情况下，少数人控制的需要与大多数人的恐慌、焦虑相互结合，使民众自愿交付利益以得到领导人的保护为恰当保障，"国家现在就可以公然地和合法地代表并保护少数人而展开反对极端行为的运动"②，正是通过大众的认同，国家顺利实现了自身对社会控制的意图。通过抢劫事件强化道德恐慌，激发社会危机感，通过人民的自然同意而重新获得对社会的控制，达到行使领导权的国家目的。《监控危机》揭示了社会现象中葛兰西领导权思想的具体运作过程。

（3）媒体文化中的多元主体与权力。伯明翰学派在《监控危机》和《学习劳动》这些文章中，指出阶级、青年、大众等范畴都具有高度的主体同一性，但忽略了个体差异和异质性的存在。霍尔在媒介文化研究之作《编码，解码》（Encoding, decoding）③ 中开始关注多元主体与权力问题。他强调指出，编码和解码之间没有必然的一致性，编码者可以"预先选定"，但无法担保解码过程。由于解码者拥有不同的主体身份或位置，具有不同的阶级、文化、学识、年龄等状况，因此，解码立场必然多样。霍尔提出三种解码立场：主导霸权立场、协调立场、对抗立场。在主导霸权立场中，传播机构及专业人员作为一种"意识形态国家机器"，明晰传播方向和意图，解码者只能被动接受，没有主动性；在协调立场中，相容因素与对抗因素混合，认可霸权的合法性；在对抗立场中，加入了意义的政治策略——话语斗争。④ 霍尔将语言看作中立的单纯信息载体，认为解读过程中"优先阅读"（preferredreading）和存在的"优先意义"（preferred-meanings）限制了人们的解读及其能动性。优先阅读是指引导人们按照特定方式去解读经过编码的文本，由此取得对受众的领导权，但通过编码控

---

① Stuart Hall et al.. *Policing the Crisis*: *Mugging, the State and Law and Order*, London: Macmillan, 1978, p. Ⅶ.
② Stuart Hall et al.. *Policing the Crisis*: *Mugging, the State and Law and Order*, London: Macmillan Edueation Ltd., 1978, pp. 321~322.
③ 《编码，解码》是 1973 年研究中心的内部油印资料，1980 年重印后被收入多种相关文化研究的著作中。英文本参见 Simon During (ed), *The Cultural Studies Reader*, London: Routledge, 1993. 中文译本见罗钢、刘象愚主编《文化研究读本》，中国社会科学出版社 2000 年版。
④ 罗钢等主编：《文化研究读本》，中国社会科学出版社 2000 年版，第 64 页。

制受众阅读取得领导权并不一定完全有效，受众自身有自主选择权。霍尔综合了阿尔都塞的结构主义观点和葛兰西的霸权理论，认为文本的意义必须放置在在特定的环境和不同的主体位置考察，他强调优先解码获得解读领导权的可能意义，但也提出谈判式的解读，以强调在限定与能动之间人的主体性的不断滑动从而形成多元主体身份。

（4）撒切尔主义的领导权分析。霍尔运用葛兰西领导权理论对撒切尔主义进行了分析。1975年是英国政治的转折点，其背景为：石油价格异常飙升；资本主义经济危机爆发；现代保守主义思想的深刻变革。[①] 正是在这种背景下，英国在撒切尔的领导下，形成了一系列持续而稳定的政治、经济、文化与意识形态政策。撒切尔主义登场，其基本内容包括：第一，主张货币主义和"自由市场"准则，大力推行非国有化和私有化政策，倡导自由竞争，反对国家过分干预经济；第二，主张改革税制和降低税率以应对经济衰退，调动个人和企业发展生产的积极性；第三，改革社会福利制度，削减教育、医疗和社会福利等公共开支，减少政府负担；第四，恢复政府的权威，在政治上采取针锋相对的斗争策略应对英国工会和罢工运动，以取代协商谈判的妥协方针。

霍尔从领导权角度对撒切尔主义进行了分析。他一方面详细解说和概括葛兰西领导权理论，另一方面又相当谨慎地使用"领导权"这一术语，认为撒切尔主义不是人们所熟知的统治阶级所实施阶级统治的另一别名。在撒切尔这里，"领导权"意味着：争夺和解组织（dis-organize）现存政治形构的斗争；同时获取对经济、市民社会、道德生活、文化等许多社会不同领域的领导地位；实施广泛而有差异的斗争；赢得大众认可，以确保社会权威与新的社会规划的一致。[②] 霍尔指出领导权不是一种完成的或定形的规划，它总"处在过程之中"，总会受到各种挑战。因此，也不能认为撒切尔主义会永远处于"霸权"地位。

撒切尔主义的运作正是领导权实现的最好案例。撒切尔主义为实现对国家与社会的控制，通过渗透到普通民众的日常生活，改变他们的常识和观念，从而成功地把自身装扮成一种政治民粹主义力量，使自己成为人民利益的代表者，由此不仅取得权力，而且在大众中赢得权威，这也是撒切尔主义实施领导权的集中体现。霍尔将撒切尔主义高度概括为"权威式民

---

① 参见 Stuart Hall. *The Hard Road to Renewal: Thatcherism and the Crisis of the Left*, London & New York: Verso, 1988, p. 166.

② 参见 Stuart Hall. *The Hard Road to Renewal: Thatcherism and the Crisis of the Left*, London & New York: Verso, 1988, p. 7.

粹主义"（authoritarianpopulism），即在赢得大众同意的基础上实行对社会及大众的控制。这种"权威式民粹主义"不同于法西斯主义之处在于，它建构了一种积极的大众同意，优于以社会民主和法律秩序解决危机的方式。① 霍尔使用"权威式民粹主义"概念正是葛兰西的领导权概念在撒切尔主义中的具体体现。

2. 领导权理论在文化研究中的广泛应用

除了威廉斯、霍尔等著名代表外，伯明翰文化研究中心的其他文化研究者也通过葛兰西转向突破了文化主义和结构主义的局限，广泛应用葛兰西理论，推进了文化观念的转变和文化研究的发展。

在伯明翰文化研究中心的集体之作②《通过仪式抵抗》中，文化被解释为社会集团的"独特生活方式"，用以表达他们特定的社会和物质生活经验。③ 这种解释表现出一种明显的文化主义范式的论调。而在结构主义的影响下，伯明翰学者们又指出，人是被限定的，从出生开始就处在一个"社会构型结构和意义构型结构"之中。"文化是一个集团的社会关系被结构和形构的方式；但它同样也是这些构型被经验、被理解和被解释的方式。"④ 文化研究转向葛兰西后，文化的观念又发生了变化，文化被认为是复杂的、具体的、历史的、总处在决定性统治和被支配性从属的相互关系之中，在它们之间的辩证关系及收编和抵制的动态过程中，占统治地位的文化以统治或霸权的形式得到传递和再生产。《通过仪式抵抗》中对文化的多种界定，展现了英国文化研究由结构主义和文化主义向葛兰西转变的痕迹。这种转变也体现在对阶级文化、亚文化的葛兰西式分析中。

伯明翰学派文化研究者认为，阶级是现代社会结构的基本构形，也是社会文化的主要形构。他们一直未曾放弃马克思主义阶级话语，经常引用马克思经典原话来强调阶级统治和阶级斗争。但他们不是从经济立场认识阶级关系和阶级斗争，而是以葛兰西的领导权理论为指导，强调在领导权

---

① 参见 Stuart Hall. *The Hard Road to Renewal: Thatcherism and the Crisis of the Left*, London & New York : Verso, 1988, p. 42.
② 伯明翰研究中心公开发表的集体之作有：《通过仪式抵抗》（1976）、《论意识形态》（1978）、《工人阶级文化》（1979）、《文化、媒介、语言》（1980）、《文化、媒介与社会》（1982）等。
③ Stuart Hall & Tony Jefferson (eds). *Resistance through Rituals: Youth Subcultures in Post-war Britain*, London: Hutchinson, 1976, p. 10.
④ Stuart Hall & Tony Jefferson (eds). *Resistance Through Rituals: Youth Subcultures in Post-war Britain*, London: Hutchinson, 1976, p. 11.

中，统治与从属之间的关系和动态性斗争必然打上阶级的烙印，从而表明社会状况的复杂性和多元性。他们还用结构主义观点解释阶级的异质性，认为任何阶级内部都存在着非同质的复杂结构与成分。在集体之作《工人阶级文化》（1979）中，对工人阶级的解读已不再是简单地根据阶级结构和地位，而是将其作为一个非同质性集团。葛兰西的领导权策略将阶级冲突或斗争看作一种谈判或意识形态运作的结果，而不是统治阶级强加给被统治阶级造成的。只有这样，主导阶级取得合法性地位，赢得或形成权力认同才会显得是"自发"的、自然的和正常的。① 正如葛兰西所说，霸权不是普遍"赋予"（given）一个特定阶级的持续统治，而是一种"运动的平衡"（moving equilibrium）②，它必须去赢得、去争取、去再生产和维持，那种"永恒的阶级霸权"或"永恒的收编"的观念必须要摒弃。

此外，伯明翰学派也在亚文化分析中融入了领导权思想。他们通过追溯阶级统治的历史发现，亚文化的兴起与统治阶级的领导权危机相关，从20世纪30年代到70年代，资本主义的统治发生了变化，50年代是领导权统治的时代，而70年代由于统治阶级不是通过同意来统治而是使用压制，"这标志着一种统治阶级的领导权危机"③。"领导权危机"意味着文化、阶级关系、认同的断裂，正是在这种背景下，统治阶级对青年的控制力弱化，青年群体通过抵抗主流文化，在统治阶级内部赢得属于自己的文化空间，由此出现亚文化。克拉克等人把亚文化区分为工人阶级的亚文化和中产阶级的反文化，认为反文化体现了一种主导文化内的断裂。④ 主导文化与领导权的危机始终与市民社会及国家本身的危机紧密相连。伯明翰学派在文化研究中引入领导权概念，或者说用领导权理论介入文化研究，由此将文化研究提升到了文化政治的分析高度。

伯明翰文化研究中心教育小组成员威利斯在《学习劳动》⑤这部教育著作中，以民族志的方法探讨学生反学校文化（counter-schoolculture），他

---

① 参见 Stuart Hall & Tony Jefferson (eds). *Resistance Through Rituals: Youth Subcultures in Post-war Britain*, London: Hutchinson, 1976, p. 38.

② Stuart Hall & Tony Jefferson (eds). *Resistance Through Rituals: Youth Subcultures in Post-war Britain*, London: Hutchinson, 1976, p. 40

③ Stuart Hall & Tony Jefferson (eds). *Resistance Through Rituals: Youth Subcultures in Post-war Britain*, London: Hutchinson, 1976, p. 40

④ Stuart Hall & Tony Jefferson (eds). *Resistance Through Rituals: Youth Subcultures in Post-war Britain*, London: Hutchinson, 1976, p. 69

⑤ Paul Willis. *Learning to Labor: How Working Class Kids Get Working Class Jobs*, New York: Columbia University Press, 1981.

运用葛兰西理论分析了霸权与反霸权问题。通过调查研究，威利斯揭示了12岁的小伙子们反抗学校文化的各种情形，这些反学校文化的要素包括：不好好上课而趴在桌子上睡觉、向窗外偷看、无聊望着墙壁、联合起来捉弄老师、经常性逃课、抽烟喝酒、穿奇装异服、制造滑稽场面、打架斗殴和追求女孩等等。这些日常行为和表现表明了学生对学校体制的反抗，包含了一种明显的对权威和普遍价值的颠覆。学校代表的体制和学生对学校文化的反叛，构成了霸权与反霸权的关系。其中，学生们通过彰显青年亚文化，自觉能动地反抗资本主义体制的压制。对此，威利斯指出："社会能动者并不是意识形态的消极的承载者，而是积极的挪用者，他们通过斗争、争夺和一种带有偏向的对这些结构的渗透来再生产现存的结构。"[①]威利斯认为，在共同的抵抗中，青年人创造性地建立了他们的在场、身份和意义及他们的共同文化（亚文化），而亚文化的抵抗展示了工人阶级青年如何掌握权力和提高自己的地位。但要特别说明的是，他们的反抗最终并不能改变只能获得工人阶级工作的结局。在资本主义社会生产中，许多工人阶级小孩承接了父母一代所处的从属地位继续进行体力劳动，这在客观上促进了资本主义剥削制度的再生产。

文化马克思主义的发展经过了从文化主义到结构主义再到葛兰西转向的范式转变过程。在这一过程中，文化研究的重心不断转变，从文化主义范式阶段的文化文明与文化社会分析，到结构主义范式阶段的文化意识形态分析，逐渐转移到围绕权力的文化政治实践。而其中作为英国文化主义者代表的汤普森、威廉斯，推崇阿尔都塞理论的安德森，紧跟葛兰西的拉克劳、墨菲和霍尔等都对推进文化研究与马克思主义的结合起到了关键作用，成为文化马克思主义发展演进中的节点式人物。在此过程中，传统马克思主义的阶级、主体、文化等范畴及经济决定论和意识形态等理论观念在批评中得到发展，产生了文化唯物主义、文化领导权、话语领导权、意识形态领导权、接合理论等一些新的范畴和理论。英国文化马克思主义基于本土的文化主义传统，批判汲取西方马克思主义及当代西方各种理论思潮的营养，并将本土文化与外来文化结合起来，发展出一种阐释和分析社会文化现实的新的马克思主义范式。

---

① Paul Willis. *Learning to Labor: How Working Class Kids Get Working Class Jobs*, New York: Columbia University Press, 1981, p. 175.

第四章

文化马克思主义的理论成果

文化马克思主义是文化研究与马克思主义发展相结合的产物，从文化与马克思主义相结合的视点上，通过分析文化与唯物主义、意识形态、权力（或政治）等的相互关系，可以梳理出文化马克思主义的一些理论发展成果，如文化唯物主义、文化意识形态、多元文化政治等。如果以伯明翰文化研究学派为中心和发展线索，可以发现文化马克思主义表现出从文化唯物主义到文化意识形态再到多元文化政治的理论走向。要特别说明的是，从理论发展时空看，这几方面理论之间并不构成一种单线条的发展路径，而是表现为多线条交织的发展格局；它们的发展也不完全具有相继性，而是在某些时刻可能齐头并进。因此对理论的总体把握很难，时间界分也极不容易。为此，下文试图通过个案方法考察主要代表人物的思想及其相互关系，以期能一定程度地从思想关联的逻辑上把握文化马克思主义的理论发展走势。

伯明翰当代文化研究中心从1964年正式创立到2002年关闭历经约38年时间，在不同历史时期，伯明翰学派主要负责人及重要代表引领了文化马克思主义的发展，他们创立了有影响力的理论成果，为文化马克思主义的发展做出重要理论贡献。

1964年，伯明翰当代文化研究中心成立，霍加特是第一任主任，并聘请威廉斯为中心外来顾问。威廉斯作为老一代新左派的代表，始终是文化研究的核心人物，他执着于"社会—文化"的主题，从社会整体层面界定文化，汲取阿尔都塞、葛兰西的理论观点，以文化的方式重新解释了正统马克思主义的历史唯物主义原理，创立了文化唯物主义。文化唯物主义成为英国第一代左派汤普森、威廉斯等人共用的研究范式，成为文化马克思主义发展的标志性理论成果。

1969～1979年，霍尔从霍加特的助教升为第二任主任并连续近10年主持当代文化研究中心的日常工作，即使后来辞去研究中心工作，到开放大学任教授后仍参与文化研究的各种讨论，促进了文化研究的范式转变。霍尔不仅在文化理论方面有突出贡献，更重要的是他以接合理论促进了文化研究与马克思主义的广泛结合和渗透，为文化马克思主义的发展做出重要贡献。这在前文已有论述。

1979～1988年，理查德·约翰逊接替霍尔成为第三任主任主持研究中心工作，将文化研究中心转变为文化研究系。他仿照霍尔"编码—解码"理论的思路和模式，创建了文化生产循环理论，将文化解释为一种多元政治实践，试图推动文化研究转向多元文化政治。到20世纪90年代，托尼·本尼特在当代文化研究理论与实践中表现活跃，他发展了一种后马克思主义文化政治学，使文化研究重回作为一种政治实践介入社会现实的轨道。

　　1991年，文化研究系与社会学系合并为文化社会学系。1992年，第四任主任乔治·拉伦以意识形态观念理论为研究核心，着力于研究意识形态理论发展史，并将意识形态理论引入文化研究，开展文化分析，扩展了马克思主义意识形态理论的内涵。其实，早在20世纪70年代，受阿尔都塞、葛兰西等人的意识形态理论影响，文化研究就开始关注意识形态分析。到20世纪80年代，威廉斯的学生伊格尔顿就集中研究了意识形态问题，并在审美意识形态方面取得了极具影响力的理论成果。这些研究成果为拉伦对意识形态发展史的研究做了极好的铺垫。伊格尔顿和拉伦的研究促进了文化与意识形态的结合，发展了文化意识形态理论。

　　到2002年文化社会学系关闭为止，伯明翰文化研究中心在其近40年曲折发展历程中，其主要负责人及与他们有着紧密联系的伯明翰学派其他文化研究者，共同推动了文化研究的发展，并取得丰硕的理论成果。文化马克思主义作为英国文化研究共用的理论范式，其理论内容繁杂而丰富，将文化唯物主义、文化意识形态、文化政治作为其理论成果，也许挂一漏万，不能反映文化马克思主义的理论全貌，却能在一定程度反映文化马克思主义发展的逻辑主题内容及其变化。因此，本章将着重论述以下内容：其一，主要产生于文化主义阶段的文化唯物主义理论，以汤普森与威廉斯的理论为主要代表；其二，在结构主义与文化主义纠结阶段的文化意识形态理论，以伊格尔顿的审美意识形态理论和乔治·拉伦的意识形态与文化身份理论为代表；其三，葛兰西转向之后的多元文化政治理论，以理查德·约翰逊和托尼·本尼特的理论为例证。文化唯物主义、文化意识形态、文化政治学是文化研究和马克思主义互相结合、互相影响、互相作用的产物，既体现了文化研究的进展，也发展了传统马克思主义的许多观点，它们总体反映了文化马克思主义发展过程中的理论成果和贡献。

一、文化唯物主义理论

　　"文化唯物主义"概念最早见于美国文化人类学者马文·哈里斯1968年出版的著作《人类学理论的兴起》（*The Rise of Anthropological Theory*），他将文化唯物主义作为一种科学研究策略和科学方法，从人类学角度对西方文化思想做了广泛的批评。1979 他又出版了《文化唯物主义》一书，系统阐述了作为一种科学策略的文化唯物主义。①

在英国文化研究中，文化唯物主义是汤普森与威廉斯从 20 世纪 50 年代后期开创的新传统。尽管汤普森早在 1961 年发表的著名长篇评论《漫长的革命》一文中就已形成了自己的文化唯物主义思想，但理论界一般还是认为威廉斯是文化唯物主义的创立者，他在 1977 年出版的《马克思主义与文学》一书中明确使用了这一新术语。文化唯物主义并不完全等同于文化马克思主义，严格意义上讲，它可以说是文化马克思主义在文化主义研究范式阶段的重要理论成果和贡献。在 20 世纪 60 年代，文化唯物主义的思想已经形成，70 年代末英国和美国相继出现了专门概念和理论研究。在英国文化研究的传统中，汤普森和威廉斯的文化唯物主义最具代表性，他们通过批评分析和解读马克思主义基础和上层建筑理论，在历史唯物主义之中开辟了文化的领地，提升了文化在马克思主义理论中的地位，并对文化进行了唯物主义的解读，形成了新的文化观。马克思可以说并没有专门系统的文化理论，文化唯物主义正是以文化为关键词对马克思主义历史唯物主义的发展。

（一）汤普森的文化唯物主义理论

爱德华·帕尔默·汤普森（E. P. Thompson），英国马克思主义历史学派的奠基人和领军人物，英国著名的左翼政治活动家。他将 20 世纪 50 年代后期以来威廉斯与自己共同理解和运用的历史唯物主义观念体系称为文化唯物主义。汤普森与威廉斯共用了文化唯物主义这一具有方法论性质的文化研究范式，他是公认的英国马克思主义历史学家，深受马克思主义理论影响，其理论语汇大多来自马克思主义。但他自称不是"完全的马克思主义者"，他更愿意把马克思主义看作一种"传统"，而不是教条、方法和遗产。他的妻子多萝西·汤普森曾在回忆文章中特别指出"他喜欢说，他按照马克思主义传统写作"②。汤普森的文化唯物主义思想正是他的马克思主义观与文化观的结合。

---

① 笔者曾撰文对哈里斯与威廉斯的文化唯物主义进行过比较，参见刘梅《文化分析的范式与研究策略——威廉斯与哈里斯文化唯物主义之异同》，《哲学动态》2014 年第 12 期。

② 〔英〕爱德华·汤普森：《共有的习惯》，沈汉等译，上海人民出版社 2002 年版，第 4 页。

1. 汤普森的马克思主义观和文化观

汤普森一直是活跃的马克思主义者，他于 1942 年加入英国共产党，1956 年退党。他对于东西方将马克思主义过分意识形态化的做法深为不满，认为需要谨慎对待和分析马克思主义这一概念。马克思主义经过列宁、普列汉诺夫、卢卡奇、葛兰西、霍克海默、阿尔都塞等理论家的重新阐释与发展，至 20 世纪中叶已呈现流派林立的多样化景象。汤普森对形形色色的马克思主义保持着一种政治上的警惕，始终与不同学派的马克思主义保持着距离。他认为对马克思主义的理解存在诸多问题，主要表现为：其一，把马克思主义视作一种不再发展的学说，视作一种在文本中自我完成的教义，而不看作一种活的传统；其二，把马克思主义视为一种方法，忽略了其实践性和所包含的革命意义；其三，把马克思主义当成一种遗产，意味着过去、消解或死亡。

汤普森主张将马克思主义视为一种"传统"，认为"传统"比"学派"更具包容性，更能容纳相互冲突的声音，"传统"意味着可以对某种思想的任何局部进行反思和检验。马克思主义作为一种"传统"存在，它通过一些著作、学科的设置、各种话语形式及多种多样的方法表现出来。汤普森认为，马克思主义"传统"最核心的内容是历史唯物主义，历史唯物主义是马克思主义者的共同基础，是马克思主义理论来源的基础，也是马克思主义的归宿地。[1] 历史唯物主义具有科学性，它探讨了社会存在与社会意识的关系、资本主义社会经济生产和决定因素、剥削与阶级斗争、意识形态等各种问题，马克思通过对近代以来西欧历史发展的长期观察，揭示了社会系统形成过程的规律与共同逻辑。[2] 汤普森在开放性视野下理解马克思主义传统，并未对历史唯物主义给予充分的界定，他认为所有的理论都具有暂时性特征，始终如一的、无所不包的理论本身就是一种极端和异端邪说。因此，汤普森主张不能教条化理解马克思主义，不能一劳永逸地停留于文本将马克思主义看作已经完成的理论，而应始终坚持从实践出发不断发展和完善马克思主义。

马克思主义历史唯物主义的基本前提之一是：社会存在决定社会意识，物质资料的生产方式制约政治生活、经济生活和精神生活。汤普森赞

---

[1] 参见 E. P. Thompson. *The Poverty of Theory & Other Essays*, New York & London: Monthly Review Press, 1978, p.44.

[2] 参见 E. P. Thompson. *The Poverty of Theory & Other Essays*, New York & London: Monthly Review Press, 1978, p.47.

同这一基本观点，认为只有理解了一定时代的物质生活条件，才能理解这一时代的社会关系和国家关系、宗教制度和法律制度等一切理论观点。但他同时又指出，历史唯物主义并没有对生产方式做出符合历史过程的合理解释，他们用于解释自己的观念的"基础"（指生产中社会关系的构成）与"上层建筑"（指竖立在基础之上的各种思想、制度等体系），只是一个为了帮助人们"理解曾经存在过的东西的隐喻"①。也就是说，并没有这种"基础"与"上层建筑"的现实存在。

汤普森批判了教条化的马克思主义对历史唯物主义的曲解和对文化的误解。早在1957年夏季《新理性者》杂志的创刊号上，他发表了一篇题为《社会主义人道主义：致非利士人书》的长文，系统评价斯大林主义，批判斯大林主义对历史唯物主义的扭曲以及对经济基础与上层建筑模式的教条化理解。汤普森认为经济基础与上层建筑模式是传统马克思主义文化概念的理论基石，在这种教条化的理解中，文化被经济基础简单地单向决定，只是被动地反映经济基础及其变化，这种解释文化形成、变化与发展的方式陷入了经济还原论的误区，极大地阻碍了马克思主义者正确认识文化。汤普森强调经济基础与上层建筑模式本质上只是一个辅助性的隐喻，应该重新认识两者之间的辩证关系，让文化走出机械决定论和经济还原论的阴影。

汤普森强调了社会存在与社会意识的辩证关系原理在马克思历史分析中的重要地位，认为马克思实践学说、社会存在决定社会意识的原理是两条普遍性结论，他在肯定的基础上对之做了进一步阐释。他认为实践是社会存在与社会意识相互作用的中介因素，社会存在与社会意识统一于实践，正是作为实践主体的人才使两者产生辩证互动关系，并且对文化的理解也应从人的实践活动出发，回到马克思的实践唯物主义立场。汤普森指出，传统马克思主义是从实践活动的结果而不是从人的实践活动过程本身来理解文化，将文化视为实践过程中创造的物质财富和精神财富的总和。他认为这种文化观是一种直观唯物主义，必然导致对文化主体的错误认识，将普通人民群众排除在文化主体之外，认为他们缺乏文化，不配充当文化活动的主体，不具有文化创造力，他们只能作为文化的接受对象，需要从外部给他们灌输先进思想文化。汤普森坚持认为不能仅仅停留在"基础与上层建筑"模式中看待文化，应以社会存在与社会意识的辩证关系的

---

① E. P. Thompson. "Socialist Humanism: An Epistle to the Philistines", *the New Reasoner*, 1957, p. 113.

原理为指导来理解文化的本质，将文化作为实践活动并放在实践中去考察。由于实践本身连接社会存在与社会意识，因此，文化正是社会存在与社会意识经由实践结合起来的一个综合体，它既存在于社会意识之中，又经由实践延伸到社会存在之中，"如我曾指出的那样，马克思是用'社会意识'和'社会存在（实存）'来描述'文化'和'非文化'这两个极端的。这两个极端处于辩证互动之中，马克思的观点是，在阶级社会中，'社会存在'决定'社会意识'"①。可见，文化绝不是单纯被决定的，它同时也可以发挥客观的决定作用。在这里，汤普森深刻揭示了文化的实践本质。

1961年，汤普森针对威廉斯《漫长的革命》一书发表评论，撰写了同名文章《漫长的革命》以阐发自己的文化观，提出"文化是整体的斗争方式"的观点。1958年，威廉斯在《文化与社会》一书中细致追溯了文化观念的历史传统沿革，初步提出"从本质上讲，文化也是一整个生活方式"②，同年又提出"文化是日常的，就在每一个社会和每一个头脑中"③。1961年威廉斯在《漫长的革命》一书中全面阐述了自己的文化观。在该书出版两个月后，汤普森即在《新左派评论》两期连载同名长篇评论文章《漫长的革命》，质疑威廉斯文化是"整体的生活方式"的观点，认为"生活方式"的提法易与"生活样式"混淆，导致对物质生产基础地位的忽视，继而退步到资产阶级的文学社会学传统。而普森提出要用"冲突方式"来修正"生活方式"，认为文化是整体的冲突和斗争方式④，其理由是工人阶级文化并不存在所谓共同本质，工人阶级内部存在种族、性别、年龄、地域和工种等各种差别，不同群体之间的文化具有很大的异质性和复杂性，这必然形成相互竞争或斗争的工人阶级亚文化，而每一种亚文化都是某种独特生活方式的体现。正是文化的相互斗争构成了其现实存在的基础，并赋予了文化的现实本质。所以，汤普森坚持认为，文化研究是对全部冲突方式中各个要素之间的关系问题的研究。⑤

汤普森对文化的解释始终持守了一种阶级立场。1963年，在《英国

---

① E. P. Thompson. "The Long Revolution Ⅱ", *New Left Review*, No. 10, 1961, p. 39.
② 〔英〕雷蒙德·威廉斯：《文化与社会：1780～1950》，高晓玲译，吉林出版集团有限公司2011年版，第403页。
③ Raymond Williams. "Culture is Ordinary", in John Higgins (ed.), *Raymond Williams Reader*, Oxford & Malden, Mass: Blackwell Publishers Ltd., 2001, p. 11.
④ E. P. Thompson. "The Long Revolution", *New Left Review*, No. 9, 1961, p. 33.
⑤ E. P. Thompson. "Reviews of Raymond Williams's the Long Revolutionary", *New Left Review*, No. 10, 1961.

工人阶级的形成》一书中，他以实证的方式进一步确证和丰富了自己的文化观：第一，生产方式是生活方式或整体斗争方式的基础，必然也是文化的基础；第二，日常生活创造文化，意味着文化兼具创新性和传统性；第三，工人阶级具有独立自主性，能够创造出具有历史进步性的无产阶级文化，展现革命意识、民主观念、集体主义和国际主义精神。汤普森充分肯定了工人阶级文化的历史进步性以及创造性。

2. 汤普森文化唯物主义的本质与基本观点

汤普森的文化唯物主义是在批判反思斯大林主义的基础上，在历史唯物主义框架中形成的一种文化分析的方法。从本质上看，它是马克思主义的本土化或者说英国化，是对历史唯物主义的一种更为具体化的阐释，是适用于自由资本主义时代的历史唯物主义。它在理论上主要体现为：一方面修正了经济基础和上层建筑关系原理；另一方面重新阐发了主体、经验和文化这三个基本概念。其基本观点有两点。

第一，汤普森认为，经济基础与上层建筑是一个认识论范畴，是马克思文本中常常使用的用于揭示社会历史发展的根本矛盾与动力的一对概念。经济基础与上层建筑并非实在论范畴，它们并不是现实存在的，也不可能在现实世界中将经济基础和上层建筑区分和独立出来。如果从实在论角度理解基础与上层建筑，就会以经济决定论认识社会历史过程，取消个人在历史过程中的主体地位。因此，汤普森认为，应当回到马克思的语境辩证理解经济基础和上层建筑范畴及其相互关系。主张在历史唯物主义的指导下对具体问题具体分析，从"现实的个人"出发，回归真实的社会历史整体。"现实的个人"是实践主体，他们通过自己的实践创造历史的和现实的物质生活条件，对此无论在认识论上还是实在论意义上都能得到确认。汤普森事实上是遵循了马克思主义的基本观点，以"现实的个人"（即汤普森常说的"生活着的普通男女"）作为文化实践主体，奠定了自己的"文化唯物主义"的现实基础。

第二，汤普森在确立实践主体的地位的基础上，重新阐释了经验概念和文化概念。他认为经验是"社会存在和社会意识之间的一个必要的中间项"①，是主体能动的实践活动的结果，它既是主观的，又是客观的。经

---

① E. P. Thompson. *The Poverty of Theory & Other Essays*, New York and London: Monthly Review Press, 1978, p.171.

验中包含了"全部历史进程的遗传因素"①，经验决定和影响着人类的各种文化实践活动。不同主体的实践活动与各自的生活方式相关联，共同构成了文化整体。在人类社会出现阶级以来，不同主体因为利益矛盾而产生生活方式上的紧张关系，形成了一种充满"整体的斗争方式"的文化。汤普森的文化唯物主义作为一种文化研究范式，最重要的价值不在于理论本身而在于其方法论意义，他倡导自下而上的观察视角，注重人民的日常生活实践过程及其复杂多样性，在文化研究中表现出鲜明的唯物主义和经验主义色彩。

英国第二代新左派对汤普森的文化唯物主义进行了批评。1976年，奈恩在《英格兰之谜》一文中宣称汤普森的文化唯物主义是一种"文化民族主义"，充满了经验主义和浪漫主义的古典情调。② 1981年，安德森在《英国马克思主义内部争论》一书中批评汤普森的文化唯物主义过分强调文化传统的价值，忽视经济基础、生产方式的决定性意义，其经验性研究存在局限性，阻碍了他完整准确地把握马克思主义理论。斯图亚特·霍尔也加入批判行列，他在《文化研究：两种范式》一文中批评汤普森的《英国工人阶级的形成》在突出文化、意识和经验问题及强调能动者时，陷入经济决定论的泥坑。③ 他将汤普森、威廉斯共同开创的文化研究新范式用"文化主义"一词来指称，委婉地指出了他们自称的"文化唯物主义"其实只强调了"文化"而缺乏"唯物"的特征。在文化研究受结构主义影响而产生的内部争议中，第一代新左派自称自创的"文化唯物主义"，在第二代新左派的批判声中被抹去了"唯物"一词，而成为"文化主义"。但霍尔有别于安德森和奈恩，他受到文化唯物主义的启迪，并将其上升到一种范式意义加以肯定。霍尔在文化理论研究中，对比了文化主义与结构主义两种范式，辩证地评价了汤普森的文化唯物主义，认为他在坚持历史的客观性时忽略了理论上的总结和提升；在强调具体实践的意义时忽略了对实践的整体性把握和复杂因素的分析；在注重经验作用时淡化了意识形态。④ 正是基于这种批评性认识，20世纪70年代，伯明翰大学

---

① E. P. Thompson. *The Poverty of Theory & Other Essays*, New York and London: Monthly Review Press, 1978, pp. 170～171.

② 参见 Tom Nairn. "The Break-Up of Britain: Crisis and Neo-nationalism", *New Left Books*, 1977, pp. 303～304.

③ 参见〔英〕斯图亚特·霍尔《文化研究：两种范式》，载罗钢等主编《文化研究读本》，中国社会科学出版社2000年版，第52页。

④ 参见〔英〕斯图亚特·霍尔《文化研究：两种范式》，载罗钢等主编《文化研究读本》，中国社会科学出版社2000年版，第61～64页。

当代文化研究中心集体转向结构主义，开始重视理论研究和意识形态分析，"文化唯物主义"也被霍尔等专门发明的"文化主义"一词所代替，文化研究从文化唯物主义范式转向结构主义和意识形态研究。20世纪70年代后，"意识形态"作为关键词取代"文化"占据了文化研究的核心位置，文化研究从注重文化的唯物主义考察走向关注文化的意识形态分析。

（二）威廉斯的文化唯物主义理论

雷蒙德·威廉斯是英国20世纪新左派的著名代表，马克思主义文化研究理论奠基人之一。文化唯物主义是威廉斯用于指导其文化研究的一套理论和具体方法指南。威廉斯在文化研究实践中，通过运用卢卡奇、阿尔都塞和葛兰西等西方马克思主义理论，重释了马克思主义经济基础与上层建筑理论；通过批判英国传统精英文化研究的传统，归纳了西方资本主义国家的文化现象的研究范式。文化唯物主义是威廉斯早已达及的一种理论"立场"，这在他的早期和晚期文化研究著作中都有体现。威廉斯的文化唯物主义既是一套理论，更是一种指导文化研究的方法指南。

1. 威廉斯早期文化观及对文化唯物主义的界定

"文化"这一范畴在威廉斯的文化研究及理论著作中具有核心地位。早在20世纪50年代，威廉斯就着力探讨了文化概念，在1958年出版的《文化与社会》一书中，他对文化的复杂演变做了详细历史考察，指出：从18世纪后期到19世纪前半叶，"文化"一词的意义变迁引人注目，就如一幅"特殊的地图"引导人们追踪英国社会生活与思想的变迁。威廉斯将文化与社会生活密切关联，明确提出文化是"整体的生活方式"的新论断。同年，他在《文化是普通的》一文中进一步强调文化的普通性，认为文化是全体社会成员共同创建的产物，它所表征的意义、价值和制度理应由全体社会成员享有。文化对于每个社会成员都是普通平常的，既可从共性层面整体理解为一种生活方式，也可以从个性层面指特定的艺术创造过程和成果。文化作为一种意义生产实践，它既体现在日常生活中，也离不开社会物质生活条件，文化具有极强的物质依赖性、创造性和传统性。1961年，威廉斯在《漫长的革命》中系统研究并总结了文化的三种定义：其一，理想状态的文化，即从普遍价值意义而言，文化是对人类自身的完善；其二，文献意义上的文化，即对人类理论和实践的多种记载方式；其三，社会意义上的文化，即作为一种生活方式用以表征日常生活中的意义和价值。威廉斯将文化的三个层次含义联系起来整体理解，将文化放在社会经济政治、制度构成的大系统中加以认识，强调文化与"整个"社会及生活方式的关联，认为文化分析就是揭示社会生活内含的意义和价值。①威廉斯明显采纳了早期西方马克思主义的总体性范畴和方法，将文化置于社会生活总体中。威廉斯的"文化是生活方式的总和"的论断奠定了文化唯物主义的理论基础。

在《文化与社会》和《漫长的革命》等早期著作中，威廉斯的文化观因具有鲜明的英国"左派利维斯主义"特点，使威廉斯也和汤普森一样成为英国第二代新左派批判的对象。威廉斯不同于汤普森，他宽容地接受了各种异见，并自觉学习和接受西方马克思主义及现代各种新思潮，扩大了自己的理论视野。在卢卡奇、葛兰西、法兰克福学派、阿尔都塞等西方马克思主义者的影响下，他重新整合并修正了自己的思想。1973年，他发表了《马克思主义文化研究中的基础与上层建筑》一文，重新阐发了马克思主义经济基础与上层建筑理论。1977年出版《马克思主义与文学》一书，这本书成为显示其最高学术成就的重要著作，在文化研究领域具有极大影响力，该书系统表达了具有鲜明的马克思主义特征的文化唯物主义思想。他试图通过讨论马克思主义的关键思想要素建立一种新的文化分析观点，称之为文化唯物论，文化唯物论是在历史唯物主义语境中突显文化与文学的物质生产蕴含特殊性的理论②，威廉斯肯定了这一理论的马克思主义性质。他将自己的理论与其他类型的马克思主义相区别，认为文化唯物主义不仅是马克思主义理论，而且"是马克思主义核心理论的一部分"。③ 在各种不同形式的马克思主义及其西方思潮相互作用的语境下，威廉斯探讨了文化、语言、文学和意识形态等关键性概念，通过反思马克思主义历史唯物主义理论和修正文化观念，并将文化与历史唯物主义结合起来思考问题，从而实现了将文化纳入历史唯物主义轨道的理论意图。

2. 威廉斯对历史唯物主义的反思

威廉斯认为，要在当代语境中理解马克思主义文化理论，就必须从历史唯物主义出发，考察基础和上层建筑这一命题，并将此作为开展马克思

---

① 罗钢等主编：《文化研究读本》，中国社会科学出版社2000年版，第125页。
② 参见〔英〕雷蒙德·威廉斯《马克思主义与文学》，王尔勃等译，河南大学出版社2008年版，第6页。
③ 〔英〕雷蒙德·威廉斯：《马克思主义与文学》，王尔勃等译，河南大学出版社2008年版，第6页。

主义文化分析的关键。① 如果说文化范畴是文化唯物主义概念体系的基石的话，那么对决定论的批判，特别是对经济基础决定上层建筑的批判性反思则是其理论体系的逻辑必然和重要内容。为了确立文化活动的基础性地位，威廉斯对马克思主义历史唯物主义原理进行了反思。

（1）对"基础与上层建筑"原理的反思。经典马克思主义把社会划分为基础与上层建筑，根据当时的现实需要，着重强调了基础的决定作用及其对上层建筑的影响制约。历史唯物主义的这一原理曾得到过三次修正：其一是恩格斯在决定论基础上特别强调了上层建筑对基础的能动作用。他认为基础对上层建筑的决定作用不是绝对僵化的，上层建筑对社会历史的发展也构成影响，对经济基础具有能动反作用。其二是西方马克思主义代表法兰克福学派提出中介说，认为不能仅仅确认上层建筑对基础的能动作用，还应深入分析能动作用得以发生的中介。其三是结构主义马克思主义针对基础与上层建筑关系问题提出了"同族性结构"的概念，认为经济基础与上层建筑之间存在着结构上的对应与同族关系，而不是直接或间接的反映或复制关系。

威廉斯认为，人们一直误解了马克思主义基础与上层建筑理论的原意。正统马克思主义僵化理解了具有比喻性的反映论并将其教条化，而中介论尽管突显了能动的过程，超越了反映论的被动性，但并没有解决反映论对现实的抽象分割问题，而只是"反映"的复杂化和精致化。同族性结构论抽取出来的文化总体类型，用来代替分析具体文化现象，并未排除教条式理解马克思主义基础与上层建筑模式的弊端，反而是用抽象类型的封闭形式取代了对文化过程的开放式分析。

马克思在《〈政治经济学批判〉序言》中，对生产力与生产关系、经济基础与上层建筑、社会存在与社会意识辩证关系的原理给予了精辟的表达。威廉斯充分肯定了基础与上层建筑关系的理论对文化分析的重要意义，认为对马克思主义文化理论的研究必须思考"具有决定性的基础和被其决定的上层建筑这一前提"②。威廉斯认为经济基础和上层建筑相互关系是复杂的，不能做形而上学的理解。他不赞成简单地把文化划归为上层建筑，认为文化活动并非经济活动的反映。威廉斯赞同用一定的生产方式解释文化，他认为恩格斯早已有类似的观点，恩格斯根据唯物史观，将历

---

① 参见 Raymond Williams. *Marxism and Literature*, New York: Oxford University Press, 1977, p. 75.

② 〔英〕雷蒙德·威廉斯：《马克思主义与文学》，王尔勃等译，河南大学出版社2008年版，第80页。

史过程中的决定性因素归结为现实生活的生产和再生产，但同时认为经济因素不是唯一决定性因素，对历史斗争的进程发生影响并起决定作用的还有政治、法律、哲学、宗教等上层建筑的各种因素。① 以恩格斯的观点为指导，他进一步认为，文化与社会之间相互构成了一种整体化关系，它不只是消极地依赖于经济变化过程，也不是经济生产活动的产物。文化本身具有实践性与物质性，它是社会生产链条中的重要环节，是社会存在的基础。威廉斯充分肯定文化的基础性地位，将文化纳入历史唯物主义的领域之中，并由此重新阐释了"基础""上层建筑"和"决定"这些概念的内涵及其相互关系。

传统马克思主义将"基础"理解为在一定的历史发展阶段的生产方式的总和，威廉斯对"基础"范畴做出了新的理解，认为应从人类真实的社会和经济关系去理解"基础"。借助社会生活"经验"可认识到，影响人类生活与实践的不仅包括经济、政治因素，也包括文化、语言、象征等因素。威廉斯提出一种社会语言观，分析了以语言、交往为基础的社会文化生活的重要性。他认为，作为一种实践意识的语言，既被生产活动及社会活动所渗透，反过来也渗透到一切生产活动与社会活动中，语言是一种能动的充满活力的"社会在场"。② 对于上层建筑而言，威廉斯主张在文化实践中加以考察，认为"上层建筑"不是一种依附性内容，它不是基础的简单反映。文化与社会构成了一张由复杂的结点构成的关系网。文化居于基础的地位，形而上学的简单化理解与单向度的决定论没有认识到文化在社会存在中的基础地位。

威廉斯试图通过文化唯物主义完善历史唯物主义，其主要针对的就是教条化、机械化的马克思主义决定论。威廉斯对决定论的态度并不是一味否定，而是试图在理论方法上深化它。他认为，"在马克思主义文化理论中，没有哪一个问题比'决定'的问题更难的"③。通过对"determine"和"determination"等词源和词义的考察，他认为必须把"决定"重新定义为设定界线和施加压力，决定不是某种外在抽象控制，而应理解为包含目的和意志的积极主动行为；经济基础和上层建筑的决定与被决定的关系应被看作一个各种要素相互"纠缠"发挥复杂作用的过程。威廉斯吸收了

---

① 参见《马克思恩格斯文集》第10卷，人民出版社2009年版，第591页。
② 参见〔英〕雷蒙德·威廉斯《马克思主义与文学》，王尔勃等译，河南大学出版社2008年版，第37～39页。
③ 〔英〕雷蒙德·威廉斯：《马克思主义与文学》，王尔勃等译，河南大学出版社2008年版，第93页。

阿尔都塞的多元决定论思想，强调整体的动态的决定过程，认为在社会变革进程中，经济的决定作用是多元决定中的最终决定力量，但这种决定不是抽象的和静态的，而是在各种复杂关系中以动态的方式具体展开的过程，社会发展是经济、政治、文化等多种因素相互作用的过程与结果，文化和经济作为基础在发展过程中具有同等重要的意义。

总之，威廉斯将对文化的理解建立在唯物主义基础上，又通过文化修正了马克思主义基础与上层建筑的原理。

（2）对"社会存在决定社会意识"的文化解读。威廉斯在反思"基础与上层建筑"和"决定"的关系后，在总体性观念的框架中对"社会存在决定社会意识"这一历史唯物主义原理进行了阐释。他遵照卢卡奇的总体性观点，从两个层面分析了"社会存在决定社会意识"的基本内涵。首先，卢卡奇的总体性观点强调事物之间整体、普遍、有机的联系，威廉斯由此受到启发，认为"实践的总体性这个概念与社会存在决定社会意识的概念相吻合"[①]，"社会存在决定社会意识"意涵着人类的物质生产与人类的社会意识是个有机一体过程。威廉斯借用马克思在《资本论》中以"最糟糕的建筑师与最好的蜜蜂"来描写人类劳动，以此说明社会观念同物质产品是一个过程的不同阶段，观念中的产品最终会导致物质产品的产生。其次，"社会存在决定社会意识"这句话还意味着，人类的社会意识体现在一种物质生产过程中，社会政治制度、思想观念的发展必然介入其中进而发挥它的社会功能；反之，一种物质生产过程也总要体现出某种社会观念。[②] 人类的社会存在与社会意识融合在一起，它们形影不离、相生相伴的复杂关系贯穿于社会发展过程的始终。

威廉斯将社会存在决定社会意识的原理用于分析文化，同时又将社会存在与社会意识不可分割地统一在文化生产过程与文化实践中，从而更精辟地界定了文化的概念。基于对社会存在与社会意识的总体性理解，他将"文化是整体的生活方式"定义调整为：文化是某个社会群体的意识或社会意识形态以及承载这种意识或社会意识形态的物质生产过程的有机统一体。受符号学影响，威廉斯又吸收了符号学理论用于解释文化，认为文化本身可以被看作是一种符号，文化总是通过符号方式来呈现的。符号是一种特定情感、意识、观念与特定物质形式的有机统一体，它不是一种独立

[①] Raymond Williams. *Problems in Materialism and Culture: Selected Essays*, London: Verso, 1980, p. 35.

[②] 参见 Raymond Williams. *Marxism and Literature*, New York: Oxford University Press, 1977, p. 93.

于社会之外的语言体系，也不仅仅是一种社会交流的工具，而是这两者的有机结合。基于文化是社会存在与社会意识的统一体以及文化是符号集合体这两方面的认识，威廉斯将过去"文化是生活方式的总和"的定义调整为：文化是一种有机结合了社会意识形态与物质生产过程的符号，是联系物质生产与社会关系领域的符号集合。他的后继者费斯克对此做了更为准确、精练地概括："文化是联系物质生产领域与社会关系领域的符号系统。"[①] 这一文化定义明显体现了唯物主义色彩。

威廉斯将文化重新定义为社会意识形态与物质生产总体过程有机结合的符号统一体，这一界定比以往的"生活方式的总和"更具体、更深入，也更贴近社会生活的丰富内容，在文化概念的唯物主义基础上同时强调了其可能的政治倾向。由于威廉斯从历史唯物主义社会存在决定社会意识的基本原理出发来阐述文化，因此，他将自己的文化理论及分析方法称为文化唯物主义。英国的文化研究，从文化研究的"文化—文明"传统到文化主义阶段的"文化—社会"范式，从"文化是生活方式的总和"的理解到"文化是符号系统"的概括，在唯物忠观视域中，文化的内涵得到更加全面、深入和准确的理解与阐释。

3. 威廉斯对"领导权"的阐释、汲取与运用

威廉斯的文化唯物主义不仅批评、汲取了经典马克思主义的历史唯物主义理论，而且也借鉴了葛兰西的理论用于文化分析。20 世纪 60 年代中期以后，威廉斯通过奈恩接触到葛兰西的著作，在 1973 年发表的《马克思主义文化理论中的基础和上层建筑》一文和 1977 年出版《马克思主义与文学》一书中，深入解析了葛兰西的思想。

威廉斯早在《关键词》中就探讨过领导权概念的起源与形成史，认为是葛兰西赋予了该词之新义。领导权这一概念已超越政治控制的局限，被用于描述社会各个阶级之间并非普遍性支配的关系，它存在于大众意识中并成为"常识"和现实。因此，社会革命的发生既包括政治和经济体制上的变革，阶级统治形式和意识形态的变革也是必要的和决定性的因素。[②] 威廉斯强调了领导权的整体性和深度性，认为领导权不仅涉及整个社会过程中特定权力的分配问题，而且还存在着因现实社会不平等而带来的统治

---

① 〔英〕约翰·费斯克等：《关键概念：传播与文化研究辞典（第二版）》，李彬译，新华出版社 2004 年版，第 62 页。

② 参见 Raymond Williams. *Keywords*: *A Vocabulary of Culture and Society*, New York: Oxford University Press, 1985, pp. 144～146.

与从属问题，正是从这种意义上，威廉斯认为，领导权既超越了"文化"概念又超越了"意识形态"概念，它试图将"文化"与"意识形态"两方面结合起来。"起决定作用的不仅是观念和信仰的意识系统，而且也是作为在实践上由特定的和占主导地位的意义和价值被组织起来的总体的活生生的社会过程。"① 威廉斯将领导权概念拉入社会生活过程中加以阐释，使作为整体概念的"文化"承载了统治阶级的意图，同权力紧密结合起来。他在动态的社会发展过程中看到了领导权的运作、实施与各种文化因素、形构的关系，并对之进行了深入分析。

威廉斯指明，领导权并非系统或结构，由于统治与从属之间不平等的关系会带来特定权力之间的斗争，领导权因此表现为一种动态的社会发展过程。它不是单向度的一方对另一方的控制或主宰，而是统治与从属之间互相作用与斗争的持续过程，领导权在从属者的反对和抵抗中不断重建自身。威廉斯将领导权作为一种连续变化的"活生生的"过程看待，显然超越了将领导权归属于上层建筑的相对简单、静止的观念。借助领导权概念，威廉斯对文化概念的理解也从过去《文化与社会》中的静态自发过程，发展到涵括冲突与对立的整体结构的意识形态概念。

威廉斯以一种文化方式深入分析了领导权的运作，认为领导权的运作与实施要通过三个方面的文化过程，即"选择性传统"（selective tradition）、"体制"（institutions）和各种"形构"（formations）。传统并不是简单的时间上"幸存下来的过去"②，它有着巨大的整合作用，是"一种积极形塑的力量"（a actively shaping force），不仅形塑过去而且先在地形塑现在。威廉斯指出传统具有选择性，一种传统总是"一种选择性传统"③，它以某种方式选择性地强调或者忽略、认同或者排除一些意义、价值和实践。"传统"的这种选择性过程一如领导权实施的过程，"传统"也因此获得了一种为当代秩序认证历史和文化的领导权意义。选择性传统执行着领导权强大的"收编"作用，它既依赖学校、家庭、教会、传媒等机构组成"收编系统"，又通过文学、艺术、哲学与科学等文化形构完成特殊的和复杂的领导权过程。

威廉斯不仅在文化过程中认识到文化因素与形构对领导权具体运作和实施的意义，而且还认识到领导权的运作对文化的渗透和影响，他基于领

---

① Raymond Williams. *Marxism and Literature*, New York: Oxford University Press, 1977, pp.108~109.

② Raymond Williams. *Marxism and Literature*, New York: Oxford University Press, 1977, p.115.

③ Raymond Williams. *Marxism and Literature*, New York: Oxford University Press, 1977, p.115.

导权理论提出并分析了三种文化形态：主导文化（the dominant culture）、残余文化（the residual culture）和新兴文化（the emergent culture）及其之间的关系。他认为，所谓主导文化，是选择性传统依靠体制的作用而形成的占统治地位的文化，它符合和服务于统治阶级和政权、意志和利益。威廉斯指出，任何社会的任何历史阶段都存在着体现领导权内容的核心价值体系，以此为核心组合成主导文化。所谓残余文化，是指一些与现行的主导文化保持着一段距离，不能按照主导文化要求而表达的经验、意义和价值。残余文化与主导文化的关系是，残存文化往往受到主导文化的控制和领导，它或者在"压力"下自行并入现行主导文化，或者被主导文化通过突出与淡化、包含与排除、再解释等方式而收编。所谓新兴文化，指当代实践中新产生但尚未界定的一些意义与价值，比如，新兴阶级的文化。新兴文化受主导文化的限定，它可能反对主导文化的支配，但很难超越主导文化。[①] 主导文化与残余文化、新兴文化之间的关系是统治与从属、压制与反压制、收编与反收编的关系，它们始终存在着领导权和反领导权的斗争。

当威廉斯把领导权放在文化过程中考察，并以领导权区分各种文化形式时，实际上他已将领导权看作了一种文化，"在最强烈的意义上，它是一种'文化'，但却是一种必须被看作是特定阶级的活生生的统治与从属的文化"[②]。他认为领导权是在现实生活中建构和构成的一个活生生的意义和价值系统，它为现实中的大部分人建构起一种现实感。威廉斯以蕴涵活生生的斗争与冲突过程的领导权丰富了作为一种整体生活方式的文化内涵，领导权在某种程度上也就成了一种文化。

威廉斯以一种根深蒂固的文化主义身份挪用了葛兰西的领导权，以丰富其文化观和文化分析方法，而不是简单地接受领导权的影响。他对三种文化形式的分析表明了文化变迁过程的动力和内在关系。在对文化过程的动态分析中，威廉斯进一步深化了"感觉结构"（structures of feeling）这一范畴。威廉斯在《漫长的革命》一书中首次使用这一范畴。它包含两方面的意义：以"感觉"表示"我们活动中最美妙、最无形的部分"，以"结构"表示明确性或确定性，"感觉结构"概念表达了一种对特定时空中发生的具体生活感受意识。在《马克思主义与文学》一书中，威廉斯借助"感觉结构"概念，进一步探讨"对于生活品质的感受意识"这一问

---

① 参见 Raymond Williams. *Marxism and Literature*, New York: Oxford University Press, 1977, p. 126.
② Raymond Williams. *Marxism and Literature*, New York: Oxford University Press, 1977, p. 110.

题。威廉斯通过"感觉结构"描述文化，所要表明的是他最注重实际经历或体验，而非主导意识形态，关注的是生活经验和感觉过程中文化所不断经历的质变。"感觉结构"概念作为文化分析工具，使人们能够确定社会经验和社会关系的特定品质，认识实践意识中的内在关系及其冲突模式。威廉斯始终将文化分析建立在历史唯物主义的实践立场和基础上，坚守了文化唯物主义的范式。

二、文化意识形态理论

20世纪70年代，伯明翰大学当代文化研究中心整体转向结构主义。以安德森为代表的第二代左派批判汤普森和威廉斯的文化研究过于执着于英国经验主义文化传统，霍尔等人还运用"文化主义"一词委婉地批评文化唯物主义只有文化不够"唯物"，他们将文化研究引向阿尔都塞的结构主义意识形态理论和葛兰西的文化领导权理论，从而使"意识形态"成为关键词占据了文化研究的核心位置。也就是说，经过结构主义转型和葛兰西转向，文化与意识形态关系问题成为文化研究关注的焦点，文化马克思主义的理论发展从文化的唯物主义考察走向文化的意识形态分析。这种理论重心的转变在伯明翰学派的文化研究中可以说是全面的转向，在第三章论及文化研究对阿尔都塞的意识形态理论及葛兰西文化领导权思想的接受时，笔者已对霍尔和其他伯明翰学派代表人物的观点做过一些论述。以下特选取伯明翰学派后期代表人物特里·伊格尔顿的文化审美主义意识形态理论和乔治·拉伦的非理性意识形态理论与文化身份分析作为代表加以集中阐述。

（一）伊格尔顿的文化审美意识形态理论

特里·伊格尔顿（Terry Eagleton），是英国文学理论家和文化批评家，西方马克思主义者。他的早期思想深受其老师有关"文化与社会"问题框架的影响，其美学理论与文学批评都明显具有浓厚的文化唯物主义色彩。但随着阿尔都塞的结构主义马克思主义进入英国思想界，伊格尔顿在新的理论视角下与威廉斯分道扬镳，转向意识形态研究领域。1976年，伊格尔顿出版了《批评与意识形态》和《马克思主义与文学批评》两部著作，这两部代表作都以意识形态为核心范畴。80年代以后，伊格尔顿对后现代主义文化展开批判,他既表达了对后现代主义的否定态度,又指出了马克思主义与后现代主义进行批判式对话的可能性。到90年代,伊格尔顿对意识形态的研究更加系统和成熟,他相继出版了《美学意识形态》(1990)、《意识形态导论》(1991)、《意识形态读本》(1994)等著作,面对意识形态终结论和后现代主义的挑战,伊格尔顿在理论上坚守意识形态立场,并提倡继续使用意识形态概念而不是以文化和话语等其他概念作为替代,他对意识形态范畴的高度重视与"意识形态的终结"的论调针锋相对,形成鲜明对照。

伊格尔顿始终坚持马克思的基本立场,通过汲取、综合及深化已有的各种理论内容和观点,构建了独具特色的意识形态理论。他对意识形态概念、内涵与特点的揭示具有广阔的视野,他从社会学和心理学等学科角度揭示了意识形态新的内涵,并将意识形态与文学生产、审美实践关联起来,具体阐释了文学生产意识形态理论和审美意识形态理论。

1. 意识形态概念的归纳与界定

意识形态是一个在定义和应用上都存在激烈争议的概念。伊格尔顿对西方学术著作中通用的意识形态概念进行分类、枚举与归纳,使其得到越来越清晰的聚焦。他总结出意识形态的六种定义,归纳了意识形态的六大基本特征,并对意识形态概念做出基本界定。

伊格尔顿归纳总结出意识形态的六种定义[①],从六个方面揭示了意识形态的内涵:其一,意识形态概念从中性意义上讲接近"文化"概念,指社会生活中价值观念、信仰的普遍物质化过程;其二,意识形态概念的含义类同于世界观,是一种特殊社会集团或阶级的社会关系和生活经验的象征;其三,意识形态是一些主导社会集团利益的合法化过程及群体认同的表现;其四,意识形态是主导性社会权力的活动,旨在强调一些局部利益;其五,意识形态以扭曲和遮蔽方式使统治阶级利益合法化;其六,意识形态作为一种信仰,具有虚假性或欺骗性。伊格尔顿从多个侧面对意识形态内涵进行了理解,他强调意识形态是在生活关系中呈现的,它不是个人或人类经验的随机表现,不能被简单地理解为一种无意识心理和虚假意识,而应被视为一种极其复杂的问题。

伊格尔顿还从总体上将一切意识形态的基本特征归纳总结为:第一,意识形态具有统一性,它使具有差异的群体或阶级取得一致性和认同;第

---

① 参见 Terry Eagleton. *Ideology: An Introduction*. London: Verso, 1991, pp. 28~30.

二，意识形态具有行动取向性和实践性，它是指导一系列行动选择的信念；第三，意识形态具有合理性，它不是某一阶级或集团利益的简单"表达"，而是社会利益的合理化；第四，意识形态具有合法性，它是统治阶级为维护统治权威而赢得被统治阶级认同的一种手段或过程；第五，意识形态具有普遍性，它是统治阶级为实现其合法化的目的而将自身局部利益普遍化和永恒化的过程；第六，意识形态具有自然性，它将历史视为"第二自然"，使历史表现出自发性和不可改变性。

伊格尔顿认为，意识形态是一个具有宽泛历史意义的范畴，应以开放、辩证的方式加以理解，从各种分歧性理解中鉴别出应继承和抛弃的内容，这可能比人为建构某种完整宏大的理论更有意义。基于这种认识，他通过梳理纷繁复杂的理论，将意识形态的基本内涵简化界定为：意识形态是任何利益集团或阶级自我表达的世界观系统，是人们在符号、意义和表征领域展开政治斗争的媒介，是具有主导社会地位的群体通过话语实践将自身利益合法化的工具。伊格尔顿还揭示了意识形态最本质的含义：意识形态常指符号、意义和价值观用以再生产（reproduce）一种支配性社会权力的方式。[1] 他坚持认为，意识形式在积极的政治斗争场所具有极大的影响力，它可以彻底改变那些处于国家对立面的人们进行政治抵抗的政治意识，从而有效实现一种解放思想的意识形态价值。

2. 意识形态阐释的社会学维度与心理学视野

伊格尔顿在《意识形态导论》一书中区分了理解意识形态的两个维度，一是认识论维度，二是社会学维度。他认为从马克思到卢卡奇等都是在认识论维度理解意识形态，将意识形态看成一种虚幻的或虚假的意识。伊格尔顿反对这种观点，他坚持认为意识形态不是虚幻的，意识形态的虚假性有其自身的意图，甚至或许包含着真理的成分。此外，在某种意义上是真实的意识形态话语，其发挥作用的效力可能是虚假的。[2] 伊格尔顿主张从社会学维度理解意识形态，他认为意识形态具有"虚假"和"虚幻"的本质，但这种"虚假"和"虚幻"不仅仅是一个认识论问题，它恰恰是意识形态的实践功能所在，反映了意识形态作为一种权力或政治力量介入的形式。因此，伊格尔顿从功能意义上对意识形态做出界定："'意识形态'大体上是指我们所言所信的事物与我们生活于其中的社会的权力结构

---

[1] Terry Eagleton. *Ideology: An Introduction*. London: Verso, 1991, pp. 5～6.
[2] 参见 Terry Eagleton. *Ideology: An Introduction*, London: Verrso, 1997, pp. 16～17.

和权力关系相联系的方式。"①

伊格尔顿从理性主义立场将意识形态看作有意识的信仰系统不同,他从精神分析学视野阐释意识形态,从弗洛伊德主张的无意识角度强调意识形态中常被忽略或压抑的情感、潜意识、神话或象征的层面,认为意识形态和无意识的作用机制具有可比性,意识形态和梦之间也具有相似性,"如果梦让无意识的动机披上象征的伪装,那么意识形态的文本也是如此"②。他认为弗洛伊德的精神分析和马克思的意识形态批判具有相通之处,其结合点在意义与权力的相交。伊格尔顿认为主导意识形态与神经症一样都具有既揭露又掩盖矛盾的性质,意识形态与心理障碍一样都是以一种想象性的方式解决真实矛盾的策略。行为的精神病模式是一种试图解决心理问题的方式,"意识形态也是同样,它们不仅仅是社会矛盾的惰性的副产品,而是抑制、管理和想象性地解决它们的资源丰富的策略"③。伊格尔顿认为,弗洛伊德的无意识理论与马克思的意识形态范畴所体现的基本思想存在共性,精神分析学能够为探索意识形态的生成机制和表达机制提供有效的阐释形式,而马克思在《德意志意识形态》与《资本论》中使用的意识形态范畴,反映了阶级社会尤其是资本主义社会的内在结构与资产阶级的话语方式。伊格尔顿通过融合弗洛伊德和马克思,借助精神分析学和符号学,修正了意识形态的传统认识,使意识形态日常生活化,具有了符号学意义。意识形态不能简单等同于统治阶级意识,它既存在于政治领域即意识形态的国家机器中,又以符号形式表现在日常生活世界中。伊格尔顿走出了对意识形态概念认识论维度的单一阐释框架,打破了对意识形态虚假性的平面化认识。

3. 文学生产意识形态与审美意识形态

伊格尔顿在马克思主义历史唯物主义框架内讨论了文学生产规律及审美意识形态问题。他把文学和意识形态连接起来,围绕"生产"阐释了两者之间的关系。他认为,文学作为一种特殊的意识形态属于上层建筑,而文学又是一种生产,属于经济基础范畴。文学生产具有两重含义,文学既是类似经济生产的物质生产实践和社会生产活动,又是生产意识形态的精神生产活动。文学既具有生产性又具有意识形态性,两者相互渗透。文学

---

① Terry Eagleton. *Literary Theory*: *An Introduction* (second edition). Oxford, UK: Blackwell Publishers, 1996, p. 13.
② Terry Eagleton. *Ideology*: *An Introduction*. London: Verso, 1991, p. 134.
③ Terry Eagleton. *Ideology*: *An Introduction*. London: Verso, 1991, p. 135.

生产方式是文学生产力与其所产生的社会关系的统一，它通过再生产社会意识形态而形成文学生产的意识形态。因此，文学绝不仅仅是表现意识形态，其本质上是生产与再生产意识形态，而这也正是文学之价值所在。在《批评与意识形态——马克思主义文艺理论研究》一书中，伊格尔顿具体分析了文学意识形态生产的六个基本范畴及其相互关系，这六个基本范畴是：一般生产方式、文学生产方式、一般意识形态、作者意识形态、审美意识形态、文本。它们之间的相互关系表现为：文学生产方式受到一般生产方式的制约和一般意识形态的限制，审美意识形态产生于文学的生产过程并反映作者的意识形态，文学的复杂意识形态内涵在文学文本中，需要通过细致的文本分析才能得以揭示。文学批评的任务就是具体解析文学生产的各个要素及其相互复杂关系。

伊格尔顿将文化研究推进到分析具体的文化生产实践和文本意识形态，深入研究了审美意识形态理论。他认为审美与意识形态既互相联系又保持各自独立，一方面，美学关涉政治权利，它可以作为社会统治力量的介质进入人们的感性认识层面；另一方面，美学具有政治解放的能量，通过审美能唤醒陷入异化中的人。因此，对政治意识形态中的审美现象与活动开展美学意义的辩证分析，具有重要的方法论意义。审美意识形态就是通过审美向资本主义作意识形态斗争的方法，它能够在更深层面上透视审美语言中隐藏的价值秉性，掌握意识形态产生作用的隐蔽形式。

伊格尔顿发掘了审美的意识形态功能，进而把审美和政治领导权联系在一起。他汲取了葛兰西的领导权理论，认为审美作为一种不可忽略的力量，在晚期资本主义社会领域，通过与经济、政治本质上完全不同的审美实践，为维护资本主义社会秩序的和谐发挥着意识形态的作用。伊格尔顿阐发了审美与政治领导权的关系，认为美学能够把权力与法则这些外在的、强制性的东西内化在主体中。领导权确立的过程，正是政权和审美相结合和相配合的过程，在这一过程中，压抑的力量得以自然化，意识形态得以审美化，人们的责任感和道德感潜移默化地转变成日常习惯，内心欲求转变为对权利的追求或对法则的遵从，人的主体性也在审美中得到提升。在审美活动中，权力与情感关联起来，同构造就出新的主体力量，审美发挥内化功能使社会的统治更深层次地进入人们的心灵，并感化、同化人们的认知。正是在这种意义上，审美成为政治无意识的代名词[①]，它以

[①] 参见 Terry Eagleton. *The Ideology of the Aesthetic*, Oxford: Blackwell Publishers Ltd., 1990, p. 37.

一种特殊的方式把社会和谐印记在人们的情感和认识里。

伊格尔顿还通过把审美、意识形态与身体联系起来，阐述了身体的重要性及其与意识形态之间的关系，从而为审美活动寻找到了在现实中产生作用的基础，开辟了以美学解析主流意识形态控制并批判资本主义的新领域。在《审美意识形态》中，伊格尔顿全新解析了"身体"这一范畴的内涵，认为身体不仅是肉身之躯，它极富生机活力和创造性，它在改造周围物体的同时还能改造自身。他赋予身体特殊地位和极为重要的意义，认为身体是一个与主体性紧密相连的概念，通常与生命、感觉、情感、欲念等内容相关，它也意味着个体性和差别性，身体的损毁与复活意味着主体性的泯灭和振兴。伊格尔顿认识到身体的政治意义，身体兼具有审美性和意识形态性，对身体重要性程度的重新挖掘具有必要性。身体是审美意识形态产生作用的物质性基础与媒介，审美活动总是离不开肉体这个媒介。近代和现代的美学家们正是通过肉体建立了新的美学话语和理论，如马克思的劳动的身体、尼采的权利的身体、弗洛伊德的欲望的身体等。伊格尔顿将美学作为一种感性学问理解，他肯定了身体对于审美研究的意义，他说："审美是朴素唯物主义的首次激动——这种激动是肉体对理论专制的长期而无言的反叛的结果。"[1] 美学研究应把身体话语作为基础，把身体感受作为起点。伊格尔顿也在马克思那里找到身体政治的根据，认为马克思早在《1844年经济学哲学手稿》中已揭示了资本主义生产控制身体的秘密，在资本主义私有制中，感性身体作为生产力的源泉，被资本和权利掌控，导致劳动异化，资本主义社会意识形态的特点就是通过控制身体，将劳动主体改造成了资产阶级专制的对象。所以，伊格尔顿主张将身体政治和身体革命作为一种审美意识形态战略，用以解析资本主义意识形态的秘密。

"文化"（文学或审美）是伊格尔顿开展意识形态研究的关键词，伊格尔顿的意识形态理论可以说就是一种文化意识形态理论，他遵循英国唯物主义的传统研究文化，较多关注了社会物质生活、文化生产与审美体验等维度及其相互关系。他对"文化唯物主义"这一概念进行了反思，认为"文化唯物论"从词源学上讲类似于一种同义反复，"文化"本身归属于"物质"，它"最先表示一种完全物质的过程，然后才能比喻性地反过来

---

[1] 〔英〕特瑞·伊格尔顿：《美学意识形态》，王杰译，广西师范大学出版社1997年版，第1页。

用于精神生活"①。他也在马克思主义基础与上层建筑的概念框架中考察文化概念,但他看到的是文化同一于基础与上层建筑的关系结构,也就是说它既属于基础又属于上层建筑,这是他对威廉斯思想的继续。伊格尔顿出于对决定论和精神自主性的双重拒绝,认为文化跨出了物质和精神的边界,超越了纯粹精神的领域或传统上层建筑的领域。伊格尔顿将文化解读为一个文化主义的"泛文化"概念,是一种在我们每个人身上都起作用的普遍的主体性。文化与社会既非完全分离又非完全同一,它不仅是一种"霸权"机制,也是"一种内在的批评或者解构",它"既是批评的力量,又是真实的社会力量"②,人类事务中的一切都被伊格尔顿看成文化问题。伊格尔顿所持有的大文化观使他既能够超越传统马克思主义的文化观,又能超越传统意识形态观念,将文学、审美、身体、权力等与意识形态联结起来,构成一种文化意识形态理论和分析方式,既立足于文化研究和文学批判,又不放弃意识形态这一核心概念,从而发掘出文化的和审美的意识形态功能,在文化和审美领域最终实现了一种政治介入。

(二)乔治·拉伦的意识形态理论及对文化身份的分析

乔治·拉伦是伯明翰学派后期的主要代表人物,主要研究社会学。1991年,伯明翰大学的文化研究系与社会学系合并为文化与社会学系,1992年,乔治·拉伦任系主任,他继承了伯明翰学派鲜明的批判立场,对意识形态进行了批判性考察。早期基于意识形态观念及意识形态理论发展史的研究,他提出了非理性意识形态理论,发展了马克思主义意识形态理论。后期他试图超越民族国家的局限,以全球化的批判视角看待各种文化现象,结合第三世界的现实和存在问题,探讨了文化身份的意识形态问题。他撰写了几部极具影响力的关于意识形态的专著③,以表达自己对意识形态的理解。

1. 意识形态的批判性考察

拉伦通过历史考察,认为"意识形态仅仅存在于对抗性的社会"④,

---

① 〔英〕特瑞·伊格尔顿:《文化的观念》,方杰译,南京大学出版社2006年版,第1页。
② 〔英〕特瑞·伊格尔顿:《文化的观念》,方杰译,南京大学出版社2006年版,第4~7页。
③ 乔治·拉伦的主要代表作有:《意识形态的概念》《马克思主义与意识形态》《重构历史唯物主义》和《意识形态与文化身份:现代性与第三世界的在场》等。
④ Jorge Larrain. *The Concept of Ideology*, London: Hutchinson of London, 1979, p. 50.

意识形态产生于早期资产阶级对封建主义和传统贵族社会的反抗。他将意识形态区分为科学的意识形态和批判的意识形态，科学的意识形态是对理性特别是工具理性的崇拜，批判的意识形态是对形而上学、宗教和神话的反对和批判，两者密不可分，它们不是两种意识形态，而是同一问题的两个不同方面。科学意识形态崇拜理性，就必然会批判形而上学、宗教等，这样，科学的意识形态便具有了批判性，发展出批判的意识形态。批判的意识形态主要批判的是工具理性崇拜，一方面工具理性帮助人类征服和控制外在世界，是促进人类社会进步的有效工具，另一方面工具理性也因导致人的活动意义的丧失而成为意识形态批判的对象。显然，拉伦将意识形态主要理解为启蒙运动以来反对神学、崇拜理性的资产阶级文化，其观点与法兰克福派具有一致性，所谓批评的意识形态也就是对发达资本主义社会的文化批判。

拉伦考察了意识形态理论发展过程，认为探讨批判的意识形态无法绕开马克思，马克思的意识形态理论是首要的也是最重要的批判模式，① 它对包括法兰克福学派在内的其他意识形态理论的发展都具有深远影响。但他同时认识到，马克思的意识形态内涵具有含混性。他批评指出，意识形态更适合理解为是一种自发的或精心设计的解决矛盾的话语，而不能将之理解为一种纯粹虚幻、欺骗的结果。但由于社会矛盾的复杂性使得矛盾根源极难探究得到，意识形态反而成为对阶级矛盾和冲突的一种掩盖和隐藏。因此，我们不能够一概而论地认为：服务于统治阶级利益的思想都属于意识形态。拉伦从现代性意义上理解马克思的意识形态范畴，既肯定了它对资本主义社会各种矛盾的全面揭示和对无产阶级革命及全人类解放的方向指引，也批评指出马克思的意识形态理论只是民族国家内部进行分析批判的工具，它关注的仅仅是阶级压迫和阶级统治的国家意识形态，没有涉及国家范畴以外的问题。② 拉伦想要说明的是，对于当代社会突出的文化现象，比如性别、民族和种族的统治与压迫问题，马克思显然忽视了这些领域存在的权力统治。此前，汤普森在葛兰西文化领导权思想的影响下，就曾提出过文化是意识形态斗争的场所这种观点，意识形态服务于权力的统治，权力总是处在不对等的关系中。正是沿此思路，拉伦把性别、民族和种族的统治问题都纳入意识形态领域，而这种思路也是霍尔后期思

---

① 参见〔英〕乔治·拉伦《意识形态与文化身份：现代性和第三世界在场》，戴从容译，上海教育出版社2005年版，第14页。

② 参见〔英〕乔治·拉伦《意识形态与文化身份：现代性和第三世界在场》，戴从容译，上海教育出版社2005年版，第7页。

想的主张,代表了伯明翰学派文化马克思主义发展的一种走向。

2. 非理性主义意识形态理论

拉伦在批判理性主义及关注性别、民族和种族问题的过程中首次提出了非理性主义意识形态理论。他认为,非理性主义对于延续资本主义发展也具有作用,在当代资本主义社会,性别、民族和种族及其内部矛盾成为突出的文化问题,它们直接影响着资本主义的发展,也应纳入意识形态的考量中。非理性主义的出现与特定的社会危机相关,它是对现代性及工具理性的反叛,它反对各种普遍主义理论,认为后现代的到来导致意识形态终结,非理性主义的这种理论立场从本质上看无疑也是一种意识形态。其理由有三点。

第一,非理性主义将现代性与理性联系等同起来并加以批判。它从资本主义的危机中认识到理性的失败和现代性的终结,认为理性主义掩盖了资本主义发展的内在矛盾,切断了解决资本主义危机的可能性。非理性主义试图摆脱这种现代性意识形态,但实质上又陷入一种新的意识形态。

第二,非理性主义抵制同一性和普遍性。它强调差异性,但在凸现他者差异性时片面突显了他者,他者可能存在的同一性也被怀疑和掩盖,这实质上也是一种意识形态的运作。

其三,非理性主义对自身的合法性问题从未加以反省和证明。它针对现代性出现的危机,质疑真理,否定理性,但并不能由此推导出自身的合法性,也从未对自身的合理性做出过确切论证。拉伦认为,非理性主义是把意识形态遮遮掩掩的东西重新从后门引进。

拉伦将非理性主义指认为一种意识形态,这是同理性主义一样需要得到检审的意识形态。

3. 文化身份的意识形态分析

拉伦基于自己的意识形态观,以拉丁美洲的文化身份为参照,深入研究和探讨了文化身份的意识形态问题。他认为,意识形态的批判对象主要是西欧,因为西方是启蒙的发源地,启蒙运动以后理性主宰西方社会,以理性为依托的欧洲文化随着经济的快速发展在全球性扩张。随着欧洲世界统治地位的确立,欧洲、西方成为现代文明的代名词,欧洲也代表着某种文化身份。以欧洲现代文明为参照,欧洲之外的文化是非理性和落后的,是处于边缘地位的他者。欧洲的文化身份意味着它有帮助不发达国家和教化落后地区人们走向文明的责任,这种思想从积极意义上讲无疑是合理的，但从消极意义来看可能带有意识形态的欺骗性，欧洲对不发达国家和民族的帮助势必伴随权力的统治与压迫，导致出现意识形态领域的问题。拉伦从马克思那里也找到证据，马克思曾指出英国对印度的殖民统治既具有积极性也具有消极性，它一方面破坏性地摧毁旧的生产模式，一方面通过引进资本主义推动了社会发展和进步。马克思认为殖民主义是欧洲对外扩张的一项重要政策，不发达国家和民族被殖民化是不可避免的，欧洲有责任帮助不发达国家和地区走向文明。但是，由于历史的局限性，对于资本扩张和殖民主义过程中产生的不对等的文化身份问题，马克思并未提出明确的解决措施和办法。

拉伦认为，欧洲以自我为中心建立了具有普适意义的理性文化身份观。他们把欧洲之外的文化看作低俗的、不开明的代名词，认为是远离中心的边缘地带和他者，这种典型的文化霸权试图将欧洲理性价值观强加给不发达国家和地区。拉伦认为，他者在场是文化身份形成的必然条件，文化自我认同和自我界定需要以"他者"特性、价值、生活方式作为参照和区分。① 当欧洲自称为理性、科学的代表时，其他国家和民族便被指认为非理性和落后的。文化身份以他者在场而确立，而文化身份问题的产生往往以动荡时代和文化冲突为前提，因殖民、侵略等不对等的文化交往导致了欧洲文化身份的形成。当既定的生活方式受到威胁，持续性的自我认同被迫中断，文化身份问题就会随之出现。②

拉伦表明，文化身份概念可以从两方面界定：一是本质论意义上的已经完成了的文化身份事实；二是建构论意义上的处于形成过程中的文化身份构造物。拉伦认为本质论的文化身份具有内在一致性，是既定的和静止不变的，"它可以是种族的或地理的背景，流行的宗教狂热，也可以是地区的或民族的语言等"③。本质论的文化身份往往是一种意识形态的运作，它遮蔽了文化身份的内在矛盾，阻碍了文化身份发展的可能性。拉伦主张历史地把握文化身份，把文化身份看成是一个不断生成和塑造的动态发展过程，要尊重发展过程中每一种文化身份的差异性，如果用普遍共同价值观掩盖文化差异就会导致意识形态问题。但拉伦又强调，被压迫阶层抵抗

---

① 参见〔英〕乔治·拉伦《意识形态与文化身份：现代性和第三世界在场》，戴从容译，上海教育出版社2005年版，第194页。
② 参见〔英〕乔治·拉伦《意识形态与文化身份：现代性和第三世界在场》，戴从容译，上海教育出版社2005年版，第215页。
③ 〔英〕乔治·拉伦：《意识形态与文化身份：现代性和第三世界在场》，戴从容译，上海教育出版社2005年版，第220页。

主流文化身份观，是在揭露而非掩盖文化身份的内在矛盾，他们自身对文化身份的不同理解并不具有意识形态性。

拉伦对文化身份的意识形态分析，既继承了马克思意识形态的虚幻性和扭曲性的观点，但又突破了马克思意识形态分析的阶级性局限。他批判了马克思历史观的欧洲中心论，以一种新的历史观和理论视野扩展了马克思的意识形态理论内涵，从历史主义的角度分析不同的文化和文明之间的冲突，将当代资本主义社会中出现的性别、种族和文化上的冲突和矛盾也纳入其中，揭露了各种意识形态掩盖现代资本主义社会矛盾的可能性。

三、多元文化政治理论

文化政治（Cultural Politics）是20世纪60年代以来广泛渗透在人文社科研究中的一个关键词，文化政治也成为文化研究的核心。但文化政治这一概念的内涵在理论界并未给予清晰厘定，必须在具体的历史背景和理论话语中予以探究。一般认为，文化政治起源于西方马克思主义的文化转向，卢卡奇对历史与阶级意识的研究、葛兰西对文化霸权的阐述开启了文化政治化的研究方向。文化被视为政治斗争的重要场所，它具有自身的自主性和政治性，不再被看作经济基础的从属物和对现实社会关系的被动反映。丹尼斯·德沃金说："20世纪60年代，文化研究将新左派文化政治学转变成了在政治上运用的学术研究计划。"[①] 英国新左派文化研究者提倡一种总体性的激进政治理论，在文化研究中明确将文化维度与政治维度同等看待。1968年的学生运动失败后，马克思主义政治观面临危机，随着后现代主义的盛行，文化政治随之发生"后现代转向"，福柯突显出来成为影响政治理论的重要人物。有别于马克思阶级统治的政治，福柯提出了非阶级政治的权力说。他认为，权力存在社会生活的方方面面，在社会制度、理论话语、文化身份等各种社会空间和社会关系中，权力以微观的、网状的方式处处存在。霍尔认为，当权力无所不在时，文化必然陷入权力关系之中，从而使表意实践的领域成为权力争夺的战场，于是，一种表征政治学或者说文化政治必将产生。在后现代语境中，文化政治被理解为各种以阶级、性别、种

[①] 〔美〕丹尼斯·德沃金：《文化马克思主义在战后英国——历史学、新左派和文化研究的起源》，李凤丹译，人民出版社2008年版，第82页。

族及年龄等因素为基础而形成的群体性社会抗争。文化政治从阶级政治转向非阶级政治，从宏观政治转向微观政治，已明显走向后现代政治，呈现出把个人全部生活和社会领域的问题政治化的趋向。对于这种显著变化，凯尔纳和贝斯特使用了"现代政治"与"后现代政治"两个术语来加以区分，认为"现代政治"侧重从宏观层面关注统治制度和社会公共领域，追求自由、平等、正义等普遍性的社会价值理念；而"后现代政治"则从微观层面关注文化、个人身份和日常生活。①

20世纪80年代以后，文化研究受到后现代主义影响，转向对多元文化和微观政治的研究。这种转向其实从霍尔后期已经开始，而在理查德·约翰逊接替霍尔建立社会与文化研究系后，对文化政治的聚焦更为显见。伯明翰文化研究中心第三任主任理查德·约翰逊重新定义了文化研究，将文化研究导向多元文化政治的方向，提出了一种对文化生产、消费整体过程进行多维分析的理论模型——文化生产循环理论，并将文化政治理念贯穿于多维分析中。到20世纪90年代，托尼·本尼特作为英国文化研究后期重要代表在福柯思想的影响下推进了文化研究的政治实践，通过文化政策研究和博物馆研究深入阐释了文化治理术，使文化研究重返马克思主义政治经济学轨道。

（一）理查德·约翰逊的多元文化政治指向与理论模型

1. 文化研究的多元化政治指向

理查德·约翰逊是伯明翰研究中心第三任主任，他曾在伯明翰大学历史系任教，与英国新左派及马克思主义历史学家爱德华·汤普森的妻子多萝西·汤普森在同一个系工作并深受汤普森夫妇的影响。1974年，他到伯明翰当代文化研究中心工作，对阿尔都塞产生浓厚兴趣。他细察了汤普森和阿尔都塞分别代表的两种传统并同时质疑了他们的思想结构，批判性地考察了英国马克思主义和社会主义编史学，主张将生产方式分析恢复到马克思主义历史学分析中的合法位置。他受阿尔都塞回归马克思原始文本观念的影响，认为有必要形成自己对马克思方法的理解。约翰逊同其他伯明翰学人一样，试图克服结构主义、文化主义的二分法，他认为尽管文化主义是在反对经济主义过程中被确立的，但与经济主义一样也是还原主

---

① 〔美〕斯蒂芬·贝斯特等：《后现代转向》，陈刚等译，南京大学出版社2002年版，第362页。

义,他批判文化主义强调"活生生的"经验而回避了抽象,认为文化主义虽然对英国马克思主义发展具有贡献,但却是非充分且过时的马克思主义,这无疑显露出一种结构主义马克思主义的腔调。

1979年,在霍尔离开伯明翰当代文化研究中心后,理查德·约翰逊接替其主任位置,并连任至1988年文化研究中心改为文化研究与社会学系。在他主持工作的近10年时间,后现代主义盛行,英国文化研究进入一个新的历史时期,其理论更加开放化,研究方法也更加多样化。在这种时代局势下,约翰逊对文化研究进行了重新定向,在一篇重要论文《究竟什么是文化研究》(1983)中,他基于对后结构主义方法的兴趣,从二元对立的思维模式中走出来,强调文化的复杂性和多维性,认为文化研究必须在多学科方法的指导下走向多元化,从而使文化研究的主题更加广泛、视野更加宽阔。理查德·约翰逊通过对文化研究的前提性考察揭示了其内在规定性,他指出:第一,文化研究不能忽视与之密切相关的各种社会关系,尤其是阶级结构与关系、性与性别关系、种族民族关系、以年龄为特征的代际关系等,要研究各种社会关系的构建及其影响因素;第二,文化研究要重视权力问题,以帮助个体和社会团体实现各自的发展需要,促进各方面力量的非对称与协调发展;第三,文化研究要尊重差异,文化领域既不是自治的也不是被外在决定的,其间充满社会差异和斗争。① 约翰逊认为文化研究不是单纯地研究文化,而是着力于文化与社会、阶级、种族、性别等方面的权力关系。文化研究以特定社会现实中的阶级、种族、性别、身份、权力等问题为研究对象,它密切关注政治与权力关系在新的历史时期的新变化。约翰逊视文化研究为"一个过程"和"生产有用知识的一种炼金术",他强调文化研究不仅仅是一种知识实践,而且是一种文化政治学。正是基于这种对文化研究的重新认识,在20世纪80年代,他将文化研究与后现代主义问题关联起来,广泛吸收了后结构主义、女性主义、后殖民主义等学术思潮,把一贯以来的政治批判旨趣延伸到对阶级、性别、种族、传媒、生产与消费等文化现象背后的权力和意义的揭示和分析。文化研究的主旨从过去停留在意识形态分析层面,继而走向新的政治批判,通过批判各种统治和压迫的文化形式,来唤起民众的反抗意识和政治参与。正是在后现代主义文化发展的时代背景下,约翰逊将伯明翰文化研究导向了一种主题多样化的方向,这实际上也是承续了霍尔开辟的

---

① 参见〔英〕理查德·约翰逊《究竟什么是文化研究》,载罗钢等主编《文化研究读本》,中国社会科学出版社2000年版,第5页。

多元文化研究的思路。但他们在认识多元化文化的同时，又时刻不忘回归到马克思主义的政治性意图和政治经济学的生产框架。

由于文化研究与后现代主义的结合带来主题的多样化与文化研究对象的无限扩大，马克思主义理论作为总体化方法便成为文化研究的迫切要求。保罗·史密斯就此指出文化研究的问题并没有共识性界定，只存在机会主义的概括方法，文化研究仅仅是一个在论题方面有条理的研究领域，选择特定的论题比选择方法更为重要。① 他特别指出，要解决这一问题，文化研究与马克思主义结合就成为必要。尽管马克思主义的简化论和经济决定论是文化研究经常批评的，但若回避文化生活中的决定关系，忽视文化主题和文化要素与生产方式之间的必然联系，就会导致文化研究主题的分散性及各种文化要素的彼此分离问题，也容易导致将文化现象或事件作为"文本"处理，忽略它们产生的场所和条件，继而陷入一种文本主义分析方法的倾向，从而影响文化研究的效力。因此，文化研究必须与马克思主义建立联系，必须创造一种新的文化研究范式，将文化研究与马克思主义政治经济学结合起来，在各种生产层面分析各种决定性关系和决定性过程。

理查德·约翰逊在后现代主义文化发展的语境中，不仅循着霍尔的足迹引导、强化文化研究走向多样化方向，而且将文化研究与马克思主义关联起来，创建了一种多维度分析文化生产全过程的文化生产循环（circuit of culture）理论。

2. 文化政治分析的理论模型：文化生产循环理论

约翰逊强调文化研究的多元性和开放性，是希望将文化研究作为一个动态的过程加以考察。为此，他仿照霍尔"编码—解码"理论的思路和模式，创建了一种注重多维度开展文化政治经济分析的理论：文化生产循环理论。

霍尔的《编码，解码》一文被誉为媒体文化研究的纲领性文献，这篇文章最初作为当代文化研究中心的油印文稿刊发，后收录入他所主编的《文化、媒体和语言》（1980）一书中。霍尔写作此文是以马克思的《1857—1858年经济学手稿》为模型，他带着一种结构主义马克思主义思想倾向，遵循文化生产过程的规律，从政治经济学的角度动态分析了媒体

---

① 参见〔英〕保罗·史密斯《文化研究的回顾与前瞻》，载陶东风主编《文化研究精粹读本》，中国人民大学出版社2006年版，第4～5页。

运作的过程。他将政治经济学模型具体化，运用于研究媒体文化，考察了媒体从生产—分配—消费—生产的这一连续循环的各个环节，详细解析了媒体信息生产、流通以及受众接受、解码信息，再创造媒体文化新意义的全部过程。霍尔的"编码—解码"理论模型是对接合理论的实际应用，他在其中特别强调了生产者编码与消费者解码之间的对应关系的任意性与非必然性，注重受众对媒体信息的解读会产生多种多样的意义。霍尔赋予受众以主体地位和创造意义的权力，并且通过强调生产视角弥补了文化研究的纯粹文本分析方法的各种局限。

在霍尔媒体文化"编码—解码"理论的基础上，约翰逊创造了更具普遍意义的文化生产循环理论，他阐述了文化生产循环论理论的基本内涵和意图①：

第一，主体性或意识的生产与再生产是文化研究原则上应关注的主要问题。霍尔重新解释了马克思的"意识"概念，认为马克思所谓的"意识"不只是"对社会和自然界的认识"，还包括自我意识、能动精神和道德生产。而文化研究的文化主义范式和结构主义范式都未能充分重视人类文化实践活动的自主性，未能正确把握主体性及其形式。约翰逊认为一切社会实践都可以从文化的角度并在生产中加以审视，这种文化生产实践观也是对威廉斯主张的承袭。

第二，约翰逊在文化实践活动的基础上提出了"文化循环"概念。他将主观的文化循环与客观的资本循环相类比，认为资本主义商品生产具有相对自主性，商品消费已经成为消费者自身的实践活动，与此类同，文化活动也是一种在日常生活和社会实践中展开的文化生产循环运动，其循环过程由文化的生产、文本化、接受和占有四个环节构成。

第三，约翰逊认为社会权力关系在文化生产循环运动的每一个阶段都是文化分析和批判的重点，政治分析作为文化研究的传统必须坚持和继承。

最后，约翰逊始终坚持以多元论立场替代决定论和还原论，重视文化生产循环的每个阶段或每个环节，认为它们都具有独特的视角和方法，对于整体循环运动过程具有动力作用，强化了不同类型和不同程度的政治介入。

3. 文化生产循环理论解析

约翰逊绘制了文化生产循环图，更加直观地展现了文化生产循环的生

---

① 参见 Richard Johnson. "What Is Cultural Studies Anyway?", *Social Tent*, 1986, pp. 38～80.

产、文本、读者、生活文化四个环节或阶段。他认为，每一个环节都是观察文化现实的视角和方法，使得文化探析具有多维度视角和多样化方法，从而达到了对文化的总体性把握。

（1）生产环节。这是文化生产循环的第一个环节，是从生产视角、从经济和社会条件去认识和理解文化。生产环节表明各种不同形式的文化生产受到社会和经济条件的限制。约翰逊强调生产条件旨在揭露和批判文化商品化，这与早期法兰克福学派批判文化商品拜物教具有一致性。但他反对过分强调物质生产环节，以免使文化生产陷入经济决定论，而忽略了文化产品接受过程中所产生的意义。

（2）文本环节。这是对文化产品进行分析的环节。文本研究方法是以结构主义为理论依托，被文学分析典型运用，在人文科学、艺术领域广泛应用的方法。约翰逊认为，文本是文化研究的对象，文本分析的目的在于考察文本所实现的主体形式或文化形式，从而在诸多文本资料中获得广泛的文化关联。因此，文化研究的最终对象并不是文本，而是文本表现的社会生活。

（3）读者环节。这是文化研究应特别重视的一个重要环节。约翰逊认为，文本意义的解读关涉读者，读者不仅是文本的接受者，而且是文本生产的主体。读者不是一个抽象的主体，而是特定社会、历史和文化构成的具体读者，他们既是"文本中的读者"（readers in texts），也是"社会中的读者"（readers in society）。读者研究的重要意义在于将文本与读者的主体性联系起来。

（4）生活文化环节。这是文化生产循环的最后一个环节。约翰逊建构了一个核心理论术语"生活文化"（lived cultures），这也是其理论的独特贡献。"生活文化"的字面意义是指生活经验，又有别于"经验"概念。"经验"作为一个理论化术语或一种理论架构性概念，它强调离开"中介"，将主观与客观统一起来，对生活方式加以理论化，以追求生活经验的本真性。经验主义的文化分析要求经验来自研究者自身经历，因此必然会因"经验"而产生局限性。"生活文化"这一概念也有别于"整体的生活方式"这一表述。"整体的生活方式"运用民族志方法，主要从同质性方面表现他者文化，无法深入他者文化而理解其文化代码。"生活文化"是在读者阅读文本的过程中因确定文本意义而形成，不同主体因共享各种文化文本而成为各种生活文化群，从而形成生活文化。约翰逊强调私人与群体阅读共享文本时所发生的交互作用关系，认为由此可认清各种亚文化群体的社会地位和需要。

约翰逊对文化生产循环的各个环节及其内在联系进行"模式化"分析，将它们整合统一起来，为文化研究提供了一种多层面和多维度的分析批判方法与思路。文化生产循环理论将结构主义、后现代主义、马克思主义等多种理论和方法论统一整合起来，对文化生产、文本、读者、生活文化各层面和各环节开展深入分析，这种分析注重结构与过程、要素与整体、差异与多元、静态与动态、文本与主体、生产与生活等诸方面的复杂关系，并将权力、政治关系置于核心。约翰逊曾断言他的理论会成为未来文化研究的取向，但20世纪80年代中期以后文化研究的"后现代转向"尽管坚持了主题的多元化，但并没有坚持约翰逊所强调的多维性，文化分析越来越多地聚焦于受众的消费和接受，而忽略了文本的生产和销售环节。直到20世纪90年代末期道格拉斯·凯尔纳的文化研究才回归到约翰逊的观点，凯尔纳主张文化研究要向多视角发展，文化分析至少应从三个基本维度进行：文化的政治经济学与文化生产；文本分析与批判；受众接受与文化产品的消费。凯尔纳比约翰逊更加强调批判理论的作用，认为文化研究应为实现政治变革而斗争，它不应成为一种学术热潮，而应为争取更美好的社会和生活而斗争。凯尔纳的文化马克思主义其实也是英国伯明翰学派文化马克思主义世界流散的成果之一，显然应纳入更广泛的文化马克思主义话语系统予以研究。

（二）托尼·本尼特的后马克思主义文化政治理论

托尼·本尼特（Tony Bennett）是英国继威廉斯、霍尔之后文化研究学界的重要领军人物。20世纪90年代以来，托尼·本尼特活跃在当代文化研究的理论与实践应用领域，形成了具有影响力的理论范式，从而与20世纪50年代的雷蒙德·威廉斯、70年代的特里·伊格尔顿等共同构成了20世纪英国文化马克思主义的学术谱系。托尼·本尼特的文化研究主要借鉴了福柯的"治理"观念以及葛兰西的"文化霸权"思想，通过文化政策和博物馆研究拓展了文化治理理论与实践的新空间。

1. 托尼·本尼特的学术经历

本尼特于1947年12月2日生于英国曼彻斯特市，他具有多学科教育背景，在牛津大学获政治学、哲学和经济学学士学位，在苏塞克斯大学（University of Sussex）学习文学社会学专业，获得文学硕士学位、社会学博士学位。在攻读硕士学位时，他便对卢卡奇的著作产生兴趣，并将卢卡奇的"文学现实主义"及"阶级意识"作为其博士论文的研究内容。早在20世纪60年代,他同时受到了阿多诺、本雅明、葛兰西和卢卡奇等的西方马克思主义经典著作及马克思早年著作《1844年经济学哲学手稿》的影响。他对马克思主义的认识是:马克思主义在当代仍然是我们分析阶级和资本主义动态等问题的重要理论源泉,但马克思主义已不能处理种族、民族、性别、宗教等众多当代社会和文化的问题与矛盾。因此,他不再把马克思主义作为一个完整的信仰体系来追求。20世纪70年代,托尼·本尼特已成为英国文化研究不可忽视的代表。1978年他在开放大学开设了"大众文化"(Popular Culture)课程,当代文化研究专家麦克盖根等人高度评价该课程帮助定义了文化研究这个领域。1979年他出版了深受威廉斯影响的成名作《形式主义与马克思主义》,也正是在这一年霍尔加入开放大学,与本尼特一起实现了英国文化研究史上的"葛兰西转向",开放大学也因此被称为文化研究领域内除伯明翰之外的又一重镇。20世纪80年代,本尼特的学术思想受到福柯等人影响转向后马克思主义。1983年本尼特移居澳大利亚,受聘担任澳大利亚格里菲思大学文学院院长、澳洲文化媒体政策研究中心主任,使澳大利亚文化研究具有影响力。1998年他重返英国,接替霍尔任英国开放大学社会学系主任职务,致力于推进福柯思想与英国文化研究的结合,重释文本和社会之间的关系,僭越马克思主义问题框架,将福柯理论运用于文化理论研究和具体的文化现象分析。20世纪90年代来,本尼特引领文化研究转向"文化政策"(cultural policy)分析,他致力于文化政策问题、博物馆问题等研究,成为文化治理理论的重要研究专家。

在英语世界的文化研究领域,本尼特被视为霍尔的接替者,成为伯明翰学派后期发展的重要代表。他是一位独具特色的文化研究者,就学术传统和学术经历而言,他较少受到英国文学学科的影响,不如威廉斯和伊格尔顿那样注重英国文学史经验,也不像其他伯明翰学派成员那样注重"青年亚文化"与"商业文化"研究。他的研究兴趣集中在文化社会学,他注重人类学、社会学方法的应用与实践,强调实证方法和统计分析,主要关注文化和美学问题。本尼特特别关注文化的治理性、文化机构、文化政策、知识分子等问题,既从理论上进行总结和提升,又从文化实践上开展实际工作。因此,同英国文化研究的学院传统相比而言,托尼·本尼特极大地推进了文化研究的社会政治实践。

2. 托尼·本尼特的后马克思主义倾向

本尼特早在第一本学术专著《形式主义与马克思主义》中，就鲜明地标榜了自己研究文学和美学问题的马克思主义立场。但后来，这一立场发生了转向，在1990年的《文学之外》中，他超越了马克思主义的总体性话语讨论框架，认为马克思主义只可能成为诸多可用理论资源之一，必须把马克思主义与其他理论立场的资源放置于同一坐标系，而不是整合到从属于马克思主义的关系中，以此表示尊重理论差异，构建一个非独断的、多元的、激进的文化实践和政治学。他最终超越了马克思主义理论框架而倾向于后马克思主义。

本尼特对后马克思主义有自己的理解。"广而言之，后马克思主义由许多异质性的理论和政治立场构成，尽管这些立场都满怀着社会主义者的一致性抱负，但已经明确突破了马克思主义思想范畴，与此同时，也深受马克思主义传统的影响和恩惠。简单地说，它包含了这样的理论形成：当宣称一条它自身的运行轨迹的时候，依然存留着顺从于马克思主义的牵引力，并且因此而描绘了一条（如果是批判的话）围绕它的紧密的轨道。"[①]后马克思主义与马克思主义之间始终存在一种张力，它在批判并且声称超越马克思主义的同时，又将马克思主义视为持续依赖的理论构架。事实上，所有的后马克思主义都使马克思主义置之死地而后生，在不断被超越的同时又得以"保藏"。本尼特认为后马克思主义作为一项尚未成熟的事业，不得不依赖于马克思主义，不得不利用那些先于自身发展的某些东西。

本尼特还将后马克思主义与修正主义的马克思主义区别开来，认识到其否定和解构马克思主义的实质。20世纪70年代中期以来，马克思主义就被符号学、结构主义、解构主义、女权主义和后现代主义等一系列可供选择的话语替代。修正主义的马克思主义在吸纳这些理论方法的同时，既要回应对正统的马克思主义的众多批评，又要保持马克思主义的主要分析范畴。它采取极力挪用其他理论话语的策略，但又没有达到去转化马克思主义思想整体性的程度，在本质上仍然是立足于马克思主义概念框架从而取消这些理论的分歧。本尼特精辟地指出，后马克思主义非常明确地将自身与马克思主义修正主义形式区别开来，后马克思主义之"后"不仅意味着时间上在马克思主义之后，而且更多地意味着否定和解构马克思主义的

---

① Tony Bennett. *Outside literature*, London & New York：Routledge, 1990, p. 17.

传统观念。拉克劳、墨菲曾直言:"为了按照当代的问题重新阅读马克思主义理论,必须包含着对它的理论核心范畴的解构,这就是我们所说的'后马克思主义'。"① 德里达在《马克思的幽灵》中,也把自己的理论称为"解构的马克思主义"。后马克思主义认为,要使马克思主义的批判传统发挥当代价值,就必须解构马克思主义的传统范畴和术语,使其能够面对当代的诸多社会问题并予以阐释,他们试图通过解构马克思主义的传统理论、观点和方法,从而完成对马克思主义传统的某种拯救。因此,本尼特指出,仅仅用修正主义来描述后马克思主义已不恰当。在后马克思主义的思想中,他们表面所遵从和理解的马克思主义实质上早已悄然改变,后马克思主义最终抛弃了马克思主义的基本精神和核心内容。

本尼特认识到马克思主义阵营内部复杂的关系。在《文学之外》一书中,他把来自马克思主义批评内部的回应分为两种:一种以佩里·安德森为代表,另一种以霍尔为代表。佩里·安德森完全按照惯常的模式来为马克思主义辩护,安德森将马克思主义理解为一种能够解释它自身的起源和变体的自我批评的理论,认为马克思主义能自我解除危机,因为那些危机反而为马克思主义随后的成功铺平了道路。而霍尔认为解决马克思主义传统危机在于通过运用结构主义、福柯的理论以及后马克思主义思潮等对马克思主义展开外在批评从而做出调整、修正,以获得理论上的可信度与政治上的实用性。本尼特由此认识到同一阵营里面马克思主义与后马克思主义关系的复杂性,他广泛汲取传统马克思主义、非马克思主义、后马克思主义等各种理论立场资源,本着尊重差异,将它们与马克思主义置于同一坐标系而非整合到从属于马克思主义的关系中。正是基于这种理论立场,本尼特建构了自己极具批评性和实践意义的文化政治学。

3. 托尼·本尼特的文化政策研究与文化治理理论

20世纪80年代后期,本尼特和诸多文化研究学者一样开始反思过去的研究范式。他认识到葛兰西理论的局限,在《大众文化与社会关系》(*Popular Culture and Social Relations*, 1986)一书的绪论中,他以"大众文化与'葛兰西转向'"为题表明了要在文化分析中运用福柯的微观政治权力理论。本尼特在《文学之外》一书中,深入分析了葛兰西和福柯的文化理论并将它们进行了比较,认为两者的共同点是:都围绕权力开展文化分

---

① 〔英〕拉克劳等:《后马克思主义的理论与实践》,尹树广译,《马克思主义与现实》2003年第2期。

析，都非常关注日常生活细节。但两者深层次的差异在于：葛兰西持有总体化权力观念，而福柯主张微权力观念，关注解决分散的权力问题。本尼特基于自己在澳大利亚的旅居经历，认为葛兰西的霸权理论并不具有普遍性。霸权理论假设斗争在全社会范围存在，斗争必将产生针对被统治者的反霸权组织，但是澳大利亚是一个特例，它不适用霸权理论的这种情形。本尼特认为葛兰西的文化霸权是以自愿认同的方式为前提而实现的，但霸权问题是一个获得文化的和道德的领导权的问题，它将导出由多种多样的社会力量和社会运动联结而成新的文化秩序。葛兰西式文化分析以阶级为核心分析社会生活和政治生活，往往忽视文化制度和机制问题，而相对于葛兰西来说，福柯更强调研究文化物质性机制。本尼特受福柯影响，认为文化研究就是考察文化与权力纷繁复杂的关系，文化与权力的关系是分析文化实践的核心，文化在政治和理论上的种种争论常常植根于各种制度环境之中。为此，他开始关注更具实际意义的文化体制与文化政策问题，认为文化研究和文化政策不是两个分离的领域，而是政府两个部门之间的接合，它们之间具有密切的关系，都涉及文化管理，本尼特进一步将文化看作社会治理的方法和目标。

1990年，本尼特在《文学之外》这一著作中思考了文学研究对于物质性的制度和体制的缺失。1992年，他在《把政策引入文化研究之中》第一次提出文化政策的想法，后来又在《博物馆的诞生》（1995）、《文化与治理性》等论著中围绕福柯的政府治理概念阐释，从文化实践、文化实用主义角度将文化政策和文化治理问题作为文化研究的关键问题。

文化政策研究是托尼·本尼特思考后现代多元主义时代文化研究发展走向的结果。在全球化思潮的影响下，文化研究从现代走向后现代，伯明翰学派发生了很大变化，过去的概念系统被解构，文化研究开始走向多元化，马克思主义关于阶级斗争和政治经济学问题的研究被传媒研究、女性主义、后殖民主义研究取而代之。在经历了20世纪80年代的大众文化研究的繁盛之后，文化研究中的马克思主义色彩也渐趋淡化。麦克盖根批判文化研究走向民粹主义[①]，霍尔称文化研究处于"极端危险的时刻"。文化研究开始重新定位，或致力于文化表征的文本过程理论研究，或从制度和政策方面讨论文化的政治性。到20世纪90年代，新自由主义和福柯治理理论的盛行，针对公共机构和公共事务管理的"政策科学"研究成为热潮。本尼特面对文化研究的多元化发展，选择了从政策和制度性方面开展

---

① 参见〔英〕麦克盖根《文化民粹主义》，桂万先译，南京大学出版社2001年版。

文化研究。

通过对前期文化研究的反思，本尼特指出文化研究始终是在物质性因素范围内既受制度制约又积极生产的实践，他批评了葛兰西的局限性在于"对制度不感兴趣"，批评了文本政治研究严重忽视文化权力机制，过于关注意识和意识形态斗争而忽略权力和文化政策的物质性技术。他明确指出："文化研究以意义和文本取代了现实的政治，事实是，文化机构和文化组织这样的政治性物质部门生产和分配了文化的文本、意义。"① 本尼特认为存在着制度性权力即政府的政策、技术和管理文化机构的权力，文化和权力的关系显著地塑造着现代社会，从这种意义上讲，文化被理解为政府治理更恰当。过去关于文化的定义未能意识到治理的重要意义，文化应被看作是一系列特定历史制度形成的治理关系，其目标"是通过审美智性文化的形式、技术和规则的社会体系实现的"，② 以转变广大民众的思想行为。本尼特认为，文化与知识、塑造主体的技术、人的行为之间是生产关系，文化治理就是利用现代知识、专门技术以及各种文化手段作用于和塑造人类总体。

本尼特从福柯的"政府治理"（governmentality）扩展出文化治理理论。"政府治理"概念内含两层意思：其一是"govern"，即统治、管理、规训、引导；其二是"mentality"，即心态、精神。综合起来理解，"政府治理"就是政府通过国家机器运用一系列技术策略以引导和管理民众的心态与精神。福柯的政府治理理论阐释了政府与人民之间的管理关系，亦即知识与"人"的构造关系，他认为，人是通过"医学""语言""精神学"和"规训的身体"等人的知识的学科化而被构造出来的。本尼特深受福柯观点的影响，也认为文化的理解应在治理的框架下来进行，因为文化不仅仅关涉意义和表征，从物质层面看，它也关涉制度、管理、程序和空间安排等。福柯原用于医学、精神病学、犯罪学、性学等领域内的政府治理性，可用来研究审美艺术和文化等学科与政府之间的关系。本尼特将福柯政府治理的特定内涵拓展到文化治理领域，展开了对博物馆、图书馆和档案馆等文化机构以及文化政策的研究。

本尼特将福柯的"政府治理术"与"自我的技术"两个概念结合在一起，运用到文化政治学的研究中。他特别考察了日常生活中的文化和审

---

① Chris Barker. *The SAGE Dictionary of Cultural Studies*, London: SAGE Publications Ltd., 2004, p.40.

② 〔英〕托尼·本尼特：《本尼特：文化与社会》，王杰等译，广西师范大学出版社2007年版，第163页。

美,分析了现代博物馆、艺术馆等文化艺术机构对现代审美主体塑造的关系。除了福柯运用医学、精神病学、性学等多学科知识说明现代性对主体的建构关系外,伊格尔顿在《审美意识形态》中也系统地阐释了美学知识构建与政治、领导权之间的关系。本尼特在伊格尔顿和福柯的基础上,提出了"审美——塑造主体的技术"的美学治理观点,认为审美、政府治理与个体的自我发展之间是协同关系而非对立关系。本尼特认为,文化具有审美特性和教化作用,个体的审美可作为国家的一种管理方式和文化,"用于教化劝诱民众,使他们一改恶习,谨慎为人处世"①。审美治理术可以运用在国家和个体层面:一方面,国家通过意识形态机器发展出相应的文化机构和文化体制来具体操作对个体行为的规范,引导和塑造个体;另一方面,个体通过审美自我塑造实现生存意义上的自由。因此,审美治理术就是一种现代国家治理术,也是个体以审美方式主动自我塑造的模式。

本尼特关于文化治理主要研究主体审美与国家治理之间的关系。与文化治理相关的概念包括文化、政府、文化政策、文化领导权、意识形态、实践等。文化治理作为审美塑造主体的技术承接了伊格尔顿的"审美意识形态"研究,但本尼特更侧重于审美实践而不是审美认知角度,从而与伊格尔顿的审美意识形态理论明显区别开来。

4. 作为文化治理术的博物馆研究

本尼特对文化政策和文化治理的关注与其在澳大利亚的学术活动经历有关。在后殖民主义的语境下,澳大利亚政府需要运用文化手段协调白人和土著的矛盾,就必须考虑尊重土著的习俗和文化多样性。因而政府特别重视对大众媒体、电影、博物馆、艺术画廊和图书馆等文化资源的管理。安德森将博物馆与政府的治理术紧密相连,认为"博物馆和博物馆化的想象(museumizing imagination)都具有深刻的政治性"②。本尼特将博物馆视为文化治理实践的政治空间,从理论上系统地研究了博物馆的治理术。

本尼特在澳大利亚生活工作期间,受当地文化氛围的影响,他将研究视野转向博物馆——特别是欧洲19世纪以来的现代博物馆、公共图书馆,从文化机制的具体运作对其加以分析。其著作《博物馆的诞生:历史、理论、政治》(*The Birth of the Museum: History, Theory, Politics*, 1995),论

---

① 〔英〕托尼·本尼特:《本尼特:文化与社会》,王杰等译,广西师范大学出版社2007年版,第259页。

② 〔英〕本尼迪克特·安德森:《想象的共同体:民族主义的起源与散布》,吴叡人译,上海人民出版社2005年版,第167页。

述了作为展示阶级、国家、种族和性别等权力关系的文化及其执行权力的文化机构中的政治和政策,此书的目的"是将博物馆、展示会和博览会等机构的实践视为是这些机构的创导者、设计者、指导者和管理者的计划和方案"①。本尼特认为博物馆是体现国家权力和权威的场所,其运作可类同政府面对和处理民众事务。他在福柯讨论框架中广泛吸纳各种理论加以灵活地整合,从而建构了自己的后马克思主义文化政治实践观。

本尼特认为,公共博物馆作为一个文化传播的微观系统,提供了公民省思自我文明化行为的公共空间。博物馆作为公共空间不是以围墙区隔出文雅的资产阶级和粗俗的工人阶级,而是发挥对工人阶级的驯化和改造作用,使他们学会文明生活方式和行为方式。而这种驯化功能又有别于福柯单向度的监狱机构,博物馆作为公共教育机构,激发了公民自主自律式的自我管理、自我塑造行为方式和生活方式的愿望,博物馆的文化活动恰如葛兰西市民社会理论政治上的修辞术。

因此,本尼特将公共博物馆视为文化治理的政治空间,认为公共博物馆有助于向现代民主政体的民众传输属于他们自己的权力。博物馆的空间表征、知识生产与主体塑造三者之间构成一套文化技术的空间政治美学。博物馆、艺术馆、图书馆、音乐厅等组成了民主制度下一系列新的文化与权力关系,它们从内部能动地塑造了公民文化能力。博物馆提供了特定的语境和场景,使新的行为方式内在地成为自我行动的规则。"这些仅仅形成博物馆的空间与视觉之间的关系的组织化的一个方面,它给公众提供了一个自我监视的位置,是它自己本身直接构建和维持公众行为规范。"②博物馆不是被动的接受知识的场域,而是具有政治理性的培养主体和教育公民的文化政治空间。

博物馆通过设置表征空间以实现治理功能。在知识与视像的控制场所所呈现的理想秩序中,博物馆通过参观者的自主自愿参观行为实现其治理目的,它通过公民进入公共博物馆解读博物馆空间里的知识表征从而达到治理效果。公共博物馆里的各种文物、史料和图像,这些实证式的展品看似没有声音,却发挥着隐蔽的意识形态功能。

博物馆是新的自我技术的实践领域。福柯的自我技术强调驾驭自我对制约他人的重要性,但却忽略了民主的生活实践以及自我建构的作用。本尼特认为只有政府的统治技术与"自我技术"之间合作才能达到治理目

---

① Tony Bennett. *The Birth of the Museum*, London and New York: Routledge, 1995. p.11.
② Tony Bennett. *The Birth of the Museum*. London and New York: Routledge, 1995, p.101.

的，正是为了寻求新的自我技术，本尼特开始研究文化治理的实践领域：公共博物馆。本尼特认为，博物馆为群众变得守秩序、有理想提供了机制，它通过展品展览与讲解等一系列的文化活动使特定的文化意义与价值具体化并得到交流和传播，从而实现了对广大民众的审美教育功能。总之，博物馆作为一种意义表征和审美表达的政治空间与政治规划，发挥了文化政治的治理性功能。

  文化唯物主义、文化意识形态、文化政治理论是在文化领域对马克思主义的不同层面的理解和发展。文化唯物主义强调了文化在历史唯物主义中的决定作用；文化意识形态表明了文化（文学、艺术）与意识形态的辩证统一关系；多元文化政治从文化政策、文化治理等方面拓展了马克思主义政治实践的意义。它们共同构成了文化马克思主义的特色内容，赋予传统马克思主义以时代精神和文化意义。

第五章

文化马克思主义的后现代发展
——以詹姆逊为例

文化马克思主义是一种马克思主义文化批评和文化研究范式，除了法兰克福学派和伯明翰学派以外，卢卡奇、葛兰西、布罗齐、本杰明、阿多诺、詹姆逊和伊格尔顿等众多学者都属文化马克思主义传统之列，他们都专注于马克思主义理论研究，分析各种文化形式发展与社会历史发展的关系及其对大众和社会生活的作用与影响。

20世纪70年代以后，随着全球资本主义的发展和文化研究的后现代转向，文化马克思主义开始关注后现代主义，英美文化研究学者从前期关注社会主义革命政治转向大众文化、消费文化、媒体文化研究，将文化生产和文化消费作为研究的重点。文化马克思主义的后现代发展状况在后现代大师詹姆逊的文化研究中得到集中展现。因此，詹姆逊也被道格拉斯·凯尔纳指认为文化马克思主义的重要代表。

弗雷德里克·詹姆逊（Fredric Jameson，又译詹明信、杰姆逊）是美国当代著名学者，马克思主义文化研究者。詹姆逊早期研究文学，著作《马克思主义与形式》（*Marxism and Form*，1971）、《语言的牢笼》（*The Prison-House of Language*，1972）、《政治无意识》（*The Political Unconscious*，1981）被英国文化研究者特里·伊格尔顿称为"马克思主义三部曲"。詹姆逊后期转向文化研究，他以马克思主义立场阐释当代资本主义社会的文化现实，关注后现代主义、大众文化、全球化等文化热点问题，《后现代主义，或晚期资本主义的文化逻辑》是他研究后现代主义的经典著作，《全球化与政治策略》（2000）、《全球化的形象》（2001）、《单一的现代性》（2002）、《辩证法的多维性》（2009）等著作也极具影响力。詹姆逊学术成绩斐然，2008年被授予世界人文社科界的"诺贝尔奖"：霍尔堡国际纪念奖（Holberg International Memorial Prize）。

詹姆逊的学术思想具有世界性影响，中外学界赋予他各种称谓，但综观詹姆逊的学术经历，将其身份定位为一名具有马克思主义立场的文化研究者可能是最恰当的。詹姆逊以马克思主义理论为总体框架和绝对视域，对晚期资本主义社会的后现代文化、全球文化发展的空间结构形态、文化的意识形态与乌托邦性质等做出了总体性辩证分析。

詹姆逊一直以马克思主义者自居，他认为文化研究在一定程度上构成马克思主义的当代形态，因此，他将文化研究当作一项马克思主义事业来完成。一方面，他在马克思主义拱形框架下开展文化研究和文化分析，发展了文化理论；另一方面，他通过文化研究和后现代文化批判发展了马克思主义理论，形成了独具特色的文化马克思主义新话语，引导了后现代社会文化研究的政治实践。

前文在英国文化背景中已论及文化马克思主义的后现代发展，下面将着重通过阐述美国学者詹姆逊的文化研究与马克思主义立场，集中反映文化马克思主义在后现代文化研究时期的发展状况。

一、詹姆逊文化研究的马克思主义倾向[①]

詹姆逊是当代西方世界极具盛名的马克思主义文化批评家，他以海纳百川的姿态包容各种思想流派，并将之置于马克思主义的理论框架中，独创性地构建了后现代主义文化理论。其文化研究弥漫着马克思主义的话语，而生产方式则是其中占有重要地位的语汇，它是詹姆逊文化研究的主符码。

（一）文化研究的主符码：生产方式

马克思在《〈政治经济学批判〉序言》中阐明了生产力与生产关系、经济基础与上层建筑的辩证关系，詹姆逊认为"基础"和"上层建筑"是马克思主义理论中的一对关键性的对立概念，是马克思主义理论的全部综合，对理解马克思主义理论体系至关重要。但一些教条主义者将这一理论理解为简单的一对一的、机械的因果关系，误认为马克思主义只强调了经济的决定作用。他认为无论是在马克思那里还是在恩格斯1880~1890年的部分信件中都表明，经济是"最终的"决定因素，但绝非唯一原因。詹姆逊指出，马克思划分经济基础和上层建筑并不是解决问题而是提出问题，对此不应做封闭的结论，而应以开放的姿态做出理解和回答。

詹姆逊认为马克思主义的基础与上层建筑的辩证关系是一个因果关系问题，结构主义马克思主义者阿尔都塞的多元决定论思想为这一问题的解决提供了新的角度。阿尔都塞对因果关系概念做出了历史性描绘，提出了三种因果关系模式：其一，机械论因果律，如牛顿物理学；其二，表现性因果律，如黑格尔式因果关系；其三，结构性因果律，认为这三种因果关系是各种各样的因果关系在不同历史发展阶段的模式。阿尔都塞超越古典的机械论因果律，反对取消因果律的无决定性观念，批判19世纪黑格尔

---

① 参见刘梅《詹姆逊文化研究的马克思主义倾向》，《马克思主义研究》2007年第6期。

式以某种隐蔽的、单一的概念或精神作为决定因素的唯心主义表现因果律，他创造了一个新的因果律概念，这就是多元决定论（也称为结构性因果律），这一概念借用了弗洛伊德关于梦是一系列事件多元决定的思想，认为任何社会历史现象都是一个具体的、复杂的、多元决定的现象。多元决定论的另一术语是"复合的多元决定结构性总体"。阿尔都塞所谓的"结构性总体"是"解中心的整体"，包含众多相对自治和发展不平衡的相关层面，每一层面都决定着其他层面并被其他层面所决定，而多元决定性是控制解中心的整体逻辑。政治、经济、文化、意识形态等社会结构的每一层面都有其自己的特性和功能，阿尔都塞强调了结构总体的复杂性和整体内部每一层面的异质性、不平衡性以及经济作为主导层面的决定作用。

詹姆逊认为阿尔都塞的结构因果律思想具有创新意义，他用树状图的方式清楚表明了阿尔都塞与传统马克思主义之间关于层面概念的惊人的根本的区别，并认为这种区别就在于对生产方式的理解。传统马克思主义把"终极决定因"或生产方式看作狭隘的经济层面，即是说，将其看作"决定着"其他层面的社会系统内的一个层面，而阿尔都塞把生产方式概念与整个结构视为同一的。对阿尔都塞来说，比较狭隘的经济层面——生产力、劳动过程、技术发展或生产关系，包括阶级关系——不管多么具有特权，都与整个生产方式不是同一的。因此，詹姆逊指出，"如果人们因此而把阿尔都塞的马克思主义描写成一种结构主义，那就必须用一个关键的附带条件来完成这番描写，也就是说，这是只存在着一种结构的结构主义，即生产方式本身，或是整个社会关系的共时系统。这就是说这个'结构'是缺场的原因，因为它在经验上并未作为一个因素而存在于任何地方，它不是整体的一部分或许多层面之一，而是这些层面中的整个关系系统"[①]。很显然，詹姆逊是将生产方式作为阿尔都塞的结构性总体看待的。在生产方式的总体结构中，既包括生产关系和生产力，也包括文化、意识形态、法律、政治等等。

与生产方式相伴生的概念是总体性（totality）。总体性和生产方式不仅是詹姆逊理解马克思主义的重要范畴，而且是他进行文化研究的关键术语。

詹姆逊对"总体性"范畴情有独钟，他所谓的"总体性"概念的最

---

① 王逢振主编：《詹姆逊文集：第2卷·批评理论和叙事阐释》，中国人民大学出版社2004年版，第161～162页。

基本含义，即把那些表面上独立的现象置于一个更大的相互关联的语境中来加以认识，而其特征在于只有首先把握整体才能理解任何单一事物，只有把握全部体系才能获得一种个别的新观念。詹姆逊认为总体性是马克思主义的重要方法，他同意西方马克思主义者卢卡奇在《历史与阶级意识》中关于总体性的见解，卢卡奇认为总体性是马克思的辩证方法的核心："总体性的范畴，整体对部分的无所不在的优先性，是马克思从黑格尔那里接受过来，而又卓越地把它转变为一个全新的科学的基础的方法论的实质。"① 马克思正是凭借总体性方法穿破物化意识的浓雾从而洞见了资本主义社会的现实。因此，卢卡奇认为"不是经济动机在历史解释中的重要地位，而是总体性的观点，使马克思主义同资产阶级科学有着决定性的区别"②。正是在此意义上，詹姆逊把后结构主义反对总体性看成是挑战马克思主义的本质所在，而他则以积极的姿态奋起捍卫总体性。但詹姆逊所言的"总体"不是黑格尔的"精神"，不是卢卡奇所指的具体的社会现实，也不是阿尔都塞作为"缺场"的原因的结构，他所言的"总体"即"生产方式"。

詹姆逊所谓的"生产方式"是共时性结构与历时性系统相统一的动态概念。他用共时性和历时性两种方法解读马克思生产方式理论：一方面，生产方式包含不同层次的共时结构，每个社会都有不同的生产方式，每种生产方式都内含着以前的生产方式同时又预示着未来的生产方式，任何一种生产方式都不是孤立存在而是与其他生产方式在某一特定时刻的共存。按照马克思的描述，生产方式是一个历史演化的线性结构系统，它包含从原始部落的生产方式—亚细亚生产方式—封建主义—资本主义—社会主义—共产主义的历时发展序列。每一种生产方式都有其自身特殊的发展规律，在社会性质变化后仍作为一种社会积淀而保留下来发挥着作用与影响力。生产方式的共时性和历时性提供了解决过去和现在关系问题的方法，也提供了解决同一性和差异性矛盾的途径。生产方式的共时性将各种差异现象纳入总体有助于从中把握同一性，而其历时性又使历史阐释具有开放性，避免要么驻足过去和要么忘却历史。

詹姆逊不仅将马克思主义的生产方式作为总体看待，而且对生产方式进行了符码化的解读。他说："马克思主义也提出一个主导符码（a master

---

① 〔匈〕卢卡奇：《历史与阶级意识——关于马克思主义辩证法的研究》，杜章智等译，商务印书馆1996年版，第27页。
② 〔匈〕卢卡奇：《历史与阶级意识——关于马克思主义辩证法的研究》，杜章智等译，商务印书馆1996年版，第94页。

code),但是这个主导符码并不像人们有时所认为的那样是经济学或者是狭义上的生产论,或者是作为局部事态/事件的阶级斗争。马克思主义的主导符码是一个十分不同的范畴,即'生产模式'本身。生产模式的概念,制定出一个完整的共时结构,上述的各种方法论的具体现象隶属于这个结构。"①

詹姆逊借助但丁对《旧约》的解读模式,运用主导符码或转喻方法以解释马克思的基础结构和上层建筑关系的理论。中世纪的但丁从文字的、寓言的、道德的、神秘的四个层面解释《旧约》。从文字直义层面看,《旧约》是关于犹太人建国、流亡、迁徙的历史纪录;从寓言层面看,耶稣基督是贯穿历史事件的主导线索,是解释《旧约》的主导符码;从道德层面看,耶稣死而再生的故事蕴含的意义是:耶稣因为拯救全人类而受难所以获得上帝的恩典;从神秘层面看,犹太人的历史故事揭示了人类集体命运。詹姆逊从但丁对《旧约》的解读模式中受到启发,认为马克思从欧洲资本主义的历史出发揭示了人类社会历史的普遍命运。文化文本是在直义层面对社会历史的解释;意识形态(包括哲学和宗教等因素)是富含隐喻的体现统治阶级意志的符码体系;法律系统从道德规约层面使个体内心接受和服从统治阶级的意识形态;国家和政治上层建筑则是被包裹起来的神秘系统,而由生产力和生产关系所构成的生产方式对文化文本、意识形态、法律系统和国家结构具有制约作用。正像耶稣基督是解读《旧约》的主导符码,在对基础与上层建筑关系由显义到隐义的解读中,生产方式也起着主符码的作用。

正是通过对总体性和生产方式的理解,詹姆逊认为,生产方式是马克思主义理论中最有生命力的范畴,它是文化变化的最根本原因,是理解历史发展和社会结构的关键,是解读历史的核心范畴,是说明意识形态的出发点。因此,詹姆逊指出,文化研究应联系马克思主义生产方式的理论。为了研究某一种文化就必须具有超越这种文化本身的观点,"也就是说要彻底了解资本主义文化,就得超越时间,回头从人类学的角度来考察资本主义生产方式和这种生产方式带来的文化"②。詹姆逊以他所理解的马克思主义生产方式理论为前提和基础构建了后现代文化理论,并理所当然地将生产方式作为文化研究的主符码,在晚期资本主义文

---

① 〔美〕詹明信:《晚期资本主义的文化逻辑》,陈清侨等译,生活·读书·新知三联书店1997年版,第147页。
② 〔美〕杰姆逊:《后现代主义与文化理论》,唐小兵译,北京大学出版社2005年版,第11页。

化逻辑分析和后现代文化本质批判中，形成了属于他的文化马克思主义话语。

（二）基于生产方式的文化理论

詹姆逊将生产方式理论运用到文化研究中来，强调应从三个层次来解读文化文本：第一是从政治层次将各种文化文本作为一种象征或寓言；第二是从社会层次关注群体（或阶级）关系及文本蕴涵的意识形态；第三是关注人类生产方式这一最重要、最具决定性质的层次。不同生产方式的存在导致对抗和群体矛盾，而生产方式的发展演进与交织形成政治、社会、历史和文化的复杂变迁。詹姆逊基于生产方式理论和总体化方法提出了"文化分期""文化逻辑"和"主导文化"理论，并且深刻分析了后现代主义文化的内涵和特征，对其本质进行了无情批判。

詹姆逊从生产方式着眼，以资本主义生产方式和社会结构的变化为依据，借用曼德尔的历史分期理论，提出了文化分期理论。比利时经济学家曼德尔在《晚期资本主义》一书中，以生产方式和技术发展为主要依据，将资本主义的发展分为三个阶段，即早期以蒸汽机技术为主导的市场资本主义，中期以内燃机技术为主导的垄断资本主义，晚期以核能、电子技术为主导的跨国资本主义。詹姆逊认为曼德尔的历史分期是马克思主义的，他采用了曼德尔的分期，认为资本主义发展的三个阶段不仅主导技术不同，而且资本运作特点不同，与三个阶段相对应的资本运作方式分别是资本的自由竞争、高竞争导致的垄断资本和资本的跨国运作。由于生产方式的变化，在资本主义发展的不同阶段，文化的作用、含义和地位是不一样的。因此，文化也可进行历史分期，与资本主义三个历史阶段相对应界分三种文化形式，即现实主义、现代主义和后现代主义，这三种文化形式既互相关联又各具独特风格。在詹姆逊那里，后现代主义不仅表征一种文化风格，而且是一个历史分期概念，"其作用是把文化上新的形式特点的出现，联系到一种新型的社会生活和新的经济秩序的出现——即往往委婉地称谓的现代化、后工业或消费社会、媒体或大观社会（spectacle），或跨国资本主义"[①]。詹姆逊通过文化分期创造性地提出了后现代主义是晚期资本主义的文化逻辑的论断，认为后现代主义是对资本主义第三阶段文

[①]〔美〕詹明信：《晚期资本主义的文化逻辑》，陈清侨等译，生活·读书·新知三联书店1997年版，第399页。

化生产的特殊逻辑的理论化,而不是脱离现实的对于这一时期的文化批判或精神诊断。曼德尔认为经过马克思所说的"市场资本主义"和列宁所说的"垄断资本主义"以后,西方发达国家自"二战"以来已进入"晚期资本主义"。晚期资本主义是对后工业化、充分市场化和全球一体化时期资本主义生产和消费方式的总概括,其基本特征是工业化的组织管理渗透到社会生活的各个方面,渗透到农业、商品流通领域,并进而渗透到文化生产、娱乐消费等领域,其主要特点是跨国资本的全球扩张和纵深发展。詹姆逊认为,后现代主义的出现与晚期资本主义息息相关。它是晚期资本主义经济跨国性扩张在文化上的表现,是商品文化和物化逻辑彻底清除前资本主义"飞地"(自然和无意识)的产物。后现代主义作为后现代阶段的一种文化逻辑即文化精神,标志着人的本性与心理结构的改变。詹姆逊通过"文化逻辑"这一论断表达了对后现代主义的基本立场,其态度不是简单赞美或一味指责,而是一种现实评估。这一论断不仅从文化的起源和作用方面表明后现代主义是晚期资本主义的产物和不可缺少的重要内容,而且从文化发展趋势及应有地位上揭示出后现代主义是晚期资本主义整体逻辑里的主导文化形式。后现代主义作为一个历史分期概念并不意味着这一历史时期是孤立的或断裂的,从历史的共时性看,不仅有主导的生产方式,而且有对应的主导文化,后现代主义就是晚期资本主义的文化主导形式。后现代社会呈现出纷繁复杂的文化景观,只有透过"文化主导"的概念才能更全面地了解这个历史时期的总体文化特质,把一连串从属的、有异于主流的非主导文化面貌聚合起来,在一个更能兼容并收的架构里讨论问题,才可以正确评估后现代主义与现代主义的同一性和异质性,避免将现阶段的历史状况视为多元文化的简单呈现或文化差异的随机演变的片面观点。詹姆逊的文化分期论、文化逻辑论和主导文化论明显运用了历史分析和总体分析的方法。

(三)后现代主义文化发展与特征分析

詹姆逊以生产方式为主符码,并透过那欲盖弥彰的资本主义社会经济体系充分揭示了后现代主义文化(或晚期资本主义文化)的崭新含义和特征。

詹姆逊认为,"今天的后现代主义(理所当然地)正是民本精神在美感形式（包括建筑及其他艺术）上的具体呈现"①。对文化的理解有别于以往侧重于精神特征的文化观念。从德国古典美学一直到现代主义，文化通常被理解为高雅文化，诸如音乐、绘画或纯文学等，是对日常生活与现实的逃避，具有自律性。而在后现代社会，高雅文化与大众文化之间的界线被彻底取消。后现代主义为我们今天的文化带来一种全新的文本，"周遭环顾，尽是电视剧集的情态，《读者文摘》的景物，而商品广告、汽车旅店、子夜影院，还有好莱坞的 B 级影片，再加上每家机场书店都必备的平装本惊险刺激、风流浪漫、名人传奇、离奇凶杀以及科幻诡怪的所谓'副文学'产品，联手构成了后现代社会的文化世界"②。后现代所谓的创新文本恰恰受制于现代主义所极力抨击、亦被 20 世纪西方文明视为头号敌人的"文化产业"。当文化与工业、贸易、金钱联系在一起时，后现代主义的文化已经进入人们的日常生活，成为消费品。文化的大众化使文化与总的社会生活享有共同边界，文化的疆界大大拓展了。"在这个充满奇观、形象、或者蜃景的社会里，一切都终于成了文化的——上至上层建筑的各个平面，下至经济基础的各种机制。"③ 后现代主义文化已是一个无限膨胀的概念，"在后现代主义中，由于广告，由于形象文化、无意识以及美学领域完全渗透了资本和资本的逻辑。商品化的形式在文化、艺术、无意识等等领域是无处不在的，正是在这种意义上我们处在一个新的历史阶段，而且文化也就有了不同的含义"④。文化的生产方式和存在形态都发生了根本变化，大众文化取代精英文化，文化工业使批量生产支配了创造，商业价值成为衡量文化价值的绝对标准。詹姆逊充分注意到资本逻辑、商品生产及消费对晚期资本主义文化所产生的巨大影响，并对其进行了深刻分析。

其一，晚期资本主义的特点是跨国资本的全球扩张和纵深发展，与之相伴的是跨国公司、跨国商业、新的国际劳动分工、金融和证券交易的国际化资本的全球流通。詹姆逊认为，资本对文化具有决定作用。他揭示了资本主要经历移植、发展生产和金融或投机的三个阶段，指出金融资本不

---

① 〔美〕詹明信：《晚期资本主义的文化逻辑》，陈清侨等译，生活·读书·新知三联书店 1997 年版，第 423 页。
② 〔美〕詹明信：《晚期资本主义的文化逻辑》，陈清侨等译，生活·读书·新知三联书店 1997 年版，第 424 页。
③ 〔美〕詹明信：《晚期资本主义的文化逻辑》，陈清侨等译，生活·读书·新知三联书店 1997 年版，第 381 页。
④ 〔美〕杰姆逊：《后现代主义与文化理论》，唐小兵译，北京大学出版社 2005 年版，第 145 页。

仅是最高阶段而且是最后阶段。① 他特别重视金融资本对文化的决定（主要是抽象）作用，认为金融资本已经成为晚期资本主义的标志性特征，其具体影响主要体现在空间艺术和视觉艺术中。他将建筑艺术的变化作为建构后现代主义理论的重要依据，认为随着全球化的出现，建筑艺术与经济之间的关系"超乎一般的密切"，而正是金融资本直接为建筑艺术提供了稳固的物质基础。詹姆逊着重对影视文化进行了批评，包括电影、纪录片、电视剧、电视广告、MTV 等视觉艺术。他认为影视艺术也与建筑艺术一样，与经济因素直接相关。后现代影视采取商业化运作，往往以高投入、高科技、大牌明星、弱化叙述为特征，其目的是追求高额票房和商业利润。

詹姆逊认为与空间艺术和视觉艺术的发展相联系，视像文化盛行成为后现代主义文化发展的典型标志。后现代文化是形象文化，文化的形象化与文化的资本运作紧密相连。"在文化领域中后现代性的典型特征就是伴随形象生产，吸收所有高雅或低俗的艺术形式，抛弃一切外在于商业文化的东西。在今天，形象就是商品，这就是为什么期待从形象中找到否定商品生产逻辑是徒劳的原因，最后，这也是为什么今天所有的美都徒有其表，而当代伪唯美主义对它的青睐是一种意识形态的策略而不是一个具有创造性源泉的原因。"② 后现代文化的平面化与深度缺乏正是文化表征视像化的结果。

其二，晚期资本主义阶段是资本主义发展更高级和更纯粹的时期，商品在整个世界范围内渗透，商品的逻辑成为所有生产的逻辑，也理所当然地成为文化生产的动力。后现代主义文化和商品生产紧密结合，商品化形式在文化、艺术、无意识等领域无处不在。詹姆逊说："商品化进入文化意味着艺术作品正成为商品，甚至理论也成了商品；当然这并不是说那些理论家们用自己的理论发财，而是说商品化的逻辑已经影响到人们的思维。"③ 因此，商品生产现在是一种文化现象。当你购买商品时，不仅因为它的直接价值和功能，而且因为商品广告的形象设计。当商品生产产出文化产品时，商品已不再是一个纯经济概念，而是具有了文化内容，麦当

---

① 王逢振主编：《詹姆逊文集：第 3 卷·文化研究和政治意识》，中国人民大学出版社 2004 年版，第 351 页。

② 〔美〕詹姆逊：《文化转向：后现代论文集》，胡亚敏等译，中国社会科学出版社 2000 年版，第 130～131 页。

③ 〔美〕杰姆逊：《后现代主义与文化理论》，唐小兵译，北京大学出版社 2005 年版，第 146 页。

劳、可口可乐究竟是一种食品还是一种文化已难以说清，后现代文化和工业生产及商品已经紧紧结合在一起，纯粹意义上的审美已很难寻觅。詹姆逊指出，当前西方社会的实况是："美感的生产已经完全被吸纳在商品生产的总体过程之中。""在资本主义晚期阶段经济规律的统辖之下，美感的创造、实验与翻新也必然受到诸多限制。"① 后现代社会已具有文化与经济相互渗透和消融的特征，在商品生产和销售的意义上，经济变成了一个文化问题，而文化问题也倾向并弥散于经济和社会问题之中。

其三，晚期资本主义社会也称为消费社会，大批量的生产指向消费、闲暇和服务，消费成为社会生产和再生产的动力和主流，也成为后现代文化产生和存在的基础。詹姆逊指出，消费社会的来临，使一切生产从根本上受制于消费的目的，文化生产在整个日常生活中被消费，在购物、在职业工作、在各种休闲活动甚至在每天生活的最隐秘角落里被消费，通过消费文化逐渐与市场社会相连。② 市场运作机制已经深刻地嵌入了文化的生产之中，使经济对文化的渗透无孔不入，因此，詹姆逊把后现代主义文化视为消费文化，认为正是消费文化的文化产业方式使当今文化与经济产生双向交互作用，相互交叉，互相融合，相辅相成，从而形成了文化经济的有机发展过程，造就了"文化的经济化"与"经济的文化化"这一众所皆知的后现代文化的总体特征，其具体表现为文化主体大众化、文化客体商品化、文化运作工业化、文化表征形象化、文化内容粗俗化。

詹姆逊不仅揭示了经济、生产方式对文化的影响及后现代主义文化的特征，而且对后现代文化及资本主义生产方式进行了深刻批评。他明确宣称："应该抵制后现代社会的某些特征，其实也就是晚期、但同样彻头彻尾的资本主义文化体系之逻辑的一部分；这些特征从内容到形式完全融入到商品生产和消费中。"③ 文化生产和商品生产的共谋关系销蚀了文化的半自治性。当什么都是文化时，其实文化什么都不是。他深刻洞察到后现代文化的堕落与矫情，他说："眼前的事实是，各种形式的后现代主义都无法避免受到这五花八门的'文化产业'所诱惑、所统摄。在如此这般的一幅后现代'堕落'风情画里，举目便是下几流拙劣次货（包装着价廉

---

① 〔美〕詹明信：《晚期资本主义的文化逻辑》，陈清侨等译，生活·读书·新知三联书店1997年版，第429页。
② 参见〔美〕詹姆逊《文化转向：后现代论文集》，胡亚敏等译，中国社会科学出版社2000年版，第108页。
③ 〔美〕杰姆逊：《后现代主义与文化理论》，唐小兵译，北京大学出版社2005年版，"自序"第7页。

物亦廉的诗情画意)。矫揉造作成为文化的特征。"① 他尖锐地批评了后现代主义令人咋舌的文化特征,他说:"后现代文化在表达形式上的艰深晦涩、在性欲描写上的夸张渲染,在心理刻画上的肮脏鄙俗,以至于在发泄对社会、对政治的不满时所持的那种明目张胆、单刀直入的态度——凡斯种种,超越了现代主义在其巅峰时期所展示的最极端、最反叛、最惊人骇俗的文化特征。"②

詹姆逊对后现代文化的批判不止于社会经济学洞察,更在于社会政治学的透析。他认为,文化生产与经济生产的完全统一,使从根本上干预经济的文化政治有可能实现。文化研究的新的意蕴就在于,既然文化已成为生产,这一生产部类的批判也就必须是一种文化的政治经济学批判。他说:"我始终认为,不论是褒是贬,任何对后现代主义的观点,都同时也必然地表达了论者对当前跨国资本主义社会本质的(或隐或现的)政治立场。"③ 他通过总体上揭示资本主义文化意识中的经济、权力和政治与生产方式的关系,指出后现代主义一定程度上再造甚至强化了晚期资本主义的逻辑,它表面上倡导解构、去中心、差异、多元、异质、共生,实际上却造成了全球文化趋同,美国的"文化帝国主义"就是最典型的例子。他说:"在此我必须事先提醒大家一个显而易见的事实:眼前这个既源于美国又已扩散到世界各地的后现代文化现象仍是另一股处于文化以外的新潮流在文化领域里的(上层建筑里)的内向表现。这股全球性发展倾向,直接因美国的军事与经济力量的不断扩张而形成,它导致一种霸权的成立,笼罩着世界上的所有文化。从这样的观点来看,(或者从由来已久的阶级历史的观点来看),在文化的背后,尽是血腥、杀戮和死亡:一个弱肉强食的恐怖世界。"④ 詹姆逊所言的这股新浪潮也就是全球化浪潮,这不仅是经济的全球化和文化的全球化,更是资本和资本主义的全球化。因此,晚期资本主义的文化逻辑归根到底是一种资本逻辑,难以回避的并不是所谓的文化霸权,而是资本逻辑,后现代主义文化批评说到底就是与全球化的资本逻辑作斗争,就是对资本主义社会的批评。晚期资本主义是资本发

---

① 〔美〕詹明信:《晚期资本主义的文化逻辑》,陈清侨等译,生活·读书·新知三联书店1997年版,第424页。
② 〔美〕詹明信:《晚期资本主义的文化逻辑》,陈清侨等译,生活·读书·新知三联书店1997年版,第429页。
③ 〔美〕詹明信:《晚期资本主义的文化逻辑》,陈清侨等译,生活·读书·新知三联书店1997年版,第426页。
④ 〔美〕詹明信:《晚期资本主义的文化逻辑》,陈清侨等译,生活·读书·新知三联书店1997年版,第430页。

展最充分最纯粹的时期，资本主义发展到跨国资本主义阶段，其腐朽与罪恶也达到登峰造极的程度，詹姆逊认为，后现代文化的堕落程度与资本主义的腐朽程度具有同构意义，只有通过不断追寻后现代种种文化现象后面所隐含的社会现实才能挖掘其表达的深层意义。所以，他说："我们必须正视后现代主义的文化规范，并尝试去分析及了解其价值系统的生产及再生产过程。有了这样的理解，我们才能在设计积极进步的文化政治策略时，掌握最有效的实践形式。"① 詹姆逊对后现代主义文化的分析正是本着这样的政治精神而提出的，这也是他研究后现代文化的强烈的主观目的。

詹姆逊以一种总体化方法揭示了后现代社会的文化与经济、政治的辩证关系。一方面，后现代主义是晚期资本主义的主导文化和文化逻辑，晚期资本主义经济与生产方式对后现代文化的发展产生了决定性影响；另一方面，后现代主义也强化和再造了晚期资本主义的逻辑，后现代文化对晚期资本主义社会的政治、经济产生了重大影响。我们完全有理由说詹姆逊对文化的理解和研究是马克思主义的，其依据就在于他牢牢抓住了生产方式这一主符码。生产方式是詹姆逊研究后现代文化的逻辑起点、建构后现代文化理论的逻辑主线、批判后现代文化的逻辑终点。尽管詹姆逊以一种总体化方法将文化、意识形态、法律、政治等因素都纳入生产方式的总体结构中，误读了马克思的生产方式理论，但他在文化研究中充分关注和重视生产方式理论的运用，这种方法确实坚持了马克思主义历史唯物主义的立场。詹姆逊认为文化研究一定程度上就是马克思主义的当代形态，因此他是将文化研究作为一项马克思主义的事业来做的，他明确指出："文化研究能够同样被看作是对马克思主义的替代和对马克思主义的发展。"② 詹姆逊以生产方式为主符码对后现代文化的研究确实发展了马克思主义理论。正如他自己所言："我本人要再次说明的是关于'生产方式'的概念，我对后现代主义研究的分析正是对这一理论的又一贡献。"③

詹姆逊以马克思主义生产方式为主符码，在对后现代主义文化的判定、分析和批判中形成了属于他的文化马克思主义话语。

---

① 〔美〕詹明信：《晚期资本主义的文化逻辑》，陈清侨等译，生活·读书·新知三联书店1997年版，第432页。
② 王逢振主编：《詹姆逊文集·第3卷·文化研究和政治意识》，中国人民大学出版社2004年版，第17页。
③ 〔美〕詹姆逊：《文化转向：后现代论文集》，胡亚敏等译，中国社会科学出版社2000年版，第33页。

二、詹姆逊后现代文化研究关键语[①]

詹姆逊的后现代主义文化研究范围广泛、视角独特、著述庞杂,但始终贯穿着一条文化理论的主线。其文化研究关键语包括文化扩张、文化历史分期、文化超空间、文化意识形态、文化"他者"视域等,它们共同构成了詹姆逊文化理论的总体轮廓,不仅回答了"后现代主义文化是什么",而且也对"文化是什么"做出了一般性解答,并且是在后现代特定语境中所做出的一种马克思主义的解答,因而构成了一种文化马克思主义的范式。

(一)文化扩张:文化内涵的变迁

"文化扩张"是詹姆逊描述后现代文化的一种典型现象的术语。早在20世纪70年代,詹姆逊就发现后工业社会中语言学、经济、政治的行动方式同文化有着紧密的联系。到了80年代,他已经发现了后工业社会更为显著的特征,那就是"文化的扩张"。他从资本主义商品生产和资本运行逻辑中看到了经济与文化的交融与互渗,即一方面经济进入了各种文化形式,使艺术作品甚至理论都成了商品;而另一方面文化逐步经济化,文化商品在后现代社会的市场和整个日常生活中被消费。詹姆逊敏锐地感到,后现代主义文化已经突破和超越过去特定的文化圈层,进入人们的日常生活和消费领域。因此,他明确指出:"在后现代主义中,由于广告,由于形象文化,无意识以及美学领域完全渗透了资本和资本的逻辑。商品化的形式在文化、艺术、无意识等等领域无处不在,正是在这一意义上我们处在一个新的历史阶段,而且文化也就有了不同的含义。"[②]

詹姆逊正是在后现代社会的文化扩张中看到了文化内涵的改变。他指出,在后现代社会,"文化"的疆界被大大拓展,与以往侧重于精神特征的文化观念有了很大的区别。过去狭义的文化常常被理解为知识、价值、

[①] 参见刘梅《詹姆逊文化理论关键语总体解读》,《马克思主义研究》2009年第1期。
[②] 〔美〕杰姆逊:《后现代主义与文化理论》,唐小兵译,北京大学出版社1997年版,第145页。

观念、思想等精神性的存在，是与日常生活相对立的逃避现实的去处，在诸如音乐、绘画或纯文学之类的高雅文化圈层里，文化具有独立性和自律性。但在后现代社会，先前具有自律精神的文化落入尘世，"如今，各个社会层面成了'文化移入'，在这个充满奇观、形象或者蜃景的社会里，一切都终于成了文化的——上至上层建筑的各个平面，下至经济基础的各种机制。……'文化'本体的制品已成了日常生活随意偶然的经验本身"①。这就是说，文化已不再是一个纯粹而独立的领域，而是已经商品化、市场化、产业化、大众化，同时也与经济、政治，以及日常生活失去边界。文化的生产方式和存在形态已然发生了根本变化，文化工业的推动使批量生产支配了创造，商业价值成为衡量文化价值的绝对标准，文化的内在规律也衍变为市场规律。文化的格局也随之发生重大改变，大众文化登上历史舞台，取代了精英文化的霸权地位，精英文化消解于大众文化之中。詹姆逊对大众文化进行了历史的和辩证的分析，认为大众文化不同于过去的通俗文化或民间文化，它是通过精英文化来界定的，与精英文化同时发生，并有着辩证对立和深刻的结构上的相互联系。大众文化和精英文化是资本主义条件下美学生产裂变的孪生子或不可分离的两种形式。大众文化以复制方式广泛满足大众的需要，以拼凑的手段制造娱乐性，从而使受众获得某种快感。大众文化既隐含着对社会秩序的批判，实现着一种紧迫的意识形态的功能，同时又表达着集体最深层、最基本的希望，成为一种极端的乌托邦幻想的载体。因此，詹姆逊认为，在后现代社会，精英文化与大众文化正日益融和渗透，成为后现代文化这一更广泛的文化领域中的有机组成部分。

詹姆逊透过经济视域对文化的审视，敏锐地描绘了后现代社会的文化景观，深刻地揭示了后现代社会文化观念的变化，极大地丰富和发展了文化概念的内涵与外延。

（二）文化历史分期：文化内容与形式的重新书写

文化历史分期是詹姆逊做出"后现代主义是晚期资本主义的文化逻辑"著名论断的重要理论和方法。

詹姆逊的文化历史分期思想深受曼德尔的影响。曼德尔在《晚期资本

---

① 〔美〕詹明信：《晚期资本主义的文化逻辑》，陈清侨等译，生活·读书·新知三联书店1997年版，第381页。

主义》中根据马克思生产方式概念,以技术发展为标准对资本主义历史阶段进行了划分。他把18世纪工业革命以来资本主义生产方式的三次普遍的技术革命分为：1848年以来的蒸汽机机器生产；19世纪90年代以来的电力和内燃机机器生产；20世纪40年代以来的电子和核能源机器生产。并依照这三次技术革命,把资本主义的发展分为三个阶段：从马克思定义的古典时期即"市场资本主义"到列宁定义的帝国主义时期即"垄断资本主义",再到后现代时期即跨国的、以前所未有的商品化为标志的"晚期资本主义"。詹姆逊在曼德尔的理论刚刚发表后就在《文本的意识形态》及《后现代主义,晚期资本主义的文化逻辑》中,明确把文化发展阶段与资本阶段"对应"起来,认为与市场资本主义时期对应的是现实主义文化,与垄断资本主义时期对应的是现代主义文化,与跨国资本主义时期对应的是后现代主义文化。詹姆逊将"资本的分期化"深入系统地应用于"文化的分期化",从而将文化的变化与技术革命、资本发展、生产方式的变化联系起来,使技术、资本、生产方式成为考察现代文化变迁的重要因素和三种文化形式一以贯之的内容。

詹姆逊文化历史分期理论不仅界分了三种文化形式,而且深入研究了三种文化形式的辩证关系。他将特定的审美形式和倾向与特定的历史阶段相对应,认为："如果说现实主义的形势是某种市场资本主义的形势,而现代主义的形势是一种超越了民族市场的界限,扩展了世界资本主义或者说帝国主义的形势的话,那么,后现代主义的形势就必须被看作是一种完全不同于老的帝国主义的,跨国资本主义的或者说失去了中心的世界资本主义的形势。"① 他指出文化的历史分期并不是简单的、线性的编年史,而是一种更大的环境或"形势",其中每一时刻都辩证地决定着其他时刻,并且三种文化形式或三个阶段相互处于一种辩证关系中,现代主义和后现代主义正是基于现实主义文化资本的积累之上。詹姆逊在论述三者的辩证统一关系时特别强调了"主导文化"的观点,他发展了语言学家罗曼·雅克布森和雷蒙德·威廉斯的"文化主导"概念,指出："两个时期之间的截然断裂一般并不关系到内容的完全改变,而只是某些元素的重组：在较早的时期或体系里是从属的特点现在变成了主导,而曾经是主导的成了次要。"② 詹姆逊所谓的"后现代主义是晚期资本主义的文化逻辑",其实质

---

① 〔美〕詹明信：《晚期资本主义的文化逻辑》,陈清侨等译,生活·读书·新知三联书店1997年版,第286~287页。
② 〔美〕詹明信：《晚期资本主义的文化逻辑》,陈清侨等译,生活·读书·新知三联书店1997年版,第416页。

就在于把后现代主义作为晚期资本主义时期的文化主导,既强调了现阶段向后现代文化过渡的断裂性,同时又突出了与以前的文化形式的连续性。他把后现代主义置于一个偌大的历史语境之中,不仅仅视其为一次历史断裂,而且视其为资本主义社会发展的一个阶段,是随着资本主义经济基础的连续发展而逐渐积累起来的一个商品化的、更高级的、更纯粹的阶段。也就是说后现代主义是以现代主义的一些残存特征和后现代文化的最新特征为先决条件的。

詹姆逊还深入探讨了文化发展三个阶段的符码化形式,他借用德勒兹和伽塔里关于人类社会符码化分期的观点,并受语言学家索绪尔关于符号系统结构分析的启示,提出了文化分期各阶段的符号形式。德勒兹和伽塔里在《反俄狄浦斯》中以语言的尺度指出了特定的社会和历史发展的叙述形式,将最初的人类社会(包括氏族社会和原始共产主义社会)界定为"规范形成"或"符码化"时期,将此后的神圣帝国时代界定为"过量规范形成"或"多元符码化"时期,最后是再创造阶段的"规范重建"或"重新符码化"时期。索绪尔对符号系统进行结构分析,指出符号是由"意符"(或"所指")和"指符"(或"能指")构成的统一体。意符即一个字的观念意义,指符即声音、书写或印刷字,此外还有"参符"(或"指涉物"),即指符和意符指明的外在物体。詹姆逊在《现实主义、现代主义、后现代主义》一文中指出,在现代的、世俗的、非神圣化的资本主义社会形成的时代,各种物化的力量使现实主义和外在参照物得以产生,因此,在现实主义时期,参符与意符和指符是相统一的,语言具有完整意义。但是当市场资本主义转变为垄断资本主义的世界体系时,这些物化力量发生辩证逆转,开始把参符与意符和指符分离开来,赋予符号本身以文化自治性,也就是说,现代主义时代是参符与意符和指符相分离的时代。而在资本主义后期,即后现代主义时代,参符消解,指符和意符分裂,指符成为随意自动的,语言的意义因此被完全弃置。语言是文化的最基本形式,詹姆逊通过对语言的参符、意符、指符三者统一、分裂或消解状态的分析,深刻揭示了现实主义文化、现代主义文化、后现代主义文化的符码化形式及其变迁,并为深入揭示后现代主义文化的特征奠定了基础。

詹姆逊将马克思主义和后现代主义思想家的理论和方法融合在其文化历史分期思想中,既为现代文化谱写了技术、资本、生产方式等经济内容,也为现代文化续写了独特的符码化形式。

（三）文化"超空间"与"认知测绘"：政治使命与策略

空间范畴是詹姆逊研究和批判后现代文化的重要范畴。詹姆逊所谓的空间当然不是牛顿经典物理学意义上的三维可测量空间，而是列斐伏尔所言的"社会空间"。亨利·列斐伏尔在他的名著《空间的生产》中冲破传统物质空间和精神空间的牢笼，提出"社会空间"概念，认为社会空间是一种社会生产的产品，是由社会和物质实践所构成的一种社会结构。詹姆逊受列斐伏尔的启发，把空间形式与个别生存经验和特殊的生产方式联系起来，从而提出与资本主义发展的三个阶段相适应的社会空间。即：第一阶段，市场资本主义时期，空间形式是具有同质性和无限延伸性的几何空间，社会空间能够得到体验、把握和表现；第二阶段，垄断资本主义时期，由于资本的扩张和渗透，个人无法直接体验和把握世界整体，每个人只能囿于自身处境，以个人为中心构建社会空间堡垒；第三阶段，晚期资本主义时期，资本的全球扩张使社会空间剧烈变化，城市、民族空间已不再是主角，全球化的、网络化的、多维后现代空间出现。詹姆逊与鲍德里亚一样称后现代空间为传统思维无法正常理解的"超空间"。正常的空间是具有一定结构和秩序并有明确定位的空间范畴，人们在其中能感受到事物发展的时间性、历史性，而后现代"超空间"则失去了组织性和结构性，人们身处其中已丧失定位能力，人的时间意识也丧失殆尽。后现代空间的时空逆转或空间优位不仅与资本主义第三次大规模发展和全球性扩张有关，而且由高科技的发展直接促生，资本扩张与技术发展衍生出符合其运作规律的特殊空间结构，在资本主义全球性扩张过程中空间从时间中解放出来，具有了主宰地位，时间被空间化了，当代社会的一切都被空间化了，原有时空感和时空观遭到破坏，客观外部空间和主观心理世界发生巨大变化。

詹姆逊将空间范畴作为后现代主义文化区分现代主义文化的重要特征。他指出："现代主义的叙述性作品提出了一个不同的问题，即一个关于时间的新的历史经验；而后现代主义在一个困境与矛盾都消失的情况下似乎找到了自己的新的形势、新的美学及其形式上的困境，那就是空间本身的问题。"[①] 詹姆逊将时间作为现代主义的主导因素，认为现代主义在

---

① 〔美〕詹明信：《晚期资本主义的文化逻辑》，陈清侨等译，生活·读书·新知三联书店1997年版，第299～300页。

本质上是一种时间性的深度模式，现代主义经典作品均蕴含着对终极真理的探求和对过去历史的追忆，过去的意识在历史那里表现为传统，在个人身上则表现为记忆。而相对应地，他将空间范畴作为后现代主义的主导因素，认为后现代主义本质上是一种空间性的平面模式，后现代社会的空间比时间具有优势地位。后现代人不注重历史，仅仅将历史理解为影像，将历史事件等同于照片、图片、文件、档案等文本。由于历史感的消失，时间的连续性被打断，一切存在皆变为片断的存在或暂时的存在，人们的现实体验也只是此在或在场的感受，是仅仅追求各种不同刺激或快感满足的空间性体验。詹姆逊深刻指出，后现代时间成了永恒的现在，而后现代文化亦即缺乏深度感的空间性的文化，"后现代主义现象的最终的、最一般的特征，那就是，仿佛把一切都空间化了，把思维、存在的经验和文化的产品都空间化了"①。后现代主义文化中机械性复制、拼凑、类像盛行，貌似文化盛宴中的狂欢，实质上，整个世界从文化上来说不仅失去了深度历史感，而且失去了任何现实感。因此，"空间化"是我们理解后现代主义文化的一把钥匙。

詹姆逊在揭示后现代文化的空间特性的同时还提出了一种具有深远意蕴的"认知测绘"美学。他指出，"空间——后现代的超空间——的这种最新变化最终成功地超出单个的人类身体去确定自身位置的能力……在身体与它所建构的环境之间令人吃惊的分离，本身可作为更为突出的窘境的象征和类似，即我们的头脑，至少在当今，没有能力测绘出整个全球的、多国的和非中心的交流网络系统，而作为个体，我们又发现我们自身陷于这个网络之中"②。在后现代空间里，人的身体和他的周遭环境之间出现惊人断裂。作为为晚期资本主义全球扩张而衍生的跨国性空间，后现代空间结构已成功超越了个别人类身体给自身定位的能力，超越了人感性地组织周围直接环境的能力，人们置身其中就会出现迷失的感觉，不知道自己身在何处。为此，詹姆逊提出一种把空间问题作为核心问题的全新的"认知测绘"美学。

"认知测绘"是城市规划学家凯文·林奇（Kevin Lynch）在其代表作《城市意象》中提出的，他试图采用现象学的问题框架对城市空间的精神地图加以测绘。詹姆逊把林奇的空间分析外推到社会结构领域甚至全球规

---

① 〔美〕詹明信：《晚期资本主义的文化逻辑》，陈清侨等译，生活·读书·新知三联书店1997年版，第293页。

② 〔美〕詹姆逊：《政治无意识：作为社会象征行为的叙事》，王逢振等译，中国社会科学出版社1999年版，第8页。

模的总体阶级关系上来，试图将"个体的情境性表象同宏大的社会整体结构的非表象性总体性"联系在一起。他认为认知测绘提供了一种连接方式，能将最个人的局部与最全球性的整体联系起来，绘制出个人与当地和国家的社会关系和全球的总体阶级关系，使个体更清醒地意识到自己在所属的群体及群体在社会整体结构中和全球体系内所处的位置。他将"认知测绘"作为一种隐喻式认知模式，不仅赋予其美学意义，而且寄予其深远的政治意义。詹姆逊认为在文化政治的意义上，"认知测绘"把后现代空间的个别生存体验与特殊的生产方式联系起来，既能从总体上把握社会的文化特征，将民族文化或地域文化放在全球的大框架中去考察，又能以辩证的态度和发展的眼光来看待各不相同的文化个体，以宏观意识看待文化传承与借鉴的重要性。如果将后现代文本置于地区和全球的政治语境中，就能画出一张标示文本和政治、心理以及社会的关系图，从而理解文本在叙事中被压制的"政治无意识"。

詹姆逊特别赋予"认知测绘"以文化政治使命。他指出，在后现代空间应重新界定自我及集体主体的位置，重新挽回积极行动和斗争的能力。认为要解除对空间的混淆感，发展真正具有政治效用的后现代主义，"必须合时地在社会和空间的层面发现及投射一种全球性的认知绘图，并以此为我们的文化政治使命"①。詹姆逊认为，对人们所处历史时刻与全球范围内阶级关系的"认知测绘"，能强化个人与集体的政治经验，从而推进全球政治的发展。在后现代时代，"认知测绘"是社会主义政治规划的必要组成部分，它有助于克服全球化世界因"超空间"所导致的不可表现性以及集体行动和乌托邦精神的衰退，通过空间政治树立文化政治的信心。

（四）文化意识形态与乌托邦：性质与功能追求

詹姆逊认为意识形态理论是马克思异化理论的重要组成部分，也是马克思主义文化与意识分析的独创性贡献，他说："这一理论也许首先可以看成是弗洛伊德尔后所称的思想界的'哥白尼式革命'的一个阶段。"②他充分认识到意识形态问题的重要性，并在美国右翼势力"意识形态终结"的叫嚣中，始终坚持将意识形态作为文化研究的绝对视域。詹姆逊继

---

① 〔美〕詹明信：《晚期资本主义的文化逻辑》，陈清侨等译，生活·读书·新知三联书店1997年版，第515页。
② 〔美〕杰姆逊：《后现代主义与文化理论》，唐小兵译，北京大学出版社1997年版，第223页。

承了马克思意识形态理论的经典形式,并考察了一些新马克思主义现代流派,在此基础上确立了自己的意识形态理论。

詹姆逊首先接受了马克思的观点,认为意识形态是从特定阶级观点出发,反映特定阶级的原则、立场、价值观念、利益和目的的思想体系。但他又不囿于此,他还特别赞同阿尔都塞的意识形态观,阿尔都塞在《保卫马克思》中说,意识形态是"个人与其生存的现实环境之间的想象性关系的再现",詹姆逊认为正是通过意识形态的体验和想象机制,才使先在于社会形式与语言中的个人主体建立起了与社会集体系统之间的关系。因此,意识形态正如"必不可少的幻想和叙事的地图",必将在任何社会中为主体安排好位置,也就是说意识形态在任何社会都具有建构主体和指导主体行动的实践功能。

詹姆逊提出一个特别术语"意识形态素"用以表现意识形态。他认为意识形态无法自行显现,需要通过意识形态素才能体现出来。他所谓的"意识形态素"是指社会之间基本上是敌对的集体话语中的最小意义单位。意识形态素存在于叙事文本中,并借助文本叙事来表现,文本叙事的对象就是意识形态素。这就是说,任何文化或文本(包括理论文本)最终叙说的都是意识形态,或者说,任何文化或文本都具有意识形态性。

詹姆逊认为文化的意识形态具有结构性内在矛盾。首先,意识形态既是一种思想体系,又必然是一种实践行为。"意识形态虽然是一些观点、思维方式、思想甚至包括错误的认识,但又是处处体现在行为实践上的,这也就是叙事分析的基础。文化从来就不是哲学性的,文化其实是讲故事。观念性的东西能取得的效果是很弱的,而文化中的叙事却具有很重要的作用和影响。"[①] 小说、电影甚至广告都是叙事,都含有小故事,如果文化没有叙事就无法展开思想意义的分析。其次,意识形态具有积极的和消极的双重功能。意识形态作为阶级斗争的"战场",其内部具有复杂的阶级矛盾,在每个时代的阶级关系中,支配阶级总是试图将其思想价值和体制普遍化、自然化,而被支配阶级为了自己的利益也常常企图抵抗和破坏支配性价值体系。意识形态是不同的利益集团为了维护某种局面互相妥协所达成的共识,作为阶级对话的产物,意识形态必然具有积极的和消极的双重功能。一方面,其消极性表现为阶级性偏见或错误意识,即人们对真理、对事物的认识总会受到阶级地位的影响;而另一方面,其积极方面

---

① 〔美〕杰姆逊:《后现代主义与文化理论》,唐小兵译,北京大学出版社1997年版,第60页。

则是带来了群体确认，说明了意识形态的群体性而非个体性。正因为此，詹姆逊指出，对文化的意识形态分析必须考虑其中复杂的内在矛盾，明确建立起历史的和辩证的考察方法：其一，判断关于文化现象的革命性或反动性、进步性或保守性，必须考虑意识形态所处的社会历史语境和主体立场；其二，对任何历史和文化艺术的判断都应坚持滑动于某一尺度之上的立场，即在完全拒绝与完全认同这相互诘难的两极之间滑动，而不应简单化和绝对化。

詹姆逊认为文化不仅具有意识形态性，而且具有乌托邦功能。他接受了德国哲学家卡尔·曼海姆在《意识形态与乌托邦》中的理论观点，始终将意识形态与乌托邦作为理解文化文本的两个基本视角。在《政治无意识》中，他把弗洛伊德的生物性"个体无意识"和拉康的"语言无意识"修正为"政治无意识"，从心理学出发对文化中连接个人幻想和社会组织的机制进行了说明。并把政治分析和文学分析结合起来，认为在最基本的层次上，任何文化文本都积淀着政治无意识，也就是说文化文本是容纳个人政治欲望、阶级话语、文化革命的一个多元空间。而文本的意识形态在本质上是一种既肯定又否定的双重力量——称作意识形态和乌托邦。他借用了恩斯特·布洛赫的观点，将乌托邦作为一种激励和希望的想象，并用之"代表马克思主义的未来视角"，文本的乌托邦作为一种否定力量，表达了美好的未来理想，是人类追求的集体目的之信念化身，指引着驳斥和打破现存社会秩序的实践行动；而文本的意识形态作为一种肯定力量，表达的是统治阶级的利益、观念、意志或愿望，体现着社会的主导话语或霸权话语，是对现存社会秩序合法性的论证。这就是说，文化文本既是意识形态的，又是乌托邦的，文化、意识形态和乌托邦具有三位一体的同构关系。他反复强调乌托邦在后现代文化中的意义，认为"在目前环境下，人类生活业已被急剧地压缩为理性化、技术和市场这类事物，因而重新伸张改变这个世界的乌托邦要求就变得越发刻不容缓了"[①]。

詹姆逊关于文化与意识形态和乌托邦同构的观点，不仅揭示了文化的性质，而且为文化实践的功能追求指明了方向。

（五）文化"他者"视域：实践的关系模式

文化一般被认为是历史积淀下来的群体共同遵循或认可的行为模式，

---

① 〔美〕詹明信：《晚期资本主义的文化逻辑》，陈清侨等译，生活·读书·新知三联书店1997年版，第34～35页。

这种本质主义的观点强调了文化的群体共同性和对于个体存在而言的先在给定性。詹姆逊超越此观点而从关系的角度来看待文化，他认为，某一群体的文化对于该群体中的个体而言是共同的，但对"他群体"而言则是奇异的，他特别强调了文化"他者"视角的特殊性或差异性，并在文化批判和文化研究的实践中始终坚持文化的"他者"视域，对文化实践的关系模式进行了独特思考。

詹姆逊在《论"文化研究"》中说："所谓文化——即弱化的、世俗化的宗教形式——本身并非是一种实质或现象，它指的是一种客观的海市蜃楼，缘自至少两个群体以上的关系。这就是说，任何一个群体都不可能独自拥有一种文化：文化是一个群体接触并观察另一群体时所发现的氛围。"[①] 他从文化的"他者"视域出发，创造性地提出文化"源自至少两个群体以上的关系"，文化的深刻意蕴存在于群体关系之中。他对文化的群体关系进行了深入解释并指出，一个群体与不同的群体接触可能反映出不同的文化，群体之间的文化虽有对抗但不完全排斥，而是每一方都依靠另一方来界定自己。一种文化只有借助于其他文化的参照，通过感受对方的奇异、陌生才能认识自己，才能在互相观照和互相审视中更清楚地把握自己的位置。文化交流的双方还会因为彼此之间的不平等从而产生一种文化对另一种文化的集体性嫉妒或憎恶，继而影响到文化主体的身份建构。

詹姆逊把文化的"他者"视域广泛运用于其文化批判和文化研究的实践。他赞同19世纪英国文化批评集大成者威廉·莫里斯（William Morris）的观点，认为应把文化研究当作一门有能力思考区域性、民族性、国际性行动的学科，借此更好地认识全球范围内不同文化的关联和差异。他主张对纷繁复杂的文化现象做整体研究，因为"对文化或者说任何事物的理解只有通过交叉考察，或学科间互相涉指、渗透才能获得，才能完整全面"[②]。他明确指出文化批判"应当被看成是有关各社会群体大联盟设想的表现"[③]，它不是像文化分裂主义那样追求某种独白式的话语，也不是以清一色的身份统一不同群体所代表的意识形态，而是努力揭示文本中斑驳的意识形态。他极力推崇文化比较的方法，"为了研究某一种文化，我

---

① 〔美〕詹姆逊：《詹姆逊文集：第3卷·文化研究和政治意识》，王逢振主编，中国人民大学出版社2004年版，第24页。

② 〔美〕杰姆逊：《后现代主义与文化理论》，唐小兵译，北京大学出版社1997年版，第7页。

③ 〔美〕詹姆逊：《快感：文化与政治》，王逢振等译，中国社会科学出版社1998年版，第399页。

们必须具有一种超越了这种文化本身的观点,即为了了解资本主义文化,我们必须研究了解另外一些来自完全不同的生产方式的文化"。① 他批判美国的新一代知识分子将文化研究局限于探讨包括音乐、电视、性别、权力形式、族裔问题等大众文化现象,将美国文化的特殊性作为世界文化的普遍性,批判他们看问题忽略历史角度和阶级观点,因而也不能使自己更充分地、更直接地体验种种社会和文化的现实,他一再警醒人们认识美国在全球化文化中的霸权主义。

基于文化的"他者"视域,詹姆逊广泛考察各种群体关系及其文化,包括帝国主义时期殖民地与宗主国之间的关系,全球化时代"第一世界"与"第三世界"的关系,边缘群体文化与主流话语的关系,等等,他期待着一种世界文化关联并和谐发展的局面。在对"世界文学"的意义的重新解释中,他指出世界文学并不意味着创作某种立即具有普遍意义的经典作品,从而超越国家去打动形形色色读者,跨越民族环境去诉诸所有人。相反,他认为:"'世界文学'的含义是积极地介入和贯穿一个民族语境,它意味着当我们同别国知识分子交谈时,本地知识分子和国外知识分子不过是不同的民族环境或民族文化之间接触和交流的媒介。"② 他认为歌德所创造的"世界文学"这个概念指的是知识界网络本身,是思想、理论的相互关联的新的模式。詹姆逊还特别关注"第三世界"文化的发展,并对思想界、知识界的"统一战线"和真正的国际性知识分子联盟的出现充满期待,他在一直拥护传统马克思主义阶级政治的同时,也期待着各种形式的联盟政治和"新社会运动"。

总体而言,詹姆逊的庞杂著述虽然立足于考察后现代文化,但始终贯穿了一般文化理论的主线。他将文化置于广阔的理论视野和社会实践中,赋予其丰富而深刻的意蕴。文化不仅是思想,而且是行为;不仅是生产方式,而且是社会生活本身;不仅与经济共谋,而且与政治同语,与意识形态同构;不仅是个体的,而且是群体的;不仅是民族的,而且是全球的。他以一种执着的态度对"文化是什么"给出了自己的解答。并且,詹姆逊文化理论始终贯穿了一种马克思主义视野,他将各种西方思想理论置于马克思主义拱形框架中,观察研究当代资本主义文化的变化与特征。他对文化发展的资本逻辑与文化经济内容的深刻分析,对文化形式从现实主义到

---

① 〔美〕杰姆逊:《后现代主义与文化理论》,唐小兵译,北京大学出版社1997年版,第11页。
② 〔美〕詹明信:《晚期资本主义的文化逻辑》,陈清侨等译,生活·读书·新知三联书店1997年版,第48页。

现代主义、后现代主义的历史演变与辩证关联的独特考察，对文化表现的现实境遇与时空特征的准确判定，对文化的意识形态性与乌托邦诉求及文化政治使命的积极关注，无不表现了一种坚定的马克思主义立场和态度。对"文化是什么"这一熟悉而难以回答的问题，在后现代社会特定语境中，詹姆逊实质上以马克思主义的方式做出了解答，并留给人们无限想象的空间。文化马克思主义开端于法兰克福学派的文化批判，形成于伯明翰学派的文化研究，在詹姆逊后现代主义文化研究中得到更为全面、深刻和成熟的发展。在文化发展的后现代主义阶段，文化马克思主义更彰显出其作为一种文化批判和文化研究范式的特征和意义。

三、詹姆逊马克思主义立场下的后现代文化批判[①]

詹姆逊不仅对晚期资本主义文化做出了总体的、全面的、历史的、辩证的研究，而且作为一个新马克思主义者，秉承了马克思主义的批判精神，对后现代文化的异化本质进行了犀利批判。他通过对后现代文化泛化现象的分析，指出后现代文化已发生审美变异成为大众快感文化；通过分析后现代文化的空间特性，揭示后现代文化已成为平面文化，失去历史感和深度精神；通过揭示后现代文化的形象化表征，批判其失去个性和创造力；最后，通过分析后现代文化处境中主体精神分裂的状态，深刻批判后现代文化主体消解，失去乌托邦精神。詹姆逊不仅全面批判了后现代文化自身的普遍异化，而且深刻揭示了后现代文化异化境遇中人的全面异化和主体的最后消解。

（一）文化泛化与审美变异

詹姆逊认为，从20世纪50年代末、60年代初开始，文化发生了彻底的改变，表现为与现代主义文化的彻底决裂。这种断裂的原因应归结为资本主义发展过程中社会状况的变化，即社会性质由垄断资本主义转型为多

[①] 参见刘梅《后现代文化的异化本质——詹姆逊的断定与批判》，《学术研究》2010年第9期。

国或跨国资本主义，也被称作晚期资本主义社会。晚期资本主义经济的特点是跨国资本在全球大规模纵深发展，取代垄断资本，成为资本运作的主要形式。"一切都以它的资本增殖和再生产为转移，换言之，随着跨国资本主义的发展，一种难以察觉的资本的内在逻辑及其作用将成为社会的支配力量。"① 这是资本主义发展史上更高级和更纯粹的时期，商品的逻辑成为所有生产的逻辑，资本已扩张到此前没有被商品化的许多地区。资本运作和资本主义生产方式的新变化，必然反映到文化领域，资本也理所当然地成为文化生产的动力和依据，文化生产成为整个社会生产和消费的有机组成部分。

正是从资本主义商品生产和资本运行的逻辑中，詹姆逊发现了后现代文化的一个显著特征，即文化的泛化与去边界化。后现代文化出现与经济交融、互渗、共谋的现象，一方面经济进入了各种文化形式，使艺术作品甚至理论都成了商品；另一方面文化逐步经济化，文化商品在后现代社会的市场和整个日常生活中被消费。

詹姆逊透视到文化打上经济烙印后的泛化趋势。他指出，在后现代社会里，文化的疆界被大大拓展，与以往侧重于精神特征的文化观念有了很大的区别。在后现代社会，由于作为全自律空间或范围的文化黯然失色，文化落入尘世，普遍渗透或移入各种事物之中，文化的扩散使文化与总的社会生活享有共同边界。"如今，各个社会层面成了'文化移入'，在这个充满奇观、形象或海市蜃楼的社会里，一切都终于成了文化的——上至上层建筑的各个平面，下至经济基础的各种机制。……'文化'本体的制品已成了日常生活随意偶然的经验本身。"② 这就是说，文化已不再是一个纯粹而独立的概念，文化泛化使自身发生内爆，在社会结构中超越自我边界，从而与经济共谋，与政治同语，与意识形态同构，与生活失去距离和边界。

文化的泛化与去边界化开启了文化异化的大门。后现代文化的生产方式和存在形态发生了根本的变化，文化已经商品化、市场化、产业化和大众化。文化物化成为产品，在工业流水线上批量生产，在市场上出售，后现代文化成为消费文化和大众快感文化。商业价值成为衡量文化价值的绝对标准，文化的内在规律演变为市场规律。大众文化取代精英文化的霸权

---

① 王宁等主编：《全球化与后殖民批评》，中央编译出版社1998年版，第93～94页。
② 〔美〕詹明信：《晚期资本主义的文化逻辑》，陈清侨等译，生活·读书·新知三联书店1997年版，第381页。

地位，以复制或剽窃方式广泛满足大众的需要，以拼凑与戏仿手段恣意制造娱乐性，使受众获得即时快感。文化成为后现代社会最重要的因素，成为一切。当一切都被冠以文化之名或打上文化标签之时，文化不仅物化和表层化，而且世俗化和功利化，成为达致政治和经济目的的工具，成为资本运作的内在逻辑。

文化泛化与去边界化，致使后现代文化在本质上发生极大变异。文化表层化，物性张扬，审美性失落，失去精神内蕴。詹姆逊在分析后现代社会典型文化形态——大众文化时，也同阿多诺、马尔库塞、哈贝马斯等人一样，采取了批判态度。他指出，大众文化作为现代大众传媒和信息技术与受众之间的互动机制而催生的新的文化生产、传播和消费形式，是以城市大众为主要对象的复制化、模式化、批量化、普及化的文化形态。大众文化以其强大的包容性和消解力，整合了媒体文化、商业文化、消费文化、娱乐文化等多种样式，形成以趣味为核心，兼具重感性、简单化、同质化等特点的新的文化系统，从根本上改变了文化的生产方式和人的存在方式。大众文化一方面满足了大众对感官刺激与精神抚慰的需求，丰富和滋润了人们的生活；另一方面，由于其自身的特点及依赖大众媒介所具有的痼疾，恰恰导致了人的异化倾向。传播学四大奠基人之一拉扎斯菲尔德早在20世纪40年代曾列举大众媒介的四大罪状：使大众丧失辨别力，安于现状；导致大众的审美鉴赏力退化和文化水平下降；剥夺大众的自由时间；具有麻醉精神的作用。詹姆逊认为大众文化也必然因这些固有缺陷导致大众的异化，从而使人失去最宝贵的本质。

（二）文化时空逆转与深度消失

不可否认，文化是在时间长河中的历史积累。时间是线形流向的，它一刻不停地从"过去"经"现在"不可逆地指向"未来"，时间正是在历史中生成和存身的。但在生产力尤其是尖端技术、电子技术迅猛发展的今天，出现了一种新型的时间观。

詹姆逊认为，后现代时间是线性时间崩溃后的时间碎片，零散化的时间已失去向度，"现在"与当下成为时间存在的唯一标识。在后现代时间体验中，人们感到自己生活在永恒的现在之中，区分过去、现在、未来已没有意义。"我们整个当代社会系统开始渐渐丧失保留它本身的过去的能力，开始生存在一个永恒的当下和一个永恒的转变之中，而这把从前各种社会构成曾经需要去保存的传统抹掉。"[1] 在后现代的时间意识中，过去和未来从时间的链条上消失，时间的连续感已崩溃，时间意识丧失，历史意识淡化。后现代时间观消解了人们的历史意识，使人们忘记了如何进行历史性思考。历史意识是人类对于自身和历史事件的看法，个体的历史记忆与集体的历史文化传统可以反映出某个时期人们的历史观。现代主义文化注重现时与文化传统和个人记忆的密切关系。而在后现代主义文化中，人们沉醉于现时体验的欢悦，个人记忆和文化传统与过去断裂，历史成为纯粹偶然的片断，历史规律即人们借助权力话语虚构出来的幻想之物，后现代文化已失去历史维度。

时间和空间是人们感知世界的重要方式，时间与空间的关系一般包括时空分离、时空一体和时空互换三种情况。时空分离与时空一体是基于自然时空的特性，而时空互换则是以自然时空为前提建立在社会时空基础上的特性。詹姆逊从社会时空观的视角断言后现代文化是一种空间文化，是一种缺乏深度精神的表层文化。后现代文化发生了时空逆转，即时间变成了空间。后现代社会以快速变化掩盖了停滞，社会生活各层面空前的变化速率等同于一切事物空前的标准化。当剧烈变化以标准化的形态出现时，这种变化从某种意义上说也就是停滞或僵化，詹姆逊把这种停滞表述为"时间变成了空间"。后现代时间停滞于永远的"现在"，空间否定、压抑时间，占据主宰地位，时间的"空间化"必然影响我们的生活、思维以及对未来的想象。

詹姆逊认为后现代主义文化是注重空间的文化，空间是后现代文化存在的主因。他把空间分为欧氏几何空间、帝国主义空间和后现代空间，它们分别对应的是市场资本主义、帝国主义（或垄断资本主义）和晚期资本主义的生产方式。在欧氏几何空间，个人经验与环境相适应；在帝国主义空间，个人经验与环境出现断裂；在晚期资本主义的后现代空间，这种分裂更为严重。詹姆逊所谓的后现代空间即鲍德里亚所定义的超空间，它是"一个充斥幻影和模拟的空间，一个纯粹直接和表面的空间。超空间是空间的模拟，对它而言，不存在原始的空间；类似于与它相关的'超现实'，它是被再现和重复的空间。可以说，超现实比现实更现实；它没有事物本身肮脏的物质性，却可传达对事物的感觉、事物的'物性'"[2]。詹姆逊认

---

[1] 〔美〕詹明信：《晚期资本主义的文化逻辑》，陈清侨等译，生活·读书·新知三联书店1997年版，第418页。

[2] 〔英〕肖恩·霍默：《弗雷德里克·詹姆森》，上海人民出版社2004年版，第172页。

为后现代超空间开创了一种新的空间范式，人们迷失于跨国的、全球化的庞大网络空间，同时也受到超空间的重新塑造。人们的身体丧失感知周围的能力，思维丧失判断事物的能力，主体的感知方式和经验面临着新的挑战，现实认知对过去的记忆以及对未来的投射都在巨大的空间中被弱化得无能为力。"后现代空间都让我们终止期望，终止一切的欲求。"[①] 人们失去对过去的历史感和对现实的批判精神，也失去对未来的乌托邦理想，只在当下时空中快乐与痛苦、狂欢与迷失并存。

后现代文化是缺乏时间维度和历史意识的表层空间文化，詹姆逊就此断言，后现代文化的首要典型特征之一是"深度消失"，即后现代主义力图推翻现代主义探究"深层意义"的思维逻辑模式，试图从哲学上消除现象（phenomenon）与本质（essence）、表层（surface）与深层（depth）、真实（truth）与非真实（truthlessness）、能指（signifier）与所指（signified）之间的对立关系模式，把本质推向现象、深层推向表层、真实推向非真实、所指推向能指。詹姆逊据此认为，后现代主义文化解构了人们探究本质、深层、真实、所指等有关"意义深度"的思维定式，不再追求现代、前现代经典作品具有的深度价值和意义，没有潜藏在语言文化背后的深层寓意，因而是一种无须解蔽的丧失深度精神的表层文化。

（三）文化视像化与创造力枯竭

视觉文化取代印刷文化的发展趋势早在匈牙利电影理论学家巴拉兹的理论中就有预言。视觉文化的内涵由本雅明进行了丰富，他认为电影凭借一些技术手段，把现实世界尚未出现的东西在电影中超前呈现，从而把一种新的文化带入人类社会生活。加拿大历史学家麦克卢汉根据传播媒体的不同将人类历史分为口头文化、印刷文化和电子文化三个时期。口头文化是指14世纪之前以古希腊为代表以言说为主要特征的文化；印刷文化是15世纪到20世纪50年代以文字阅读为主要形式的文化；电子文化即20世纪50年代之后以借助电子技术和网络等高科技手段传承影像为主要特征的文化。麦克卢汉从媒介和传播方式的变革角度强化了视觉文化的主题。美国学者丹尼尔·贝尔和法国学者利奥塔也关注到视觉文化的转向，贝尔指出，当代文化正在变成一种视觉文化是千真万确的事实；利奥塔则

---

① 〔美〕詹明信：《晚期资本主义的文化逻辑》，陈清侨等译，生活·读书·新知三联书店1997年版，第492页。

直言感官经验优于概念，图像优于文字和话语；法国学者波德里亚发现，视觉文化借助电子媒介和计算机模拟进入了"拟像年代"，意味着形象与现实断裂，拟像渗透了日常生活。

詹姆逊与这些理论学家一样，也敏锐地感受到了文化的视觉转向。他从现代传媒和社会生产方式的角度对这一转变做了更进一步的阐述。他指出晚期资本主义世界是一个超越文字的世界，人的生活已迈进阅读和书写后的全新境界，文化发生的革命性转变是从以语言为中心转向以视觉为中心。当代社会空间被视觉文化充塞，所有真实的、未说的、未见的、没有描述的、不可表达的，都已经成功地被渗透和殖民化，统统转换成可视物和惯常的文化现象。由于电影、电视、电脑的发展，以及后现代社会独特的时间性，"现在开始感觉到的东西——作为后现代性的某种更深刻、更基本的构成而开始出现的东西，或至少在其时间维度上出现的东西——是现在一切都服从于时尚和传媒形象的不断变化"①。

詹姆逊将后现代文化定位为视像文化，认为在后现代社会，人和事物皆异化为一种形象，形象无处不在并一统天下，改变着传统认知方式。在消费社会，是事物的形象而不是事物本身成为关注焦点，消费者感兴趣的不是商品的使用价值，而是商品的外观形态，人们需求或喜欢的不是商品本身，而是这种商品的外包装或者广告代言人，这就是说形象代替了"真实存在"的事物。同理，人（明星）异化为形象。明星是在媒介大力渲染和烘托中被塑造出来的，明星在商品化过程中物化演变为自身的"形象"。一个有血有肉的明星便成了一种商品和形象，恰如德波所描述的状况："形象已经成为商品物化之终极形式。"②

如果说形象还有真实模本（copy），形象之"物"还接近真实，那么，当形象发展为类像时，则连原来的模本也抹去。詹姆逊借用了鲍得里亚的"类像（Simulacrum）"概念来反映后现代文化的客体表征。"类像"是没有本源根基、缺乏客观实在性的虚幻模拟，"类像"之物是远离真实的幻象。"类像"文化把人们带入了一个完全的"虚拟世界"，通过中立、僵化"媒介物"，惯用复制（剽窃）和拼凑（戏仿）的技法，而使文化文本失去思想意义和价值。"类像"文化正是一堆没有意义和价值的拼凑物，

---

① 〔美〕詹姆逊：《时间的种子》，王逢振译，漓江出版社1997年版，第19～20页。
② 〔美〕詹明信：《晚期资本主义的文化逻辑》，陈清侨等译，生活·读书·新知三联书店1997年版，第455页。

"拼凑是一种空心的摹仿——一尊被挖掉眼睛的雕像"[①]。通过复制与拼凑,后现代社会被"类像"包围,致使现实和幻觉失去区别,现实世界失去真实性。后现代文化越来越看不到具有能动性和创造力的劳动痕迹,现代主义所追求的主体性、独创性、情感、真理、终极意义等文化精神纷纷消失。后现代文化成为创造力枯竭的文化,后现代人也因此丧失了存在的精神维度,成为失去根基的漂泊物。

(四)文化主体消解与精神分裂

詹姆逊认为,与现代主义时期的人相比,后现代时期人的精神状态在异化的路上走得更远。后现代主义的特征是碎片化,主体不只是异化,而且走向消解和彻底精神分裂。

第一,后现代社会主体死亡。詹姆逊认为,"伟大的现代主义是一如你的指纹般不会雷同、你的人身般独一无二的个人、私人风格的创造的必然结果"[②]。现代主义美学是与独特的自我、人格和个性概念根本相连的,但在后现代主义中,这种传统意义上的个体主义已经终结,个体或个体性主体已经死亡。主体死亡可做两种理解:其一,古典资本主义社会文化中,个体性主体曾经被置于万事中心,但在后现代社会,现代主义意义上的主体已瓦解、消失在全球性的社会经济网络中;其二,如果从后结构主义激进立场来看,资产阶级的个体性主体只是一个神话,它从未真正存在过,仅仅是一种哲学和文化的迷思,对它的建构是企图说服人们要"具有"主体性并且拥有独特的个人身份。总之,在后现代文化语境中,资产阶级独立个体主体已经消解。

第二,后现代社会主体精神分裂。詹姆逊认为,在后现代时间和空间中,人的中心特权被摧毁,陷入自我迷失和精神分裂。在后现代社会,由于时间逻辑让位给空间逻辑,历史感消退,视觉文化盛行,类像普及,人的主观感受能力、能动性和创造力也大大减弱。世界成为物的世界,人亦沦为物,只能被动地感受非真实的世界和自我,现代主义时期建立的主体中心地位被摧毁。作为文化表现的主体感情维度已消失,只能冷漠地客观再现世界,起复制世界的作用,主体在文化实践中的感情、个性和风格也

---

① 〔美〕詹明信:《晚期资本主义的文化逻辑》,陈清侨等译,生活·读书·新知三联书店1997年版,第458页。
② 〔美〕詹明信:《晚期资本主义的文化逻辑》,陈清侨等译,生活·读书·新知三联书店1997年版,第402页。

消失。如果说现代主义的病状是孤独、寂寞、焦虑,但尚有一个主体存在,那么后现代主义的病状是"零散化"的耗尽,已经没有一个自我存在了。"你无法使自我统一起来,没有一个中心的自我,也没有任何身份。"① 后现代主义主体成为徒具外表、麻木不仁的"空心"人,人的生命存在的真实性与价值追求消解了。人失去了有关时间连续性的感觉,他没有过去亦没有未来,成为一个纵情于当下世界的"无我之象"。当人失去具体的活生生的时间感受,不能将自己投入一个特定的时间连续体之中,这种状态与一个因能指断绝而胡言乱语的精神分裂者并无两样。后现代主体不仅去中心化而且碎片化,主体在吸毒式体验中遭受精神分裂并"耗尽"生命,沦为某种非真实存在的生命漂泊物。精神分裂不只是主体异化,而是主体的零散化,即主体消解,自我已经不存在。

第三,后现代社会主体乌托邦精神消逝。詹姆逊认为,现代主义的基本特征是乌托邦式的幻想,而到了后现代主义时期,由于文化与经济的共谋,文化的自律性消失,文化的内在精神失落,人们的乌托邦理想也衰微了。具体表现为,其一,在后现代社会,大众文化盛行,消费主义提供的虚假满足消解了埋藏在人们意识深层的集体无意识,使任何大型的集体方案都成为不可能。大众文化限制了主体的乌托邦想象力。其二,后现代社会以媒介发展为特征,在某种程度上,媒介扮演着"异化"的帮凶。生存在"媒介环境"中的当代人,以"媒介真实"代替"社会真实",以"媒介声音"为行为导引,而越来越失去现实批判精神与超越维度。支离破碎的媒介信息与五颜六色的媒介产品渐渐迷惑了现代人的"双眼",制约着人的主体性发展,人们变得习惯于即时的"表层娱乐",而不再追问"深层意义"。现代媒介消解了主体的乌托邦欲望。其三,詹姆逊赞同阿尔都塞"人生来就是意识形态的动物"的观点,并把意识形态理论对主体建构的这种诡计称为"遏制策略",深刻指出意识形态对主体的建构实质上是对人的压制和异化。他说:"不管你是左派还是右派,进步的还是反动的,工人还是老板,或者属于下层阶级、边缘人群、少数民族,或性别歧视的受害者,人人都受制于意识形态。"② 由于意识形态的遏制,人们的乌托邦欲望处于被压制、被掩盖、被同化、被扭曲的状态,社会缺乏乌托邦现实存在的土壤,现代社会陷入乌托邦精神危机。

---

① 〔美〕杰姆逊:《后现代主义与文化理论》,唐小兵译,北京大学出版社2005年版,第176页。

② 王逢振主编:《詹姆逊文集:第3卷·文化研究和政治意识》,中国人民大学出版社2004年版,第381页。

詹姆逊对后现代文化异化的批判是全面而深刻的，从文化内涵的审美变异，到文化的空间化与深度精神消失，到文化客体表征的视像化与创造力枯竭，再到文化主体的消解与精神分裂，总体勾勒了一幅后现代文化异化的图景。他对后现代文化的批判及为当代文化发展所提出的文化认知和文化政治实践策略，无疑对中国特色社会主义文化建设具有警醒意义。詹姆逊认为只要资本主义幽灵还在世界各地游荡，马克思主义知识分子就有责任承担起文化政治的任务。詹姆逊将文化研究与马克思主义结合起来，其文化研究和后现代文化批判兼具文化唯物主义立场、文化历史发展视野、文化辩证方法和文化政治实践思考，作为一个生活在西方资本主义社会的知识分子，詹姆逊的马克思主义立场、方法、信念、精神无疑带给中国知识分子诸多思索和启迪。

第六章

文化马克思主义的理论反思与中国启示

文化马克思主义作为文化研究的一种理论范式，继承了马克思主义理论特别是唯物史观的基本理论和方法，深化和发展了马克思主义文化理论。文化马克思主义在历史唯物主义的视域中研究文化，突显了文化生产、文化生活和文化实践的物质性、基础性和创造性，开拓了历史唯物主义的文化维度；文化马克思主义在意识形态的政治阐释框架之外，将文化与意识形态关联起来，对意识形态理论进行了泛文化意义的阐释，进而在文化领域强化了意识形态的意义；文化马克思主义在后现代语境中强调多元文化政治，将文化与政治并置连接，在种族、民族、性别、年龄、身份、地缘等新的文化领域，拓展了政治的内涵和政治实践的空间；文化马克思主义把对资本主义社会的"资本"批判转向"文化"批判，以文化决定论代替经济决定论，在文化批判和文化研究中坚持马克思主义辩证法，创造性地发展了文化的辩证法。

文化马克思主义将文化研究和马克思主义结合起来发展出许多新的话语，但其理论执着于文化研究和批判，不可避免地忽略了经典马克思主义强调的对资本主义的政治经济批判，因而存在理论的本源性缺陷。文化马克思主义因对马克思主义的"文化化"而崛起，也因"文化化"马克思主义而陷入理论困境，无力回应当代社会面临的诸多理论和现实问题。

文化马克思主义作为新的马克思主义形态，对中国化马克思主义的发展和中国特色社会主义的文化建设具有重要的启示意义。如果从文化层面来看，中国化马克思主义正是马克思主义与中国文化相结合的产物；马克思主义中国化的历程是马克思主义与中国的民族传统文化不断结合的过程，也是在各种文化矛盾中推动文化传统走向现代化的过程。以马克思主义理论为指导，正确认识当代社会的各种文化矛盾，处理好中国与西方以及传统与现代等各种文化关系，是中国化马克思主义发展的应有之义，也是中国特色社会主义文化建设的内在要求。

一、文化马克思主义的理论贡献

文化马克思主义将马克思主义与文化研究结合起来，不仅推动了文化理论和文化观念的发展，而且在文化研究和文化批判中，重新阐释和发展了马克思主义基本理论。文化马克思主义开拓了历史唯物主义的文化维度，强化了文化的意识形态意义，在多元文化政治中拓展了文化的政治内涵和政治实践空间，创造性地发展了文化研究和批判的辩证方法。

（一）开拓了历史唯物主义的文化维度

文化唯物主义是在历史唯物主义的视域中对文化和文化生产特性的一种具体阐释，开拓了历史唯物主义的新维度。

英国主流文化观认为，文化与物质具有对立关系，文化属于形而上层面，而物质属于形而下层面。英国传统文化观习惯从精神的和思想意识层面理解文化，从而导致文化与物质范畴的疏远与分离。威廉斯反对以二元思维方式看待文化与物质的关系，他既不赞成英国传统定义将文化视为纯粹精神范畴，在精神层面无限拔高文化的超越性和自律性，也不赞成传统马克思主义将文化视为经济决定论的产物。威廉斯从马克思主义历史唯物主义立场出发，坚持认为文化是一种物质性生活实践活动，应将文化与物质并置起来，既强调文化生产的物质性又突出文化实践的创造性。他认为应联系物质生产条件和语境来分析和探讨文化实践，通过日常生活的表征和实践来理解文化，将文化作为一种整体的生活方式的形构过程。威廉斯将文化与唯物主义嫁接起来，在历史唯物主义框架中将文化解释为物质生产实践，肯定文化的物质性、实践性或者说唯物性时，确立了文化在历史唯物主义中的基础地位，突破了文化位居上层建筑的传统，意味着文化既在基础中又在上层建筑中，从而打破了"基础与上层建筑"的二元思维模式。

威廉斯通过重新定义和扩展文化的内涵，完成了创建文化唯物主义方法论原则的基础性工作，并在反思马克思主义的历史唯物主义原理的基础上，确立了文化主义的理论地位而与经济主义抗衡。他将文化主义与唯物主义接合起来，建构了文化唯物主义理论体系及其方法论，从而提升了英国马克思主义在当代马克思主义发展史上的地位。以威廉斯为代表的文化唯物主义开拓了历史唯物主义的文化维度。文化唯物主义的理论目标是将英国的文化主义传统与西方马克思主义理论结合起来，批判教条化的马克思主义经济决定论思想，弥补和丰富马克思主义文化理论，从理论上深入发掘文化与社会之间的多维复杂关系，以满足当代社会政治实践的现实需要。文化与唯物主义的接合不是简单的拼词游戏，文化唯物主义这一术语突显了文化生产与文化实践的物质性、基础性和创造性。文化唯物主义作为一种文化分析的理论和方法论，其理论逻辑正是通过强调文化特性，来揭示文化在社会斗争中的政治意义，彰显文化在社会中应有的基础地位。

威廉斯的文化唯物主义同其他当代马克思主义理论方法论相比较,其最典型的特点是:始终坚持将社会经济、政治的历史现实作为基础及其决定环节,反对经济活动独立发生作用的观点,认为经济、政治、文化和宗教等活动构成一种总体性关系,也与人的意识活动构成充满意义的过程。威廉斯从他最擅长的文学批评研究中认识到,小说、戏剧和电影等文学艺术作品并不是简单地在"反映"现实,也是在制造和生产影响社会的意义,这些意义就是能够影响现实社会生活的价值观念。因此,威廉斯力图证明文学(文化)的生产作用和社会意义,并为它们做出理论辩护。

威廉斯的弟子伊格尔顿认为,威廉斯的文化理论是以文化的生产方式为主要议题,对马克思主义经济决定论做出检视和批判,"他关心的主要问题既不是具体的文学作品,也不是抽象的社会构型,而是生产文化的全部物质设置这一中间领域,从剧场和印刷机到文学小圈子和赞助人制度,从排练、评论到生产者和接受者的社会语境都在其中"[①]。威廉斯所提出的文化唯物主义理论,其目的就是将唯物主义扩展到文化实践活动中,消解"基础"和"上层建筑"的明确界分。这似乎远离了马克思主义,但实质上却是在文化活动领域中坚持和发展了马克思主义。威廉斯把马克思唯物主义的观点扩展到文化实践,即文化生产的物质方式、社会组织形式和制度等,为文化理论找到坚实的唯物主义的基石,凭借丰富的文化理论充实了唯物主义的内容,从而在历史唯物主义中自然建立了文化与马克思主义的联系。

汤普森与威廉斯同为英国第一代新左派代表人物,他们共同创立了文化唯物主义研究范式,但与汤普森执守传统文化和阶级观念、反对结构主义马克思主义的态度不同,威廉斯以更为现实的态度接受了第二代左派及其他各种批判话语,他将经典马克思主义、西方马克思主义理论及其他当代西方思潮结合起来,同时批评性汲取了马克思、恩格斯、卢卡奇、阿尔都塞和葛兰西等人的理论观点,不断修正自身的文化观,努力使文化研究既坚持唯物主义的立场又体现出辩证法的态度。威廉斯的文化唯物主义是建立在文化实践基础上典型的文化马克思主义理论,威廉斯的文化马克思主义者身份符合美国学者道格拉斯·凯尔纳对他的指认。

[①] 〔英〕特里·伊格尔顿:《历史中的政治、哲学、爱欲》,马海良译,中国社会科学出版社1999年版,第116~117页。

（二）强化了文化的意识形态意义

文化意识形态理论是文化马克思主义理论发展的重要成果，伊格尔顿和拉伦的文化意识形态理论极具代表性，他们脱离传统马克思主义对意识形态的政治阐释框架，将文化与意识形态关联起来，对意识形态理论进行了泛文化意义的阐释，进而在文化领域强化了意识形态的意义。

伊格尔顿和拉伦通过对意识形态史的考察全面把握了意识形态的内涵和特征，他们超越前人和传统理解对意识形态做出独特阐释。伊格尔顿总结了意识形态的各层次内涵与基本特征，认为意识形态是具有宽广历史意义的范畴，应以开放、辩证的方式加以理解。他从认识论和社会学双重维度认识意识形态，认为意识形态不是虚假性的认识和幻象，而是符号化表征的世界观，是一种权力或一定政治力量介入的形式，意识形态真实地发挥着社会实践的功能。伊格尔顿修正了将意识形态简单等同于统治阶级意识的传统认识，他运用精神分析学使意识形态概念具有了符号学意义，以符号形式广泛表现在日常生活世界之中，他深入研究了文学生产中的审美意识形态问题。伊格尔顿把文学这种特殊的文化形式和意识形态连接起来，通过分析两者之间的关系，揭示了文学生产的意识形态本质和审美实践的政治意义。伊格尔顿在自己的文学（文化）研究中，以跨越物质与精神、基础与上层建筑两个领域的"大文化"观，将文化与意识形态连接起来，建构了文化的意识形态理论和分析方式，发掘出文化的、审美的意识形态功能，使文化和审美与政治结合起来，实现了政治介入的目的。乔治·拉伦将意识形态理解为对资本主义社会的文化批判，认为马克思主义就是最重要的批判模式。他在理性主义意识形态的基础上提出非理性主义意识形态范畴，在马克思主义的统治阶级意识形态之外，认识到性别、民族和种族等文化问题的意识形态意义，从而在当代资本主义发展的新形势下，将性别、民族和种族等文化领域的权力与统治问题纳入意识形态领域。他还突破马克思主义意识形态分析的阶级性局限，深入研究和探讨了文化身份建构中的意识形态问题。

文化意识形态理论不是对文化或者意识形态的单面研究，而是对文化与意识形态两者的相互影响与作用关系的融合研究。"文化意识形态"这一术语不是"文化"与"意识形态"两个范畴的简单叠加，不能简单化解读为"文化和意识形态"或者"文化的意识形态"的含义。它以一种"大文化"观将意识形态日常生活化和"文化化"，在广阔的社会生活和文化领域中认识到意识形态的文化特性，并深入发掘了文化的意识形态特性和功能。

意识形态是文化构成的核心部分，它与一定的社会经济和政治直接或间接相联系。文化是一种精神性存在，它是全部社会精神生活成果的总和，是比意识形态更具有包容性的概念。意识形态实质上是人类文化发展到特定历史时期的特殊样态，它渗透于文化存在与发展的过程中，以文化存在为基本场所。

文化是意识形态的基础，是意识形态形成和发展的思想源泉和精神支撑。文化是人类历史创造的精神成果，其核心是价值观，它激励和支配着个人和群体的行为，决定了人们的心理意识与价值观念，并通过无意识的过程聚积成为社会意识形态的内在支撑力量。文化以特有的运行机制影响社会成员的心理情感、认知模式和价值判断，形成社会团体的行为准则，它通过精神激励和价值导向对社会意识形态产生凝聚与提升作用。

意识形态具有文化特性。文化与历史同一，文化是人的历史活动的积淀与产物。而意识形态是一定历史阶段的产物，它不是随意选择或构建的，而是当时的文化背景和文化积淀所决定的。文化不仅为意识形态的建构提供物质和精神上的支持，而且是意识形态维护的重要保障。意识形态不仅靠国家机器来维护，还通过广播、电视、广告、电影和流行报刊等承载精神文化产品的载体进行思想宣传。文化是一个开放的系统，人的持续对象性活动和自由自觉的创造性活动，会促使文化做出内在的自我更新和自我超越。文化的发展与创新为意识形态建构提供了平台，推动了意识形态的不断完善。

文化唯物主义将意识形态纳入文化领域并为意识形态找到文化根基，赋予意识形态以文化特性，并且文化的意识形态功能也得到强化。意识形态作为各种具体的意识形式构成的思想体系，它是文化发展根本的、内在的力量。意识形态在一定条件下成为文化发展的动力，文化难以逃避意识形态的影响，人类的文化生产不能离开意识形态，否则将失去其基本的场所。文化的社会价值通过意识形态的选择得以体现出来，人类文化正是通过意识形态得到发展。

文化意识形态是在文化理论与意识形态理论发展到一定程度后相互结合的产物。文化与意识形态的结合，使意识形态"文化化"，也使文化意识形态化，建立起文化分析的意识形态范式，最终为文化研究提供了介入社会现实的政治策略。如果说文化唯物主义理论是以文化与社会的关系为焦点将文化解释为"整体的社会生活"，使文化的内涵从狭义的精英主义文化观走向辩证、全面和丰富的文化观的话，那么，文化意识形态理论则切入到社会生活的深处，彰显了社会文化内部政治、经济、文化、意识形态、主体和权力等各种要素的相互结合的关系及相互作用的错综复杂性，从而在非政治性维度进一步认识到意识形态的文化意蕴，并在文化研究中强化了意识形态分析的意义。

文化意识形态继文化唯物主义之后，成为文化马克思主义理论的重要一翼。理论界常将文化主义等同于文化唯物主义，又将文化唯物主义混同于文化马克思主义，这种认识忽视了对每个范畴产生的特定语境的考察，并未关注到文化主义、文化唯物主义、文化意识形态和文化马克思主义在历史发展中的理论差异性与理论相关性。文化主义侧重强调经验主义特色的英国文化研究传统，文化唯物主义注重在历史唯物主义框架中考察文化实践，文化意识形态则倾向于超越马克思主义政治意识形态去分析文化与权力的复杂关系。它们之间既有差别又有内在逻辑联系，各自内容有理论侧重点，但又以文化作为一根红线贯穿起来，统归于文化马克思主义范畴，反映了文化研究与马克思主义相结合的历程及当代发展状况。

（三）拓展了文化政治的内涵与实践空间

文化马克思主义在后现代语境中强调多元文化政治，将文化与政治并置连接，拓展了文化政治的内涵与实践空间。

"文化政治"不同于人们通常所说的"政治"。传统"政治"概念通常是从社会层面而言，主要指国体、政体、政治机构、政党和国际关系等社会权力关系；文化政治则是从文化主体层面而言，主要关涉种族、民族、性别和年龄等文化权力关系。传统意义上的政治与文化政治都以权力为共同本质，包括权力的分配、使用、争夺和巩固等向度。权力作为一个重要的术语已经渗透到文化研究中，被广泛用于阐释各种文化实践及文化产品。当"政治"被一般地视为权力关系的领域时，它的含义就必然扩展到阶级关系之外的所有社会关系和文化关系之中，从而产生诸如影像政治和身份政治等多种新的政治形式，这正是多元文化政治的体现，它以一种开放建设性姿态大大拓展和深化了政治学研究的内涵。文化政治可能关涉的不是阶级而是种族，不是派别而是性别，不是地域而是代沟。在种族、性别、年龄和地缘等新的文化领域，一些以往被遗忘了的角落被重新发现，成为文化研究者大显身手的广阔空间，常规"政治"概念得到了重新理解和进一步拓展。

文化政治强调政治在文化中的绝对性、永恒性和普适性，认为任何因素都是政治，文化与政治不可截然分开，政治也不是文化的附属。文化在实际使用中被每个时代的不同语境赋予特指含义，在后现代新语境中，"文化"已经商品化、产业化，它与电子技术、大众传媒结下不解之缘，广告策划、网络写作等许多文化实践活动转而指向性别、族群、身体和审美等，文化政治转化成为"身份政治""性别政治""性政治""身体政治"和"审美政治"等的总称，政治在多元文化领域的延伸完全超越了传统阶级政治的内涵与政治实践的局限。

文化政治以后现代主义为话语背景，后现代知识状况决定了文化政治的微观政治走向。利奥塔认为，后现代知识状况是一场以微小叙事取代宏大叙事的过程，宏大叙事崇尚普遍性和总体性，已不能适应时代要求。所谓微小叙事，则是一种推崇差异性和多元性的后现代叙事。在后现代语境中，以往在政治活动中占据主要地位的宏观政治，正受到日常生活领域中的微观政治的挑战，人们转而关注微观政治学，视其为真正的政治斗争领地。对于文化政治来说，所谓"微观"其实包含了局部片断以及感性具体这两层含义，"微观政治"秉承后现代文化消解一切的本性，崇尚事物的局部性、异质性和多元性，反对宏观政治对事物的全局性、同质性、总体性和一元性的重视。微观政治是一种对传统政治策略的重新反思，体现了一种探求新型政治实践的勇气。微观政治的这种宽容性与柔性正是时代的需要，它对宏观政治的合理和完善具有补偏救弊的作用。文化政治呼应了20世纪70年代以来的"新社会运动"，适应了后现代政治学从阶级政治向非阶级政治，从宏观政治向微观政治的转向，多元文化政治其实已走向后现代政治实践。

20世纪80年代以后，文化研究顺应时代发展走向后现代，多元文化观念流行，文化研究的政治旨趣也向后现代多元文化领域延展，西方马克思主义的议程也向后马克思主义转变。托尼·本尼特的多元文化政治理论与实践极其鲜明地反映了文化马克思主义的后学演变特征和趋势，独具特色的文化政策研究与博物馆研究作为文化治理术的范本，反映了文化马克思主义以一种后马克思主义的姿态对马克思主义的超越和承续。文化马克思主义坚守了马克思主义的政治实践品格，始终通过文化研究介入社会生活和政治，但又开辟了政治实践的多元文化领域。文化马克思主义的政治实践从早期注重工人阶级现实文化分析的阶级政治实践，走向侧重于文化文本及意识形态分析的理论政治实践，后又更加深入地走向了微观具体的文化政治治理术。

(四) 创造性发展了文化的辩证法

文化马克思主义的一个重要理论贡献是把对资本主义社会的"资本"批判转向"文化"批判,以文化决定论代替经济决定论,在文化批判和文化研究中坚持马克思主义辩证法,创造性地发展了文化的辩证法。

西方马克思主义的文化转向力求把主体性问题置于马克思主义的理论总议题上,自始就试图与经济决定论决裂,离弃唯物论的反映论,拒绝自然辩证法而坚守文化辩证法。为了确立和发挥主体性及其实践活动的作用,重申和突出阶级意识,揭示和探讨文化领导权,早期西方马克思主义者遵循马克思历史唯物主义原理,将总体性范畴挖掘出来,奉为至上思想武器。卢卡奇在《历史与阶级意识》中充分肯定了辩证法在马克思主义理论中的核心地位,他将马克思主义辩证法理解为总体性辩证法,肯定总体对部分的决定力量和绝对优势,运用总体性方法认识历史现象,全面把握社会现实,通过总体性范畴揭示了整体与部分、主体与客体、理论与实践的辩证关系。卢卡奇等人重新解读了总体性范畴,认为黑格尔和马克思同样都坚守总体性范畴的基础性和全局性的理论原则。总体性范畴是实践性本体论概念,是彰显主体作用的文化性范畴,是凸显历史主体性的方法论范畴,是带有目的论色彩的乌托邦概念。总体性范畴构建了以实践主体性为中心的历史演进逻辑,体现了历史过程中物质与精神的有机统一。那么,抽象的总体性该如何理解呢?文化马克思主义认为,文化作为人类实践活动的基本形态和确定的事实,最能体现总体性结构和总体性过程,能够使经济基础与上层建筑统摄到社会历史发展之中,文化代表社会整体生活方式中诸多因素之间的关系与组合。英国文化唯物主义提出文化是"整体的生活方式"的观点,也是总体性辩证法的体现,在分析马克思主义基础和上层建筑的辩证关系时,将文化纳入基础层面,强调文化的总体性决定作用,认为尽管"文化"的定义上百种,但就文化观念而言,文化即总体性辩证法。英国文化马克思主义者伊格尔顿更深刻地指明:"如果'culture'的意思是对自然生长实施积极的管理,那么它就暗示人造物与天然物、我们对世界所做的与世界对我们所做的事情之间的一种辩证法。"[①] 文化马克思主义充分揭示了文化作为总体性辩证法的意义。

从方法论角度来看,所谓文化辩证法就是总体的和历史的、批判的和

---

① 〔英〕特瑞·伊格尔顿:《文化的观念》,方杰译,南京大学出版社2006年版,第3页。

展望的分析方法。法兰克福学派代表人物马尔库塞曾指出，这种文化主义的辩证法思想，"把一切事实理解为一个过程的不同阶段——在这个过程中，主观和客观紧密联系，最终我们只能在主观与客观的整体中来确定真理……一切事实都体现了认识者以及行动者的作用；它们在不断地将过去转化成为现在。因此，客观在其自身的结构中'包含'有主观性"①。法兰克福学派发展了辩证法的内涵，并用于文化批判中。霍克海默和阿多诺合著的《启蒙辩证法》破除了启蒙理性的神话，认为启蒙辩证法是关于理性启蒙与人性异化的辩证法。阿多诺在《否定辩证法》中，将否定作为哲学的本质精神，主张非同一性，展现了辩证法的非中心、非等级、非奴役关系。否定辩证法实际上是关于同一性和差异性（非同一性）的辩证法。法兰克福学派在辩证法思想指导下分析了精英文化和大众文化的辩证关系，在批判社会发展的现代性的同时承接出后现代的话题。詹姆逊全面深入分析了现代主义文化和后现代主义文化的辩证法，分析了社会的主文化与亚文化、主导文化和非主导文化的辩证关系。

马克思的多部经典著作都以"批判"为题，辩证方法成为批判理论必不可少的方法。文化马克思主义者承续了马克思主义辩证法，将之用于文化艺术和社会批判。阿多诺认为，艺术"既非心灵的反映也非柏拉图式的理念的具体化，它不是纯粹的存在而是主体与客体的'立场'"②，它是处于一定社会结构关系中的社会现象。在一个社会结构中，艺术是对社会政治、经济的反映与合理性证明，即所谓"肯定性文化"。但也存在一种"否定性文化"，它是人对经济世界的超越，它并不迎合现实生活，而向人们开辟另一个未曾经验的领域。马尔库塞则认为，"肯定性文化"在本质上倾向理想主义，在个体物质需求层面反映了人性的普遍性，在个体精神需求层面反映了人的内在自由，对唯我论而言，它是美德的反映。③ 法兰克福学派对文化艺术的批判体现了辩证法的方法和精神。

文化马克思主义将文化作为总体性概念，在辩证法框架中解释文化的内涵，认识文化在历史中的基础地位和决定性作用，辩证分析精英文化和大众文化、主文化与亚文化、主导文化与主流文化、现代主义与后现代主义等各种文化形态和类型的辩证关系，在发展马克思主义文化理论的同时

---

① Herbert Marcuse. *Reason and Revolution: Hegel and the Rise of Social Theory*, Boston: Humanity Books, 1960, p. 534.
② 〔美〕马丁·杰伊：《法兰克福学派史（1923—1950）》，单世联译，广东人民出版社 1996 年版，第 204 页。
③ 参见〔美〕马尔库塞《审美之维》，李小兵译，广西师范大学出版社 2001 年版，第 21 页。

深化了马克思主义理论和方法。

文化唯物主义理论、文化意识形态理论、文化政治理论与实践、文化辩证法共同构成了文化马克思主义的独特理论内容,它们作为文化研究与马克思主义、西方马克思主义、后现代马克思主义关联的结点,极其鲜明地体现了文化马克思主义的理论特色。文化马克思主义坚持了经典马克思主义的批判精神、实践品格、唯物主义立场和辩证方法,批判和修正了正统马克思主义的某些理论观点和术语,汲取了西方马克思主义和后现代马克思主义的理论营养并加以矫正,在与现实社会和日常生活紧密相连的文化研究领域开辟了马克思主义发展的新视野、新空间,形成了独具特色的新术语和新理论。

二、文化马克思主义的理论困境与反思

(一) 困境:文化研究的本源性缺陷

文化马克思主义从狭义上特指"二战"后英国早期新左派从文化视角对马克思主义的诠释及对资本主义的批判;从广义上是指由卢卡奇开创、法兰克福学派发展、后现代主义者等加以延伸的对资本主义文化和意识形态的批判。在文化多元化发展、主体性不断增强的时代背景下,文化马克思主义致力于从文化和意识形态视角反思和批判资本主义,以弥补苏联马克思主义对资本主义经济批判的缺失,从而拓展了批判资本主义的新视野,构建了马克思主义新形态。

自20世纪70年代末以来,面对西方资本主义发展的新现实,文化马克思主义发展中的问题与困境不断暴露出来,以文化和意识形态批判为标识的文化马克思主义呈现衰落趋势。马尔库塞的学生保罗·戈特弗里德指出,文化马克思主义已退化为一种为资本主义疗伤治病的"社会病理学"研究。而东欧剧变和苏联解体后兴起的后马克思主义,因人权、多元主义等研究主题与资本主义存在千丝万缕扯不断的联系。[①] 文化马克思主义在后学背景中逐渐偏离其原有轨道,似乎忘却了自身的初衷,在其发展过程

[①] 参见 Paul Gottfried. *The Strange Death of Liberal Marxism*: *The European Left in the New Millennium*, Columbia, MO: University of Missouri Press, 2005, pp. 3~9, p. 128.

中，到底"文化化"了多少马克思主义的内容，又还剩下马克思主义的哪些成分，确实是一个值得反思的问题。

从现实状况来看，文化马克思主义对资本主义的文化批判已反过来被发达资本主义吸收、转化和演变为女性主义、生态主义、同性婚姻等形形色色的新社会运动；在商品化和市场化愈演愈烈的时代背景下，自由市场盛行，资本逻辑泛滥，对资本主义和自由主义批判的现实需要，使马克思主义重回左翼学者的研究视野。比照经典马克思主义原理，文化马克思主义趋近困境的关键原因在于：在强调文化、开展文化研究和文化批判的过程中，忽略了马克思经济批判维度的重要性。由于不能有效回应社会现实问题，文化马克思主义对文化批判本身产生矛盾心态。一些学者对文化批判寄予厚望，认为借助网络的影响力依旧可以发动青年以实现文化的政治功能、发挥文化批判的威力。但越来越多的学者因为意识到单纯的文化批判已不能应对复杂的社会问题，难以承担社会历史批判的重任，从而对文化批判产生悲观态度。

从理论来源看，文化马克思主义的文化批判理路具有先天缺陷。文化马克思主义者的最初动机与其现实处境相关联，或是出于反抗中产阶级文明，抑或是出于躲避法西斯主义，他们起初并非出于维护工人阶级利益，也不是真正追求和信仰"科学社会主义"[①]。文化马克思主义的发展不仅仅是受到马克思主义特别是青年马克思的影响，更重要的是受到西方各种思潮的影响。"二战"前后，法兰克福学派社会研究所整体转移到美国，其文化批判不可避免受到美国消费主义文化的影响，其欧洲思想传统受到极大冲击，文化马克思主义明显表现出被美国化的迹象。

如果进一步追溯理论源头会发现文化马克思主义的本源性错误。文化马克思主义先驱者卢卡奇是黑格尔式的马克思主义者，他尚未领会马克思主义历史唯物主义的实践性，其引人注目的"物化"理论只是一种西方知识传统的概念式推演，关注点主要是生产关系而非生产力、劳动和剩余价值等概念。卢卡奇对资本主义异化的批判，尽管无意间开启了文化马克思主义的"传统"，但却脱离了经典马克思主义政治经济学批判轨道。[②]

法兰克福学派对文化批判的偏执使他们更注重研究意识和文化的作用，忘却了马克思的经济批判武器，法兰克福学派代表人物霍克海默和阿

[①] 参见 Paul Gottfried. *The Strange Death of Liberal Marxism: The European Left in the New Millennium*, Columbia, MO: University of Missouri Press, 2005, p. 35, p. 60.

[②] 参见 Joseph Fracchia. "The Philosophical Leninism and Eastern 'Western Marxism' of Georg Lukacs", *Historical Materialism*, Vol. 21, 2013, p. 88.

多诺等人有意无意地忽视了马克思主义经济学研究。加拿大马尼托巴大学的阿兰·弗里曼认为，马克思主义经济批判维度的长期被边缘化最终导致一种"没有经济学的马克思"。[1] 由于没有发展出成熟、连续一致的经济学理论，文化马克思主义在面对2008年全球金融危机、霸权扩张和新自由主义的崛起时束手无策，对现实问题的无力发声使其理论魅力大打折扣。[2]

20世纪60年代之前，消费异化愈来愈严重，但总体还是"非商品化"的世界，法兰克福学派能够通过文化批判达到启迪大众的效果。但到20世纪中后期，资本主义社会的发展很难找到"非商品化"的领域，文化沦为商品与文化经济化，使得脱离经济的单纯文化批判已不合时宜。回归经典马克思主义的政治经济学传统，并将其重置于对资本主义批判的首要位置，成为文化马克思主义走出困境的必然选择。

早在20世纪70年代末，文化马克思主义在经济批判方面的困境就得以察觉。安德森在《西方马克思主义探讨》中明确指出，必须重视马克思主义政治和经济理论研究，面对全球资本主义化的倾向，对西方发达国家的批判不能没有充足的政治学理论，对国际资本主义的批判不能没有充足的经济学理论。安德森把文化批判失效的根源归结为"世界的美国化"，认为全球化的基因密码——市场逻辑和大众消费，使美国在全球建立其政治和文化霸权地位，这种霸权统治地位在世界范围内还将发生长期持续的影响力。实质意义上的经济决定论使任何形式的文化批判都成为空谈，资本主义批判的现实需求呼唤重归马克思主义的政治经济学批判思路，以超越文化批判视野的狭隘性。对资本主义社会从政治、经济和文化等方面全面、整体地展开辩证批判，才是马克思主义的本真精神。

（二）反思：文化批判应回归历史唯物主义

20世纪苏联和西方对资本主义的马克思主义批判，在微观和宏观两种路径上都存在弊端。学者们力图从各种维度探求未来西方马克思主义批判的方向，由此产生了各种形态的马克思主义。文化马克思主义也和其他形态马克思主义一样，存在偏颇之处。由于文化本身很难被定义，其内涵

---

[1] 参见 Alan Freeman. "Marxism without Marx: A Note towards a Critique", *Capital & Class*, Vol. 34, 2010, p. 87.

[2] 参见 Joachim Zweynert. "Economic Culture and Transition", *Intereconomics*, Vol. 182, 2006, p. 182.

的理解极易泛化，因此，从文化层面开展的社会文化批判难以言说、把控和持久。以经济批判为核心，加强对经济与文化、经济与历史、经济与社会等关系问题的全面探讨，以矫正单一文化批判的缺陷，已成为共识性发展趋势。文化马克思主义理应回归历史唯物主义。

传统解释框架一般认为，德国古典哲学是马克思主义哲学的来源，英国古典经济学是马克思主义政治经济学的来源，法国空想社会主义是科学社会主义的来源，这些表述都注意到了马克思主义理论三大组成部分的外在关联性，却弱化或忽视了它们之间在基本理论逻辑层面的内在统一性。只有将马克思主义理论视为整体，注重整体性研究，才能领悟历史唯物主义的深层内涵。

马克思主义历史唯物主义是基于生产力、生产关系等基本概念所进行的理论构架。马克思、恩格斯强调的生产力、生产关系等概念并不是古典经济学或庸俗经济学意义上的经济学概念，而是提升到社会历史观层面的哲学概念。以马克思主义哲学而观之，马克思主义政治经济学著作中的许多概念都不是纯粹的经济学范畴，而应上升到哲学层面上加以理解。在《资本论》中，马克思强调的核心概念是价值，当其他经济学家使用交换价值概念时，马克思仅仅将交换价值作为价值的具体表现形式，并通过剩余价值而非利润分析资本主义生产过程，从而揭示了资本主义社会的本质及必然走向灭亡的规律。由此可见，在基本逻辑层面，马克思主义的哲学、政治经济学、科学社会主义三大板块的理论是相融相通的整体。

历史唯物主义方法论启迪我们：要整体理解马克思主义理论，要认识到对资本主义的批判绝不是单一的、某个层面的批判，而是应该深入到资本主义社会的政治、经济和文化等各个方面，认识它们之间的内在关系和矛盾，将其提升到人类命运及社会历史发展层面加以思考。文化马克思主义要走出理论困境，必须回归辩证的、历史的、唯物主义的方法论。深入马克思的理论精髓，将文化批判与马克思主义客观经济批判相结合，领会马克思主义政治经济学的内在人文情怀，这是文化马克思主义理论发展的未来走向。

文化马克思主义对资本主义的文化批判具有片面深刻性。尽管其单一的文化批判有偏离马克思主义的倾向，但不可否认的是，它对新的历史条件下发展和完善马克思主义理论提供了重要启迪。探讨文化马克思主义的发展逻辑，反思其理论困境与偏颇，在新的历史条件下挖掘和发展马克思主义对资本主义的多重批判理论，对中国化马克思主义的发展和中国特色社会主义文化建设具有重要意义。要解决中国当下的社会内在基本矛盾，我们应放眼历史，探求中国特色社会主义的建设规律，探求社会主义发展的一般规律，探求人类社会发展的一般规律。

三、文化马克思主义的中国启示

文化马克思主义是文化研究与马克思主义发展相互作用而产生的织体，在文化马克思主义的话语系统中，马克思主义被放置在文化研究的框架中以文化的方式得到解释，甚至被直接作为文本和文化事实看待，形成马克思主义的文化论证方法和叙事形式；文化研究又以马克思主义理论为指导和支撑，在历史唯物主义框架中发展出文化理论的许多新意，形成文化建设的新型理论生态和秩序。文化马克思主义作为"文化"马克思主义或文化"马克思主义"对中国化马克思主义的深化发展以及中国特色社会主义文化建设的深入推进都具有重要的方法论借鉴意义。如果将文化与马克思主义关联起来展开分析，中国化马克思主义正是中国文化与马克思主义相结合的产物，中国化马克思主义的发展历程是中国特色社会发展和文化发展在马克思主义指导下的展开过程，充分显露出中国化马克思主义发展的独特历史文化背景和思想理论高度。文化马克思主义对整体分析中国问题、具体分析当代文化矛盾以加强中国特色社会主义文化建设都极具启示意义。

（一）文化马克思主义为中国化马克思主义提供了阐释框架

文化马克思主义是一种马克思主义批判和文化研究范式，它从文化视角诠释马克思主义和批判资本主义。卢卡奇开创了西方马克思主义的文化视角；法兰克福学派发展了资本主义文化批判理论；英国伯明翰学派以马克思主义为指导开展文化研究，从历史唯物主义视角推进了文化批判的基本立场和方法。随着后现代文化和后马克思主义的发展，文化马克思主义的文化意识形态得到强化，通过社会意识形态的载体加强了文化与政治之间的张力，多元文化的政治内涵和实践得以拓展。随着金融危机的威胁和新自由主义的泛滥，资本与市场逻辑的批判呼唤回到马克思主义政治经济学视野，文化的内涵显然已超越与经济、政治相对疏离的理解，在世界历史视域中逐渐形成文化与社会运行密切观照的整体系统,在人类文明发展的历史中获得更为广阔深邃的整体意义。

1. 文化马克思主义与中国化马克思主义的历史共时性

纵观文化马克思主义演进的历史,从20世纪20年代开始,早期西方马克思主义者引领了马克思主义在西方的文化转向;在30~50年代,法兰克福学派以大众文化为视点展开资本主义文化意识形态批判;在50~70年代,伯明翰学派开展了深入的文化研究,将马克思主义历史唯物主义发展成为文化马克思主义体系;80年代后现代主义文化研究在法国、美国乃至全世界产生广泛影响,尽管马克思主义过时论和终结论在西方也曾一时喧嚣,对世界社会主义运动尤其是广大发展中国家的马克思主义指导地位产生了冲击和挑战。但马克思主义不仅未曾退出坚守者的理论视野,而且也未曾从实践中退场,中国化马克思主义的发展以及文化建设的理论成果便是最好的说明。

从历史视角的共时态来看,中国化的马克思主义及其文化思想的发展与世界历史运动的过程具有高度的一致性。当20世纪初期西方马克思主义转向文化马克思主义发展时,同时代已卷入世界历史的中国正处在接受马克思主义传播的时间段。在共时态历史观回溯中,中国化的马克思主义发展历程是马克思主义与中国发展道路的结合,其中中国传统文化与马克思主义理论的连接进程与世界历史的演进过程具有共时态性,也可纳入文化马克思主义话语范畴和理论框架中予以阐释。在20世纪初,马克思主义在中国的传播是在五四新文化运动的历史背景下开启的;马克思主义的中国化历程表现为马克思主义与中国传统文化的结合、契合与融合的阶段性历程;中国化马克思主义不断取得的一系列伟大成果正是马克思主义与中国文化相结合的体现和证明。马克思主义在中国化过程中深刻打上了中国文化的烙印,中国特色社会主义理论和文化正是马克思主义在中国现代化发展历史进程中的承续和发展,也证明了马克思主义在东方世界发展的生命力。中国化的马克思主义发展进程始终可以置于世界历史的范围中得以考察。

中国化马克思主义在历史的共时性维度中发展出的人民性、实践性、开放性等特质,彰显于马克思主义中国化的发展历史中。在近代中国特定的历史背景下,马克思主义被引入中国并得到传播,先进的知识分子和共产党人学习和接受马克思主义,从此开始了马克思主义中国化的历程。在马克思主义理论的指引下,通过马克思主义的民族化、时代化和大众化，形成了中国化的马克思主义理论。中国化马克思主义不仅指引了中国的新民主主义革命、社会主义革命和建设，而且推动了中国社会的改革，完成了从传统到现代的文化转型，形成了中国特色社会主义理论。马克思主义中国化的演进历程正是中国人民推动外来的马克思主义顺应中国历史发展，与中国国情相适应以及与中国实践相结合的过程，也是马克思主义与中国文化不断融合的过程，中国化马克思主义正是马克思主义中国文化"化"的产物。

2. 文化马克思主义对中国化马克思主义的话语影响力

文化马克思主义作为以文化与意识形态批判为主要功能的西方马克思主义理论，为分析中国化马克思主义发展提供了范畴依据和话语系统。文化马克思主义在坚持马克思主义理论的指导地位中发展马克思主义的文化意义，从整体上认识文化的内涵，基于唯物主义立场强调文化在社会历史中的重要地位，辩证分析文化现象的生发与经济、政治、意识形态演变之间的关系，坚持马克思主义文化批判立场，深入挖掘文化发展所遭遇的现实困境与社会多维领域的话语权力消极影响之间的深刻关联。文化马克思主义的理论内涵及其话语功能为中国化马克思主义的文化现象提供了崭新的分析框架，在文化马克思主义理论话语中，中国化马克思主义的发展不仅得到适切阐释和解读，促使对中国社会发展模式的反思话语逐渐由政治经济的批判倾向转向突出文化批判地位的侧重，而且将建立中国化马克思主义的文化和意识形态的主导权、话语权提上重要日程。从马克思主义早期在中国的传播到中国先进的知识分子接受、认同、宣传马克思主义理论，再到中国共产党人的马克思主义理论创立与中国革命、建设、改革的社会主义实践，这本身就是构建中国化马克思主义文化和意识形态话语权的理论关怀，充分体现了马克思主义在东方文化中的生机活力，而马克思主义在中国历史文化中的发展也充实了文化马克思主义的理论内涵。

文化马克思主义对中国化马克思主义的话语影响力体现在马克思主义中国化理论深化与拓新的历史进程中，中国化的马克思主义就是中国文化"化"了的马克思主义。在革命战争年代，中国化马克思主义的第一个理论成果——毛泽东思想产生，毛泽东思想指导中国革命实践，不仅实现了中国传统文化观念的变革，而且实现了中国社会由传统社会向现代社会的转型，产生了中国新民主主义社会和新民主主义文化，取得了新民主主义革命、社会主义革命的胜利，建立了社会主义新中国，完成了中国社会的重大历史变革。毛泽东思想把中国革命的实践经验提升到理性高度，形成体现马克思主义新内涵的理论话语，奠定了中国化马克思主义理论的话语基础。新中国成立以后，在改革开放和社会主义现代化建设过程中，马克思主义中国化与时俱进，产生了邓小平理论、"三个代表"重要思想、科学发展观，中国社会从站起来到富起来到强起来，马克思主义中国化进入新的历史发展阶段；习近平新时代中国特色社会主义思想的形成向世界昭示了中国化马克思主义的成功实践，丰富了马克思主义历史发展的理论内涵，成就了中国特色社会主义独特的思想智慧和理论话语力量。中国化马克思主义的这些理论成果使马克思主义的理论和实践在中国特定文化语境中得到价值证明。文化马克思主义对马克思主义中国化的过程及中国化马克思主义理论的丰富发展提供了文化解读的话语力量。

（二）马克思主义中国化的文化解读

马克思主义中国化的理论成果隐含着马克思主义理论与中国思想文化之间结合的形式、内容和路径等深刻关联的发展逻辑。从文化与马克思主义的关系线索来考察，所谓马克思主义中国化也就是马克思主义在中国的具体化与实践化、民族化与大众化，真理化与世界化。首先是马克思主义的具体化、实践化，即运用马克思主义世界观、方法论解决中国革命、建设和改革的实际问题和实践问题；其次是马克思主义的民族化、大众化，即把中国革命、建设和改革的实践经验提升到新的理论高度，弘扬和发展马克思主义；最后是马克思主义的真理化、世界化，即将马克思主义融汇于中国优秀的民族文化之中，回应时代的要求，使其成为被广大人民群众接受和掌握的思想武器。马克思主义中国化的过程也就是马克思主义与中国历史文化、与中国现实实践相结合的过程，其中蕴含着马克思主义理论与文化理论、文化实践之间的内在关联。从文化马克思主义的理论视角对马克思主义中国化的文化意蕴进行历史审思，对中国马克思主义发展和中国特色社会主义发展都具有重要意义。

1. 马克思主义中国化是中国社会在特定文化背景下的选择

马克思主义中国化是中国社会在特定历史文化背景下两难选择的产物。鸦片战争后，中国国门被打开，开始了被动的现代化过程。中国社会面临本土民族文化与外来西方文化的剧烈冲突与困扰。对待西方现代文化，一方面认同和肯定其先进性，另一方面又否定和抵制其侵略性；对待中国传统文化，既认识到并急于否定其过时性，又肯定和不舍其包含的民族情感与文化精神。西方文化既被称为文明的导师，又被说成是霸权的象征；而以儒学为主导的中国文化既被称为伟大的遗产，又可被称为"吃人"的礼教。近代以来中国社会在思想文化认识上充满情感与理智纠结的复杂、矛盾心态，在肯定西方文化优秀成果的同时又秉持否定其中的糟粕，在摒弃传统民族文化的封建残余思想中又充分肯定其沉淀的历史智慧。王国维先生精辟地将之归纳为"爱所不信，信所不爱"，即对中国文化"爱"但不信，对西方文化"信"但又不爱。正是在这种两难文化选择的历史背景下，马克思主义从英、法、日、俄传到中国，被先进的知识分子和中国共产党人接受和认同，从而确立了其指导思想的地位。文化马克思主义理论生成于西方资本主义的生活世界，但却深刻批判了西方资本主义文化对大众文化的控制性和欺骗性，体现了马克思主义对待西方文化的辩证态度。马克思主义是"西方的"，但它又是"反西方主义"的，它揭露和批判了西方资本主义的矛盾、危机和罪恶。马克思主义的这种"来自西方的反西方主义"，正符合中国人既要学习西方现代文明，又要抵制西方资本主义罪恶的矛盾心理。马克思主义理论具有科学性与先进性本质，它批判资本主义，旨在为了全人类的解放，建立美好的社会，实现共产主义伟大理想，这一符合全人类根本生存发展需要的价值旨趣成为马克思主义中国化进程中审视思想文化运行的终极准则。

文化马克思主义从文化的独特视角分析马克思主义理论及其现实运用，这对认识马克思主义中国化的传统文化背景和思想基础具有启示意义。马克思主义中国化是中国传统文化、主导思想、社会政治面临多重危机的结果。中国传统文化以儒学为主导思想，从汉武帝采纳董仲舒"罢黜百家，独尊儒术"的主张开始，在历经改朝换代中融合其他思想流派，其主导地位始终贯穿于封建社会，而20世纪儒学在外来思想冲击和社会变革的局势下面临全面危机，传统文化在伦理道德、文化精神和价值认同等方面陷入困境。同时，第一次世界大战全面暴露了帝国主义的强权本质，中国知识分子和广大民众认识到西方文明的危机，对西方文明失去信心，为反思西方资本主义文化的弊端奠定了理论批判的基础。

近代中国社会面临多重政治和文化危机，各种思想流派以及主义相继出现、彼此交锋。林则徐提出"师夷之长技以制夷"；洋务派倡导"中学为体，西学为用"；激进派呼吁"维新救国学外国"；孙中山提倡"三民主义"；康有为幻想大同乌托邦；严复宣传西方资产阶级进化论。各种学说主张繁杂多姿。面对多元无序的思想状况，中国社会急需一种既能与传统文化相融合又能预示时代发展方向的新思想、新理论。

中国近代社会发展面临学习西方与复兴传统的双重挑战，这为马克思主义的中国化提供了重要的文化机遇。近代中国要救亡图存、实现民族的富强和振兴就必须实现传统文化的现代变革，走向现代化，学习西方先进的现代文化。但在走向现代化的过程中同时又要抵御西方的文化霸权，中国社会的发展面临"既要迎合西方的现代化而改革传统，又要抵抗西方殖民霸权而复兴民族"的矛盾冲突。正是在传统与现代、西方文化与中国文化的复杂矛盾与双重挑战的历史背景下，马克思主义为中国社会发展指引了社会主义道路。马克思主义是科学的真理，能够跨越时空，超越欧洲文化的时代性和地域性，成为人类优秀文化遗产和改造社会的思想理论武器。1917年俄国十月革命缔造了第一个社会主义国家，列宁领导的苏维埃共和国成为20世纪新文明的象征，苏联式马克思主义和社会主义对中国产生重大影响。十月革命给中国送来了马克思主义，马克思主义在中国得到广泛传播、接受、认同，进而成为中国共产党的理论基础和指导思想。中国先进的知识分子和共产党人成为马克思主义和社会主义的追随者，在马克思主义理论的指导下探索社会主义的道路，并由此开启了马克思主义中国化的征程。

历史和现实证明，马克思主义中国化是中国社会在民族危难与文化危机时期，在面临传统与现代、中国与西方各种文化矛盾冲突时的智慧选择，马克思主义中国化是历史发展的必然，也是中国文化实际存在形态的历史演进的必然结果。

2. 马克思主义中国化是马克思主义与中国传统文化的契合

从理论与实践及思想文化的关系而言，"马克思主义中国化"包括两个方面的结合：其一是马克思主义基本原理与中国具体实际的结合；其二是马克思主义理论体系与中国传统文化的结合。第一个结合表现在实践和实用的层面上，第二个结合表现在精神和理念的层面上。马克思主义传入中国之后，与中国传统文化不可避免地产生了直接联系，在与中国文化的互动和结合中开启了马克思主义中国化的进程，形成了中国社会新型的主流文化与意识形态。

从明代中叶开始，中国主流文化已经孕育着变革的趋势。中国哲学内部，心学、理学、经学、玄学等各派纷争，表明儒学自身试图摆脱困境的内在努力。直至近代，中学与西学、新学与旧学、科学与玄学争辩激烈，力图凭借外来文化促进内部变革。五四新文化运动带来的思想启蒙和解放，促动中国主流文化在中西碰撞和新旧交杂中得到革新，马克思主义在中国诸多文化交锋中上升为主导思想，完成中国传统哲学与"西学"所不能完成的现代文化变革。马克思、恩格斯指出，"理论在一个国家的实现程度，总是决定于理论满足这个国家的需要的程度"[①]，指明了理论力量的发挥与国家发展需要之间的关系，而"一个民族想要站在科学的最高峰，就一刻也不能没有理论思维"[②]。正是由于接受了马克思主义并使之中国化，中国主流文化才完成了伟大历史转型，才能在中国发展历史进程中发挥中国文化的思想力量。

马克思主义与中国传统文化在思想理念上存在的共契性，为马克思主义与中国传统文化的深度契合提供了现实可能，实现二者深度契合的过程构成了马克思主义中国化的核心特征。马克思主义与中国传统文化在本质上存在诸多差异，马克思主义是近代人类社会先进的思想文化，其产生的文化背景、蕴含的阶级属性、反映的时代精神都是不同于中国传统文化的。然而，马克思主义与儒学主导的中国传统文化之间也有许多共契。第一，两者都是无神论，都反对宗教神学世界观。中国文化没有"神创"说，也没有"一神教"，无神论是儒学之主导精神，自秦汉至明清，从王充到王夫之，许多大思想家持唯物论和无神论；马克思主义也批判宗教，拒绝来世说，注重现实生活和现世人生。第二，两者都注重实践。实践的观点是马克思主义理论的首要观点，构成马克思主义唯物史观的理论基石，马克思主义理论将生产实践、生活实践、革命实践视为社会历史发展的基本动力，而重视实践、拒斥玄虚之学是中国传统文化理论的重要主张。中国传统文化中的著名学派从儒家、法家、墨家等都重视发挥实践的社会效应，反对玄学的抽象能力，能辩证认识知行关系，其中，儒家特别强调道德实践的现实力量，提倡德行内省和自修。第三，两者都重视辩证法。中国传统文化充满朴素的辩证法思想，《易经》便是充满辩证法思想的重要典籍，还被译成多种文字，受到西方人的推崇。马克思主义讲究唯物辩证法，马克思对黑格尔头脚倒置的唯心辩证法颠倒后形成唯物辩证法，确立了物质生活世界存在的本体地位，马克思主义唯物辩证法与中国传统辩证法具有内在相通性。第四，两者具有相容性。两者都从世俗生活、物质生活、现实生活出发认识历史发展，有共同的理想追求，马克思主义追求共产主义理想社会，认为人类社会的历史必将朝向共产主义的理想社会行进、中国传统文化追求天人合一和大同社会，坚信生活世界的历

---

① 《马克思恩格斯文集》第1卷，人民出版社2009年版，第184页。
② 《马克思恩格斯文集》第9卷，人民出版社2009年版，第437页。

史最终会在多样差异的基础上实现和谐统一，它们都注重整体利益和集体主义精神。文化马克思主义批判绝对同一性的文化形态，注重在不同文化形态差异的基础上把握它们之间内在结构的共通性。因此，从马克思主义与中国传统文化的内在结构上看来，二者在整体意义和基本精神上具有天然契合性，马克思主义中国化正是作为外来文化的马克思主义与中国本土传统文化相契合的结果。马克思主义理论与中国传统文化相结合并扎根于中国不是偶然的，中国文化汲取马克思主义具有历史发展和现实逻辑需要的必然性，中国传统文化也为马克思主义中国化赋予了民族的形式，提供了文化资源。古代"经世致用"的思想与马克思主义从实际出发的理论观点高度吻合；古代"民本"主义思想与历史唯物主义的群众史观具有共通性；中国的"大同"社会理想与"共产主义"的价值追求和终极目标具有一致性；传统辩证思维方式与马克思主义辩证法内在契合。中华民族的优秀传统文化与民族精神对马克思主义传播起到了文化支撑作用。中国人民选择马克思主义作为自己的指导思想并使之不断民族化，马克思主义与中国文化因共性而产生的亲和力是重要原因之一。

马克思主义中国化是马克思主义和中国实际与中国实践的结合，也是马克思主义与中国文化的结合。在思想文化的现实运用层面，马克思主义中国化包含了"化中国"与"中国化"两个阶段，马克思主义"化中国"阶段，即运用马克思主义理论探求解决中国实际问题的对策，实现马克思主义与中国具体实践的结合；马克思主义"中国化"阶段，即在运用马克思理论解决中国问题中与中国文化产生了交织效应，推进中国文化在解析现实问题中产生新思想、新理论，从而实现新的马克思主义化。因此，对马克思主义中国化不仅要从实践层面诠释，还要从文化层面进行深层解读。从最根本的意义上讲，马克思主义中国化正是马克思主义与中华民族传统文化的整合、磨合和融合。

马克思主义具有开放性，不是脱离人类文明大道的封闭体系。马克思主义没有完全否定资产阶级的历史贡献，它吸收了人类思想和文化发展中的精华。马克思主义的发展、马克思主义的中国化也离不开几千年的中国优秀传统文化思想资源。毛泽东曾经指出："马克思主义必须和我国的具体特点相结合并通过一定的民族形式才能实现。"[①] 就马克思主义与中国传统文化的关系而言，当代中国马克思主义、21 世纪马克思主义的创新正是基于对马克思主义与中国优秀传统文化相互影响关系的适切把握。

---

① 《毛泽东选集》第 2 卷，人民出版社 1991 年版，第 534 页。

3. 马克思主义中国化是一个创造"新文化"的历史过程

马克思主义中国化是将马克思主义基本原理同中国实际相结合，把马克思主义根植于中国的优秀文化之中，创造性地发展了马克思主义理论，在中国革命、建设和改革开放的历程中，赋予马克思主义以鲜明的中国实践、中国民族和中国时代特色，从而产生了中国化马克思主义和中国特色社会主义，创造了彰显中国文化历史视界和焕发时代思想精神的"新文化"。

马克思主义中国化在深入传播、发展和创新的过程中产生了诸多理论成果，其文化意蕴在于，在中国历史背景下从根本上实现了中国文化的转型。马克思主义不断改造、提升中国传统文化，大大影响了中国人民的思维方式和文化心态，凝聚了中国文化精神。中国文化精神可以界分为"五四"前、改革开放前、当下三个时期，马克思主义在中国历史文化变迁中起到了至关重要的指导作用，极大地改变了中国的社会面貌。马克思主义中国化的理论成果表明中国社会根据自己的实际情况主动选择和运用马克思主义的文化思想和理论智慧，进而实现了马克思主义"中国化"或者说中国"化"马克思主义。

文化马克思主义理论蕴涵着对文化现象的批判性解构和辩证性建构，在马克思主义中国化的历史进程中，扬弃传统文化的过程与创造"新文化"的过程合二为一。一定的文化是民族在其长期社会历史实践中的产物，一个民族的文化传统是其文化发展之根。当传统文化不能与时代发展要求相适应时，它就会以不同的方式调整自身的文化结构，以适应民族发展的历史要求。在中国近代社会，五四新文化运动就是在中华民族危机深重的历史形势下，通过渐进的批判传统、引进西学，进行自觉的思想启蒙从而展开的文化结构调整。20世纪资本主义经济危机带来全球新的文化危机和冲突，马克思主义作为无产阶级意识形态影响日益扩大，特别是俄国十月革命社会主义实践的胜利与成功，对全球文化冲突和思想变革产生了深刻影响。第一次世界大战粉碎了中国人对资本主义文明的幻想，对于中国先进知识分子来说，吸取对西方文化具有强烈批判意义的马克思主义成为当时的迫切之举，并在引进学习马克思主义理论过程中造就了中国的"新文化"。

文化马克思主义理论在批判文化现象时着重分析其依托的历史背景，马克思主义中国化的历程，反映了全球各种文化冲突背景下的中国文化的特征，它既包含了中国历史文化发展需要拥有世界文化共性特质，又透射出近代以来先辈们的实践探索与历史经验教训，也适切地说明了马克思主义"中国化"的必要性和必然性。正是由于"全盘西化"和"中体西用"的主张都不能解决西方学说与中国社会改造的关系，中国早期马克思主义者们才真正切准了中国社会历史发展的脉搏，实现了马克思主义中国化的探索。中国社会在近、现代历史发展中面临着世界范围内各种文化冲突与挑战，客观地认识马克思主义中国化的历史文化基础以及中西文化创造"新文化"的历史过程，在世界场域创造性推进中国化马克思主义的发展，才能真正领会马克思主义中国化进程中文化创造的当代价值。

马克思主义中国化使产生于西方文化背景中的马克思主义理论融入中国传统文化的思想精髓，促进了马克思主义实践化、大众化和民族化，实现了中国传统文化的现代转型。马克思主义中国化所创造的"新文化"的根本表现为中国传统文化的创造性转化和创新性发展。一方面，马克思主义中国化是在马克思主义与中国传统文化的结合中寻找新的文化生长点，促使中国社会和民族文化不断改造、更新、进步，最终实现传统文化的现代化以及马克思主义理论内涵的拓新。另一方面，马克思主义中国化是利用西方现代性文明成果使中国文化实现从西方到中国、从传统到现代的创造性转换。中国共产党人不断扬弃中西方文化，提炼其中优秀成分使之成为民族"新文化"的有机组成部分。毛泽东思想、邓小平理论、"三个代表"重要思想、科学发展观、习近平新时代中国特色社会主义思想都是马克思主义中国化的创新成果，马克思主义基本原理转化为中国气派、中国风格的当代形态，实现了马克思主义的世界化和民族化的统一。从毛泽东提出民族的、科学的、大众的新民主主义文化，到新时代构建以社会主义核心价值体系为内容的中国特色社会主义文化，"百花齐放，百家争鸣""古为今用，洋为中用""兼收并蓄，推陈出新"成为一以贯之的文化原则，为我国文化建设和文化发展指明了正确方向。中国特色社会主义新文化既坚持了马克思主义的本质精神，也坚守了中华民族的文化形式和风格，在走出精英文化的藩篱，抛弃传统文化的贵族垄断制、封建等级制的过程中，实现了中华民族文化现代性和马克思主义中国化双重维度的转型。

（三）文化马克思主义反思下中国特色社会主义文化建设的理路

文化马克思主义作为文化研究的一种理论范式，对思考中国特色社会主义文化发展具有启示意义。中国特色社会主义是马克思主义中国化的现实成果和重要理论表达，在当代中国，坚持中国特色社会主义就是对马克思主义的真正坚持。中国特色社会主义文化是中国特色社会主义理论的重要内容构成,是建立中国特色社会主义自信的根本维度,是实现中国特色社会主义道路自信、理论自信和制度自信的持久力量。建设有中国特色社会主义的文化,必须以马克思主义为指导,在中国文化的内在结构中发挥传统文化和马克思主义理论两大构成要素的独特功能;正确认识文化与意识形态的差异性和契合点,在划定文化与意识形态的边界基础上维护并恰当发挥意识形态在文化建设中的功能;坚持用马克思主义先进文化引导社会思潮,正确处理当代社会文化矛盾。

1. 中国化马克思主义内蕴着建设中国特色社会主义文化的整体性思维

在马克思主义中国化的演进历程中,随着中国化马克思主义理论内涵的不断丰富和深化,中国特色社会主义文化的理论内容在马克思主义与中国实践相结合的过程中得到不断生成和拓展。中国特色社会主义文化植根于厚重的历史文化,内蕴独具优势的马克思主义理论指导和中国化马克思主义理论与实践相统一的整体性哲学视界中。

"马克思主义中国化"命题是毛泽东于1938年在党的六届六中全会《论新阶段》的政治报告中第一次正式提出的,他强调指出:"马克思主义必须和我国的具体特点相结合并通过一定的民族形式才能实现",提出要"使马克思主义在中国具体化,使之在其每一表现中带着必须有的中国的特性"。[①] 在马克思主义中国化早期发展阶段的政治语境中,马克思主义中国化就是马克思主义民族化过程,即赋予马克思主义以中国民族风格和中国气派。毛泽东号召全党必须"学会把马克思主义列宁主义的理论应用于中国的具体的环境"[②],"学会灵活的把马克思列宁主义及国际经验应用到中国每一个实际斗争中来"[③],马克思主义中国化也就是马克思主义的中国实践化或中国革命实践过程中的马克思主义化。毛泽东第一次鲜明地提出了"马克思主义中国化"的命题和任务,指引了马克思主义中国化的发展道路和方向,在马克思主义发展史上具有里程碑意义,对马克思主义在中国革命、建设和改革的不同时期的中国化都起到极其重要的作用。正是在马克思主义中国化的过程中,毛泽东思想通过不断提炼创新马克思

---

① 《毛泽东选集》第2卷,人民出版社1991年版,第534页。
② 《毛泽东选集》第2卷,人民出版社1991年版,第534页。
③ 《中共中央文件选集》第11卷,中共中央党校出版社1991年版,第756～757页。

主义观点，为马克思主义理论宝库增添新的内容，成为马克思主义中国化发展的重要理论成果。毛泽东思想与马克思主义理论一脉相承，谱写了中国社会历史发展和思想理论发展的崭新篇章。

马克思主义中国化发展到成熟阶段，从更加宽广的文化视野理解其内涵成为必然。马克思主义的中国化不仅仅是从理论上坚持和发展马克思主义，而且是在现实层面沿着马克思主义指引的社会主义、共产主义道路前进，全方位实现社会主义现代化，彻底改变中国传统文化面貌，实现跨越式的文化整体转型，创造崭新的中国特色社会主义现代文化。一方面，传统文化精华对马克思主义中国化起到了积极作用，另一方面，传统文化在与马克思主义的融合和互补中使民族精神得到了弘扬与培育。马克思主义中国化从政治范畴转变为文化范畴，使中国化马克思主义理论在文化层面得到显著提升，这种提升表现在马克思主义与中国优秀文化传统的有机融合，既展现出了适合现代化发展需要的中国化的马克思主义，又呈现出适合现代化要求同时吸收了马克思主义的中国文化。正是在中国文化与西方文化的对话中，马克思主义中国化和整个马克思主义理论体系得到创新性发展。马克思主义中国化的深入发展促使马克思主义理论的整体性意蕴展现出来，使马克思主义历史唯物主义揭示人类社会发展普遍规律的基本特征在文化审思中呈现出构建新文化形态的实践趋势，使马克思主义独特的唯物辩证法思想彰显出文化创造的辩证性。中国化马克思主义发展的文化理路，即在马克思主义的指引下，以中国优秀传统文化为根基和土壤，发展和创新出中国化马克思主义的"新文化"，也就是具有中国特色的社会主义文化。中国化马克思主义无疑内蕴中国特色社会主义文化的创造。

2. 中国特色社会主义文化建设中马克思主义指导地位的实践生成

文化马克思主义在批判资本主义文化现象中借鉴了马克思主义理论力量，这对在中国特色社会主义文化建设中坚持马克思主义的理论指导地位具有重要启示。中国特色社会主义文化是马克思主义中国化发展到一个新阶段的必然产物。在文化领域，马克思主义中国化的理论成果就是促使当代文化形态的不断建构和中国现代文化体系的基本形成，塑造出具有中国特色社会主义的先进文化。

社会主义先进文化的发展生机及其成果从根本上讲在于坚持马克思主义的理论，并在马克思主义理论的指导下进行文化创新。马克思主义以解放全人类为目标，以实现每个人的自由全面发展为旨趣，并在实现人类解放目标的过程中坚持辩证地批判资本主义文化和意识形态，反映无产阶级和先进生产力发展的要求。马克思主义为社会主义先进文化的确立和发展指明了方向。社会主义先进文化始终彰显社会主义的根本性质，充分突出社会主义制度的优越性。社会主义文化的主体是人民，人民大众是文化的创造者和最终成果的享用者，全心全意为人民服务是文化的宗旨；社会主义文化是民族的，它汲取了中华民族优秀传统文化的精髓，构成社会主义先进文化的根基；社会主义文化是面向世界和未来的，通过走出国门融入世界，在与西方文化的博弈中不断走向发展与繁荣。社会主义文化的先进性归根到底就在于它是马克思主义的，在当代中国，以马克思主义为指导，传承了中华民族优秀传统文化精神的社会主义先进文化，为中华民族的文化自信和文化强国指明了方向和道路。

中国特色社会主义文化建设要坚定不移地坚持马克思主义的指导地位，就要结合中国实际发挥马克思主义理论的整体性功能，将文化建设融入中国人民文化创造实践的生成过程中，以马克思主义为指导是保证中国特色社会主义文化建设健康发展的关键。在新时代，要保持中国特色社会主义文化的先进性和方向性，就要科学理解文化的多元性与指导思想一元性之间的关系。

中国特色社会主义文化建设要坚持马克思主义历史唯物主义的立场，建构马克思主义哲学指导下的整体文化分析系统。马克思主义是一个整体的理论体系，它包含的基本原理具有普遍性和现实指导意义。马克思主义辩证唯物主义和历史唯物主义为认识、分析、解决文化问题提供了思想路线与思想方法。只有以马克思主义基本观点为指导，才能正确认识文化的起源与实质、文化与经济、文化与政治等之间的关系，认识文化在人类社会中的地位作用、文化的生产、消费、传播、文化实践及各种文化形式之间的关系等问题。作为一项复杂的系统工程，要加强对文化本身的研究，包括对文化的内涵、外延的研究，以及对文化的内部结构进而对人类文化发展史的研究，并从中概括、提炼人类文化发展的基本规律，在人类社会发展的普遍规律中探寻文化建设的基本规律。科学的文化哲学的发展要与现实文化研究和文化建设实践互相推动。

要在马克思主义整体性的理论指导下，将中国特色社会主义的文化建设视为一个有机系统来认识，坚持马克思主义的主导地位，处理好传统文化与马克思主义二者在结构和功能上的关系，实现传统文化的现代转化。对马克思主义与传统文化的关系，学界出现"儒学的马克思主义化"和"马克思主义的儒学化"两种观点的争论，这种争论实际上是在意识形态领域强调马克思主义的指导地位还是重新确立中国传统文化的主导地位的问题。在理论上非此即彼的对立式思维方式存在割裂整体的错误，不利于文化建设实践的展开。中国传统文化的现代转化要辩证认识马克思主义与传统文化的关系。传统文化在中华民族文明结构中的基本精神功能不容忽视，但这一功能特质不能取代马克思主义的指导地位。马克思主义在中国发展壮大的根本原因在于实现了与中国历史文化和中国实践的有机结合，中国特色社会主义文化建设应在文化结构的系统内部准确把握中国传统文化和马克思主义之间存在的功能差异，准确认识和判断两者的关系，避免抽象比较两者之间的高低与优劣。

中国特色社会主义文化建设要坚持马克思主义的指导地位，关键在于实际运用马克思主义整体性的辩证方法，实现传统文化的现代转化。一方面，坚持马克思主义的指导地位并不是将马克思主义作为标签黏贴在中国传统文化之上，而是要借助马克思主义的立场、观点和方法，去审视、改造中国传统文化使其趋向现代化，实现对传统文化的不断提升。另一方面，在马克思主义指导下，实现传统文化的现代转化理应以中华民族传统文化为根基，运用马克思主义的辩证方法激活传统文化内在结构的特色功能优势，发挥传统文化的特殊价值和精神力量，使之与马克思主义理论深层融合，为建设中国特色社会主义文化做出贡献。文化的现代化要以民族化为基础和前提，中国化马克思主义必须立足于本土民族文化，只有这样才真正符合中国化马克思主义和中国特色社会主义文化发展的要求，真正做到以马克思主义为指导，以中国传统文化为根脉，构建面向世界和未来、富有中国特色的现代先进文化体系。

3. 中国特色社会主义文化建设中文化与意识形态的边界及功能发挥

对文化与意识形态关系的认识，是文化马克思主义的重要理论成果。文化马克思主义理论明确了马克思主义在建构文化分析模式中的指导作用，但其本身的理论批判框架存在固有的局限，容易滋生文化与意识形态边界的模糊。中国特色社会主义文化建设理应努力处理好文化与意识形态之间的辩证统一关系，既要在传统文化现代转化的过程中把握文化与意识形态的边界，又要维护好中国特色社会主义文化建设所需要的意识形态功能意义。

文化具有鲜明的意识形态性，任何历史阶段的社会文化都内含一定的思想内容、政治属性、价值旨趣，即蕴含一定的意识形态内容。文化作为意识形态的载体和表现形式发挥着特定的意识形态功能。首先，文化促进意识形态的历史生成。在概念上，文化比意识形态范围更广泛。文化是对人类精神性存在的总概括，意识形态是人类文化发展的特殊样态和历史性范畴，意识形态的生成离不开一定的文化系统。其次，文化推动意识形态的现实建构。文化是意识形态生存的"土壤"，人类文化的进步推动着意识形态形式的更新、丰富和内容的完善。最后，文化有助于意识形态功能的实现。在一定的社会发展阶段，意识形态发挥着社会整合与价值导向的重要功能，文化为实现意识形态功能提供了载体、平台和途径。在阶级社会中，意识形态是文化的核心，制约着文化的呈现方式、存在形态以及社会的文化创造。在一定领域和范围内，意识形态彰显文化的特性和功效，塑造社会主流文化，借助文化的感召力与渗透力形成普遍的政治共识，凝聚和整合社会价值认同，形成社会核心价值观和价值体系。

文化与意识形态之间既具有共生互建的一致性，又具有根本差别性，建设中国特色社会主义文化必须把握二者之间的关联和边界。在文化马克思主义理论体系中存在一个深层悖谬：它借助了马克思主义的文化理论揭示并批判了资本主义社会文化和科技的意识形态本质，但其提出的文化革命策略却局限于资本主义社会的现实条件而缺乏可行性。这一悖论从根本上揭示了文化与意识形态之间的关联性，也反映了两者的差异性边界。从文化发展与意识形态的关联性来看，要注意纠正淡化或泛化意识形态的错误倾向；从意识形态的发展与文化的关联性来看，要积极探索意识形态建设的文化路径。文化研究中存在因价值中立而忽视意识形态的错误倾向：一种情况是，文化研究为了保持一定的价值中立，往往强调与意识形态保持距离，甚至故意疏离和排斥意识形态；另一种情况是，文化研究因意识形态需要而存在将意识形态极端化的倾向。文化与意识形态之间存在明显的边界，意识形态带有鲜明的阶级利益及价值倾向，而文化研究与意识形态之间的价值不存在简约化的对等。文化研究应追求适度的价值中立，体现与意识形态的差异性并与意识形态保持一定的距离，但不能够过度拉开与意识形态的距离导致意识形态的淡化，否则，就违背了文化研究的本义。文化研究对现实生活世界的关注必然先行地置入特定的文化观念，隐含无法回避的思想价值观。但要注意的是，文化研究不能泛化意识形态。所谓泛化意识形态，就是任意夸大政治意识形态，混淆特定意识形态与非意识形态之间的界限，过度强化文化研究的政治性、价值性。文化研究中如果过度宣扬意识形态需要，就会使文化研究和文化发展失去自主性和独立性，文化演变成为政治斗争的工具，必然导致思想文化领域中的教条主义与僵化，从而限制思想文化的创新与活力。

正确认识文化与意识形态的关系问题，有助于在当代中国复杂的文化境遇中探索主流意识形态的建设路径。建设中国特色社会主义文化必须恰当维护并发挥意识形态的功能意义。在文化多元交融共存、纷繁复杂的时代境遇中，当代中国既要有表现本土特色的传统文化，也要有来自域外文明的世界文化；既要有体现主流价值的主导文化，也要有彰显时代特色的各种大众文化和时尚文化等。文化建设的良性秩序构成，必须要确保文化与意识形态边界和张力的存在，同时维护并促进意识形态特定功能的适当发挥。具体而言可以采取四种措施：其一，要借助现代文化形式开展意识形态传播。主流意识形态的传播往往采取直接学理说教灌输的方式，要改变这种传统做法，应主动利用丰富多样的现代文化方式，使话语阐释和理论表达感性化、直观化、生活化、通俗化，在文化生活和实践的审美熏陶中实现意识形态传播；其二，要利用文化制度规范意识形态建设，制度建设具有全局性、长期性、稳定性的特点，文化制度建设可使主流意识形态的建设规范化和有序化；其三，加强文化基础设施建设，让广大民众享受良好的公共文化服务，是带动和促进意识形态建设的重要举措；其四，通过创造文化环境，在潜移默化中达到意识形态的心理认同。人创造环境，同样，环境也创造人。主流意识形态借助文化环境能对民众起到润物细无声的影响，通过隐形渗透达到意识形态的认同。文化马克思主义关于文化意识形态的理论对中国特色社会主义文化建设中正确认识和处理文化与意识形态的关系具有启发意义。

4. 中国特色社会主义文化建设中三重基本矛盾的揭示与反思

文化马克思主义理论以革命的批判思维披露了资本主义文化形式借由科学技术掩盖资产阶级强权统治的真实动机，有利于认清当代资本主义社会文化生活模式的本质及其内在矛盾，有助于我们坚守中国特色社会主义的文化立场，建设中国特色社会主义意识形态话语权。从文化理论的视域看，马克思主义中国化蕴含文化重构的维度。马克思主义中国化的重要任务，就是要建设中国特色社会主义先进文化，一方面实现马克思主义与中国传统文化的融通，使马克思主义扎根中国大地、具有中国文化风格，成为中国人民乐于接受的中国化马克思主义；另一方面是在拒斥资本主义外来文化的推销和冲击中，反思西方理论对马克思主义的解读及其所转化的话语权与影响力，使中国传统文化获得丰富的理论内涵和开放的时代价值观念，成为凝聚当代中华民族的精神力量，也就是成为中国特色社会主义先进文化的重要内容。

马克思主义中国化的思想文化影响推动了中国社会翻天覆地的变化，

同时，马克思主义在中国化的历史进程中也遭遇到各种文化对话和碰撞，社会主义思想文化价值体系建设存在多元文化并存的结构性矛盾。当代文化体系存在多种板块结构，如以儒家思想为核心的中国传统文化；五四运动以来在战争年代形成的中国革命文化；各种西方外来文化，包括马克思主义与非马克思主义思潮；与市场经济相适应的社会主义改革建设中出现的大众文化、消费文化、网络文化等当代文化样态。随着全球化进程的深入，当代文化发展呈现出一元文化与多元文化、精英文化与大众文化、"普世主义"与民族主义等各种文化矛盾冲突。

其一，一元文化与多元文化的矛盾。传统文化是以民族、国家为核心形成的文化，是具有单一体系、明确边界及排他性的一元文化。一元文化体系包容着形式多样的亚文化，它们与主文化具有差异性，但其精神实质不能违背主文化，因而体现出文化的多样性而非多元性。但文化的全球化和信息化发展打破了民族国家界限，使多元文化成为发展趋势。随着大量外来文化的入侵，各种不同性质的文化从外部嵌入本土文化，并与本土文化融合。过度的多元化必然使文化发展陷入无约束的多元论，但过度的一元化又可能使传统文化成为压制个性、束缚文化自由的独断力量，从而在文化形式和思想价值层面产生了一元文化与多元文化的冲突。

其二，精英文化与大众文化的冲突。精英文化是以一定的审美趣味、价值判断和社会责任为前提，经过训练而掌握和传播的学术、专业文化，往往是知识分子阶层中的人文科技知识分子创造、传播和分享的文化。大众文化是现代生活方式的产物，是商业文化兴起的副产品，它是以现代传媒为手段，具有浓厚商业性和高度普及性的流行文化。大众文化反映了现代社会和现代生活求变化、求时尚、求效率、求便利的要求。大众文化极大地改变了传统文化的内涵与教化功能，使文化由追求高雅走向通俗，成为娱乐消遣品。但是精英文化由于外在力量的强加而脱离大众文化，并形成居高临下地要求大众文化与之相适应的先验性文化规范，使得大众文化在现代社会的流行过程中面临精英文化的巨大挑战，导致大众文化与精英文化的矛盾突现出来。

其三，"普世主义"和民族主义的矛盾。文化的全球化导致了"普世主义"，或称为世界主义、全球主义。"普世主义"认为人类进入全球化时代，文化走向趋同，人类形成了公认的普遍性文化原则。而民族主义则坚持认为人类历史地存在于家庭、社区、民族、国家中，不同民族具有不同的历史文化价值观。但民族主义局限于个体性、局部性的文化思想和价值良知决断，容易造成世界范围内一般的价值共识付之阙如。"普世主义"

强调的文化普遍价值观与民族主义强调的民族文化价值观势必产生矛盾冲突。

全面认识各种文化矛盾，辩证认识和处理好各种文化矛盾及其相互关系，是中国特色社会主义文化建设在新时代面临的重大任务。文化建设中的困境不是纯粹的观念意识冲突，而是人们生存方式和社会生产结构更替的产物，要克服文化建设中遭遇的各种矛盾，同样需要适当转换人的生存方式和整个社会运行模式，使文化建设有助于中国特色社会主义事业发展和实现中华民族伟大复兴的历史任务。只有坚持"四个自信"——中国特色社会主义道路自信、理论自信、制度自信和文化自信，才能彰显中国特色社会主义的文化根基、文化本质和文化理想，推动中国特色社会主义建设坚定地迈向明确而开阔的文化建构。

文化马克思主义是一个意蕴丰富的范畴，德、英、法、美等主要西方国家的学者们在文化批判和文化研究中将文化与马克思主义结合起来，思考各自时代和社会所面临的理论与现实问题，形成了独特的文化马克思主义的理论范式和框架。将文化马克思主义这一理论范畴和理论范式运用于阐释中国化马克思主义的理论历程、省思中国特色社会主义文化建设的现实问题，不仅能以文化为主线将中西马克思主义传统关联起来，更重要的是能体认21世纪马克思主义的发展趋势和前景，以及中国化马克思主义发展、中国特色社会主义文化建设的世界意义。

结 语

文化马克思主义是一个不断建构的开放性概念，它是文化研究与马克思主义相结合的产物，是西方马克思主义文化转向形成的一个支系，是文化研究的一种范式。以英国伯明翰学派为代表的左派文化研究者立足于文化研究，通过批判、修正、补充和发展马克思主义文化理论，从而建立了文化马克思主义理论。

文化马克思主义的产生与20世纪初期文化转向的学术背景有关，早期西方马克思主义的文化转向为文化马克思主义的产生提供了理论资源和支撑。卢卡奇开创了文化批判的先河，法兰克福学派社会批判理论对文化马克思主义具有奠基意义，阿尔都塞和葛兰西的理论对文化马克思主义发展产生直接影响。英国新左派的产生促进了文化研究的发展，为文化马克思主义的发展提供了原动力，新左派知识分子在新左派运动中认识到文化研究的重要意义，他们选择了介入政治的文化路径，从革命运动转向理论实践，促进了当代文化研究的发展。伯明翰大学当代文化研究中心是英国文化研究的重镇，多学科文化研究者在此集结形成伯明翰学派，伯明翰学派将文化研究与马克思主义结合起来，成为文化马克思主义发展的主体力量。正是在英国新左派知识分子及伯明翰学派的文化研究和马克思主义批判中，文化马克思主义得到丰富和发展。

文化马克思主义的发展有一个逻辑演进的过程，这个过程实质上是文化研究与马克思主义理论发展相互影响、相互作用的过程。一方面，文化研究在马克思主义理论的指导下，改变和深化了文化观念；另一方面，马克思主义理论也在文化研究的过程中得到重新解释和修正，甚至从文化视角得以"文化化"，从而产生一系列的新范畴和新成果。循着文化研究的历史实践，文化马克思主义发展的逻辑进程表现出文化主义—结构主义马克思主义—新葛兰西主义的轨迹。在20世纪50年代至60年代中期，英国新左派通过对英国文化研究及马克思主义传统的反思，在马克思主义唯物主义立场上重新界定文化，确立了文化主义的社会分析范式；从60年代中期开始到70年代，英国文化研究大力引鉴西方马克思主义理论和当代思潮，主要受阿尔都塞和葛兰西理论的影响，文化研究形成结构主义与文化主义两种范式竞争的局面。80年代以后，在后现代语境中，文化研究通过反思文化主义和结构主义两种研究范式转向葛兰西理论，形成了新葛兰西主义。文化马克思主义正是在英国本土文化主义、外来结构主义、葛兰西主义、后现代主义、马克思主义等多种思想的影响下，通过思想批判与论争、结合与超越从而得以成熟和发展。文化马克思主义发展的逻辑进程实质上是以马克思主义立场不断深化文化研究的过程，也是一个不断重释和发展马克思主义并使之得以"文化化"的过程，简言之，文化马克思主义正是从"文化"马克思主义走向文化"马克思主义"的过程。

文化马克思主义在其发展过程中创立了独具特色的理论，如果以文化研究与马克思主义的结合为主要视点，以伯明翰学派近40年发展历程为线索，通过对代表人物及其理论的个案研究，文化马克思主义的主要理论成果和贡献可以归纳为：文化唯物主义理论、文化意识形态理论、多元文化政治理论。以汤普森和威廉斯为代表的文化唯物主义理论通过批评分析和解读马克思主义基础和上层建筑原理，在历史唯物主义的视域中沉思文化的物质性和生产性特征，开拓了历史唯物主义的文化空间；以伊格尔顿和拉伦为代表的文化意识形态理论继文化唯物主义理论之后，成为文化马克思主义理论的重要一翼。伊格尔顿归纳总结了意识形态的概念和特点，从社会学维度和心理学视野揭示了意识形态新的内涵，并深入研究了文学生产和审美意识形态理论；拉伦对意识形态进行了批判性考察，提出了非理性意识形态理论，探讨了文化身份的意识形态问题。文化意识形态理论脱离传统马克思主义对意识形态的政治阐释框架，将文化与意识形态关联起来，对意识形态理论进行了泛文化意义的阐释，在文化领域强化了意识形态的意义。20世纪80年代以后，文化研究受后现代主义影响转向对多元文化和微观政治进行研究。伯明翰学派后期代表约翰逊将文化研究导向多元文化政治的方向，提出了一种对文化生产、消费整体过程进行多维分析的理论模型——文化生产循环理论，并将文化政治理念贯穿于多维分析中；托尼·本尼特在福柯思想的影响下推进了文化研究的政治实践，通过文化政策研究和博物馆研究深入阐释了文化治理术。多元文化政治理论将文化与政治并置连接，从而拓展了政治学的内涵和政治实践的空间，使文化研究走向后现代微观政治实践。美国的文化研究者詹姆逊坚定地站在马克思主义立场对后现代文化进行了全面而深刻的批判，不仅展现了文化唯物主义、文化意识形态的方法论，而且在揭示后现代文化的异化本质过程中始终坚持了文化的辩证法。通过进行历史考察、理论连接与逻辑关联，文化马克思主义的主要理论贡献在于：开拓了历史唯物主义的文化空间，形成了文化唯物主义理论；强化了文化的意识形态意义，形成了文化意识形态理论；拓展了文化的政治内涵与实践领域，形成了多元文化政治理论；运用辩证法分析文化问题，创造性地发展了文化辩证法理论。尽管文化马克思主义存在忽略经济、偏离马克思主义的本源性缺陷以及泛化文化的问题倾向，但文化马克思主义者始终沿着将文化研究与马克思主义相关联的主线，形成了具有特色的理论话语和研究范式。

文化马克思主义在英国的发展历程中，提出了许多理论与实践问题，如：传统文化与当代文化、民族自身文化与外来文化、大众文化与精英文化、主导文化与亚文化以及结构与主体、文化与权力等各种复杂的矛盾关系及其问题。文化马克思主义者们坚持马克思主义基本精神和根本立场，从实践出发，从现实生活出发，运用历史唯物主义和辩证唯物主义方法，思考、探索、试图回答和解决各种矛盾关系和问题，从而使文化马克思主义成为文化研究的新范型，并在世界范围内产生影响。

我国正处在建设中国特色社会主义理论、建设中国特色社会主义文化、深化改革、实现中华民族伟大复兴的当代语境和关键时刻，文化马克思主义的独特理论话语和研究范式无疑对中国化马克思主义理论的发展及中国特色社会主义文化建设具有一定的理论指导和启发借鉴意义。文化马克思主义为中国化马克思主义提供了解释框架，马克思主义中国化的历程就是马克思主义与中国传统文化相结合并不断实现中国化的过程，中国化马克思主义的发展呈现了马克思主义在新的历史文化背景下蓬勃发展的生机与活力。中国特色社会主义文化建设要坚持马克思主义的指导地位，坚持马克思主义唯物辩证法思想和方法论，正确认识和处理文化与意识形态的关系，努力解决新时代面临的各种文化矛盾，增强中国特色社会主义理论自信、道路自信、制度自信、文化自信，并牢固夯实中国特色社会主义文化自信这一根基。

文化马克思主义作为建构性术语和开放性话语系统，贯穿于西方马克思主义文化研究、后现代文化与马克思主义研究、中国化马克思主义发展与中国特色社会主义文化建设等语境中，具有极其广阔的研究空间和丰富的研究内容。尽管文化马克思主义理论也存在片面解读马克思主义、泛化文化等问题与局限，但它所提出的诸多理论问题及提供的各种探究解决问题的方法，无疑具有当代价值，并因此增加了马克思主义在当代研究的活力，拓展了马克思主义在当代发展的新空间。

附 录

文化分析范式和研究策略

——威廉斯与哈里斯文化唯物主义之异同[*]

佩里·安德森在《当代西方马克思主义》（英文版出版于1983年）一书中曾指出："在过去10年中，马克思主义理论的地理位置已经从根本上转移了。今天，学术成果的重心似乎落在说英语的地区，而不是像战争期间和战后的情形那样，分别落在说德语或拉丁语民族的欧洲。"[②] 地域的转移表明了一种引人注目的历史性变化，英国或北美的马克思主义左派对经济、政治、社会学和文化研究的浓厚兴趣及其理论成果，使西方马克思主义传统原有领地（德语或拉丁语民族的欧洲）上的研究黯然失色，马克思主义文化在英国或北美更具生命力和创造力。而在西方马克思主义发展的历史图景中，文化唯物主义可以看作20世纪中后期英美马克思主义发展的重要理论成果，它在马克思主义历史唯物主义框架中发展了一种独特的文化分析范式或研究策略，在其独具特色的文化研究中明晰了马克思主义的历史唯物主义重要范畴，并拓展和具体化了历史唯物主义理论。文化唯物主义是一种发展了的文化马克思主义理论。

一、威廉斯文化唯物主义的分析范式

"文化唯物主义"一般认为是英国的马克思主义文化理论家雷蒙德·威廉斯（Raymond Williams）在《文化与社会》（*Culture and Society*，1958）、《漫长的革命》（*The Long Revolution*，1961）、《马克思主义与文学》（*Marxism and Literature*，1977）等重要著作中阐发并倡导的一种文化研究或批评方法。英国传统文化观念惯性地将文化看作一种精神的、意

---

[*] 该文发表于《哲学动态》2014年第12期。
[②] 〔英〕佩里·安德森：《当代西方马克思主义》，余文烈译，东方出版社1989年版，第24页。

识的、思想的东西，将文化与物质相对立且不可并置。威廉斯突破了这种文化的、物质的二元对立观念，将文化本身看作一种物质的东西或过程。他站在历史唯物主义立场，将文化解释为"文化是整体的生活方式"，并在此基础上，重新思考了马克思主义历史唯物主义的基本命题基础与上层建筑的关系，从而建立了唯物主义的文化分析范式，为英国文化马克思主义的发展做出了重要理论贡献。

威廉斯首先在《文化与社会》一书中对"文化"一词的演变进行了观念史的考察，他将18世纪以来纵向发展所形成的各种"文化"定义归纳为四点：其一，文化是指"心灵的普遍状态或者习惯"，与人类追求完美的思想观念密切相关；其二，文化是指"整个社会里知识发展的普遍状态"；其三，文化是指"各种艺术的普遍状态"；其四，文化是指"一种物质、知识与精神构成的整个生活方式"。① 威廉斯认为"文化"词义的发展记录了人类社会经济、政治生活的历史变迁及所产生的持续效应，借助"文化"这幅特殊的认知地图可以探索历史变迁的种种痕迹。

在《漫长的革命》一书中，威廉斯结合18世纪以来工业、民主、阶级、艺术的变化，从理论上深入界定了"文化"概念，提出了"文化"的三种定义：第一是"理想的"文化定义，即把文化等同于人类自我完善的一个过程，等同于某永恒秩序或普遍价值；第二是"文献的"文化定义，即把文化看作是记录下来的智力和想象的作品总汇，或者说是体现了英国文化学者阿诺德所讲的世界上最优秀的思想和言论；第三是"社会的"文化定义，即把文化与特定的生活方式联系起来。② 威廉斯最认同文化的"社会"定义，认为文化是日常性的"生活经验"和"生活方式"，但是文化在反映某种生活方式的同时也肯定某种思想价值观念，文化分析应将文化的三层定义包含其中，突显其整体性和系统性。

在更加成熟的理论著作《马克思主义与文学》中，威廉斯进一步揭示了文化的复杂性和系统性。他区分了历史变化中彼此纠结的三种文化样式：即占主导地位的文化（the dominant culture）、代表新兴力量的文化（the emergent culture）、作为过去残留的文化（the residual culture）。威廉斯认为主导文化往往体现为统治阶级的利益需要，如封建阶级文化和资产阶级文化；新兴文化往往代表新生力量的思想和实践，如工人阶级文化和青年反叛文化；残留文化则属于依然在现实生活中发挥着作用的那些过去

---

① 〔英〕雷蒙德·威廉斯：《文化与社会》，吴松江译，北京大学出版社1991年版，第19页。
② 参见 Raymond Williams. *The Long Revolution*, Harmondsworth Penguin Books, 1965, p. 57.

的经验和价值，如一些古老的传统和思想。由于在现实生活中还没有任何一种生产方式、统治秩序和主导文化能够囊括、穷尽人类的所有实践、所有能量及所有目的。因此，各种文化形式之间总是既互相冲突又互相补充，社会文化从整体上看呈现出复杂格局。① 威廉斯的主导文化思想以及对社会文化的历史辩证分析深深地影响了美国后现代主义文化研究大师詹姆逊，詹姆逊汲取其主导文化的观点，断言后现代主义是晚期资本主义的文化逻辑（或主导文化）。

威廉斯还在文化是在"整体的生活方式""集体的经验"和"社会的共性因素"的认识基础上提出"感知结构"（structures of feeling）概念以作为文化存在的前提。"感知结构"是指特定人群和阶级所共有的集体无意识，是普通人的"生活经历"。威廉斯试图用"感知结构"来突显文化的实践性、经验性和复杂性，以证明文化是"平常之物"。早在《文化是平常之物》（1958）一文中，他就把文化看作是普通人的生活方式和共有经验，通过强调文化的平常性来肯定平民主义的文化观，否定阿诺德、利维斯的精英主义文化观，反对少数人的文化特权。威廉斯的文化观无疑推动了大众文化的发展。

威廉斯充实、丰富、拓展甚至更新了传统"文化"概念，他既对文化进行历史考察，又将文化放在日常生活和现实经验中进行观察和分析，通过对文化历史的、整体的、辩证的思考，充分认识到了文化的整体复杂性、动态发展性。他关于文化是整个生活方式的断言显然坚持了马克思主义历史唯物主义方法与立场，但不是停留在生产方式的基础上，而是从更为根本的生活方式出发，将文化置于历史唯物主义的基础地位，建立起了文化唯物主义的理论大厦。

从文化唯物主义的理论逻辑出发，威廉斯对马克思主义历史唯物主义有关基础与上层建筑的基本原理进行了修正，重新阐释了马克思主义文化理论，以文化唯物主义充实和丰富了历史唯物主义理论。

威廉斯认为，"任何针对马克思主义文化理论的现代探讨从一开始都必定要考虑到具有决定性的基础和被决定的上层建筑这一前提"，这被普遍看作是马克思主义文化分析的关键。② 威廉斯并不决然否定马克思主义经济基础和上层建筑的命题。马克思在1859年写的《〈政治经济学批判〉

---

① 参见〔英〕雷蒙德·威廉斯《马克思主义与文学》，王尔勃等译，河南大学出版社2008年版，第129~134页。

② 参见〔英〕雷蒙德·威廉斯《马克思主义与文学》，王尔勃等译，河南大学出版社2008年版，第80页。

序言》中，对经济基础和上层建筑的理论做了精辟的表述："人们在自己生活的社会生产中发生一定的、必然的、不以他们的意志为转移的关系，即同他们的物质生产力的一定发展阶段相适合的生产关系。这些生产关系的总和构成社会的经济结构，即有法律的和政治的上层建筑竖立其上并有一定的社会意识形式与之相适应的现实基础。物质生活的生产方式制约着整个社会生活、政治生活和精神生活的过程。"① 随着经济基础的变革，社会上层建筑也会迟早发生变化。威廉斯认为马克思主义关于经济基础和上层建筑相互关系的原理只是"启发性的类比用语"，对它们之间的复杂关系不能做简单的、机械的理解。威廉斯认同用一定的生产方式解释文化的观点，但他不赞同简单地把文化实践看作是被"经济基础"所决定的"上层建筑"，把文化活动看作是经济活动的反映和回声。他特别认同恩格斯的一段话："根据唯物史观，历史过程中的决定性因素归根到底是现实生活的生产和再生产。无论马克思或我都从来没有肯定过比这更多的东西。如果有人在这里加以歪曲，说经济因素是唯一决定性的因素，那么他就是把这个命题变成毫无内容的、抽象的、荒诞无稽的空话。经济状况是基础，但是对历史斗争的进程发生影响并且在许多情况下主要是决定着这一斗争的形式的，还有上层建筑的各种因素：阶级斗争的各种政治形式及其成果——由胜利了的阶级在获胜以后确立的宪法等等，各种法的形式以及所有这些实际斗争在参加者头脑中的反映，政治的、法律的和哲学的理论，宗教的观点以及它们向教义体系的进一步发展。"② 威廉斯认为这段话深刻揭示了经济基础和上层建筑之间关系的复杂性、多样性和相互决定性。

文化与社会之间的关系不是简单的依附关系，也不是机械的反映和被反映的关系，而是一种相互构成的总体性关系。文化不是经济生产活动的派生物和附属物，它不只是消极地依赖于经济变化过程。文化所具有的物质性和实践性，决定了其本身就是社会存在的基础，是社会生产过程中不可或缺的环节。很显然，威廉斯将文化纳入到了历史唯物主义的基础范畴之中，肯定了文化的基础地位，并由此重新阐释了"基础""上层建筑""决定"的内涵及其相互关系。

威廉斯对"基础"范畴的理解不同于传统的马克思主义理论，"基础"过去常常被理解为不同发展阶段的生产方式。威廉斯进一步丰富了

---

① 《马克思恩格斯文集》第 2 卷，人民出版社 2009 年版，第 591 页。
② 《马克思恩格斯文集》第 10 卷，人民出版社 2009 年版，第 591 页。

基础的内涵，认为"基础"不是经济或技术等固有的抽象观念，而应从人类真实的社会和经济关系得到说明。他认为，如果我们直面社会生活的"经验"就会发现，不仅经济和政治的因素影响社会实践，而且文化的、语言的和象征的东西也影响人类生活。威廉斯提出一种社会语言观，分析了以语言、交往为基础的社会文化生活的重要性。他认为"语言作为一种实践意识，既被所有的社会活动（包括生产活动）所渗透，也渗透到所有的社会活动之中"，语言是一种能动的充满活力的"社会在场"。① 而对于上层建筑，威廉斯认为，必须把"上层建筑"纳入文化实践的相关范围，"上层建筑"不是"基础"的简单反映和回声，不是作为一种被反映、被再生、具有依附性的内容而存在。文化与社会之间存在着极其复杂和丰富的网状关联，文化不是在"基础"之上而是在"基础"之中。经济决定论和机械论的理解忽视了文化的物质属性与基础作用及社会存在的总体性。

威廉斯试图通过文化唯物主义完善历史唯物主义，其主要针对的就是简单化和教条化的马克思主义决定论。人们常常将马克思主义与决定论或经济决定论画上等号，威廉斯并不一味否定决定论，而是要在理论方法上深化决定论。威廉斯认为理解决定论，"在马克思主义文化理论中，没有哪一个问题比'决定'的问题更难的"②。威廉斯通过对"determine"和"determination"等词源和词义的考察，认为必须把"决定"重新定义为设定界线和施加压力，不是某种外在抽象控制，应将"决定"理解为包含目的和意志的积极主动行为；对经济基础和上层建筑的关系而言，"决定"应被看作一个过程而非单一的力量，在决定过程中，各种要素的限制与种种压力既无法全面控制也无法全面预知复杂活动的结果。威廉斯吸收了阿尔都塞的多元决定论思想，强调整体的、动态的决定过程，认为在社会变革进程中，以经济力量为核心的基础固然具有"决定"的优先性，但这种决定不是抽象的，而是在各种矛盾变化中动态展开的具体过程，社会的总体性革命是经济、政治、文化等多种因素整合、进化的长期过程，文化和以经济为核心的基础具有同样重要的意义。

威廉斯在对历史唯物主义的阐释中突显了文化的基础性和重要性。从某种意义上说，威廉斯视野中的历史唯物主义已表现为一种文化唯物主

---

① 〔英〕雷蒙德·威廉斯：《马克思主义与文学》，王尔勃等译，河南大学出版社2008年版，第37～38页。

② 〔英〕雷蒙德·威廉斯：《马克思主义与文学》，王尔勃等译，河南大学出版社2008年版，第93页。

义，而其阐释的马克思主义则可谓一种文化马克思主义。作为英国左派文化研究者的威廉斯，俨然成为文化马克思主义创立者之一。

二、哈里斯文化唯物主义的研究策略

在美国，马克思主义人类学者马文·哈里斯（Marvin Harris）将文化唯物主义作为一种研究人类社会文化系统的重要科学策略。他以马克思主义者自居，钟情于进化论，致力于人类学研究，其思想被美国同行称为"马克思主义人类学"。哈里斯试图运用马克思主义历史唯物主义，并结合进化论及心理学有关理论，以解释社会文化现象，独树一帜地提出了文化唯物主义的理论策略。早在1968年的成名作《人类学理论的兴起》一书中，他从文化唯物主义视角反省了人类学理论的历史，其文化唯物主义观点已初具雏形，1979年在他步入天命之年后出版的《文化唯物主义：为创立文化科学而斗争》这一巅峰之作中，他系统地阐述了文化唯物主义认识论、理论原则、理论范围和视野等问题，力图建立一门文化科学。他所谓的"文化科学"与民族学、人类学的发展史有很大关系。民族学、人类学兴起于西方，在近代地理大发现和工业革命期间，西方传教士和探险家介绍异域风情的游记渐成系统即成为早期的民族志，在19世纪中叶，基于民族志的文化比较研究发展成为民族学，民族学与考古学、语言学相联系并列成为文化研究的三大支柱。此外，在欧洲还有专门研究文化的生物学基础即人类体质特征的遗传进化及种族类型的人类学。但在20世纪，北美文化研究学者将民族学、考古学、语言学合为一体称为文化人类学，与体质人类学并列归于人类学之下。后来随着研究的深入，人们发现在人类社会中，文化诸因素如技术、经济、法律等浑然一体，故打出文化学或文化科学的旗号，美国的人类学故亦表现为文化人类学的发展趋势。《文化唯物主义》要为之斗争的文化科学正是在文化人类学的背景下以马克思主义历史唯物主义为指导，结合了美国心理学理论（特别是新行为主义）而提出的。哈里斯认为文化唯物主义具有科学性和合理性，是研究人类社会文化演变的"新策略"，并从文化唯物主义的视角批判评价了其他当代人类学的理论。

哈里斯将文化唯物主义视为一种科学研究策略。他在《文化唯物主义：为创立文化科学而斗争》一书中开篇指出："文化唯物主义是或渴望是一种科学的研究策略。"① 科学是人类获得有关我们生活世界知识的一种优越的方法，而所谓研究策略则是一套明确的指导方针，为区分科学与非科学提供总的准则，其最终目标是"依靠强有力的、相互联系的和简练的理论，来说明可观察到的实体和事件，而这种理论可以通过经验的检验予以纠正和改进"②。哈里斯认为"研究策略"优于"研究范式"或"研究蓝图"，"策略"比"范式"和"蓝图"更具意识的明确性因而更可取。他认为文化唯物主义正是一种可以用来说明社会文化的差异和相似的起源、维持和变化的科学研究策略。③

哈里斯以经验主义作为文化唯物主义认识方法的基础。他认为马克思、恩格斯尽管在《德意志意识形态》中从"现实中的人""现实活动的人"和"现实的、有生命的个人"出发，通过集中研究决定人类生存的物质条件从而站在唯物主义立场考察社会文化现象，但要区分"现实的"和"不现实的"这一问题，首先要区别行为事件与思想事件。哈里斯认为科学研究人类社会生活必须同等关注两种根本不同的现象："一方面，存在着构成人类行为流的活动——所有活着的人的、或大或小的身体运动和由这种运动产生的环境效果；另一方面，存在着我们人类头脑中感受到的所有思想和感觉。"④ 其次还要区分主位事件和客位事件。因为思想事件和行为事件可以从参与者和旁观者两方面的立场来考虑，参与者和旁观者都能给以主观或客观的说明，所以存在"主位的"（emic）和"客位的"（etic）两种操作方法。主位的方法是从事件参与者的角度去观察人们的思想和行为，客位的方法是从事件旁观者的角度去观察人们的思想和行为。主位研究（emic approach）和客位研究（etic approach）是美国著名结构语言学家肯尼思·派克（Kenneth Pike）在其著作《人类行为结构统一理论中的语言》（*Language in Relation to a Unified Theory of the Structure of Human Behavior*）中提出的，它们分别是词语"语音的"（phonetic）和"音位的"（phonemic）的后缀。派克根据语音学的两种分析方法：具有社会属性的音位分析和具有物理属性的音素分析提出主位和客位两个概念，用以

---

① 〔美〕马文·哈里斯：《文化唯物主义：为创立文化科学而斗争》，张海洋等译，华夏出版社1989年版，第4页。
② 〔美〕马文·哈里斯：《文化唯物主义：为创立文化科学而斗争》，张海洋等译，华夏出版社1989年版，第31页。
③ 参见〔美〕马文·哈里斯《文化唯物主义：为创立文化科学而斗争》，张海洋等译，华夏出版社1989年版，第31页。
④ 〔美〕马文·哈里斯：《文化唯物主义：为创立文化科学而斗争》，张海洋等译，华夏出版社1989年版，第36页。

分析文化现象。受派克启发，哈里斯将主位研究和客位研究用于文化人类学，认为人类社会生活可以通过与人交谈来了解研究对象的思想，也可以通过实地观察来探究研究对象的行为。但主位研究、客位研究并不是分别对应于主观和客观。人们有可能客观地看待主位现象和客位现象，也有可能主观地看待主位现象和客位现象。主位研究和客位研究应同时采纳，互相关照。

哈里斯正是从经验论出发，以思想与行为、主位与客位的区分为认识论基础而确定了社会文化领域中四种客观的、可以在操作上下定义的范围，即：主位的行为、客位的行为、主位的思想、客位的思想。他认为唯心主义仅从主位观点出发给社会和文化现象下定义，认为"社会是在参加者把他们自己视为社会团体的一员并拥有共同的价值观和目标这一程度上存在；社会活动是由参加者的社会意图所确认的一种特殊的行为；文化仅包括思想和行为方面共有的主位观点"①。而在哈里斯看来，社会文化的分析起点都是处于客位时间和空间之中的客位人类群体的存在，社会是最大的社会团体，文化是社会团体成员表现出来的可以世代传递的思想和行为积贮，其积贮的排列构成社会文化体系。② 文化唯物主义的理论原则涉及理解社会文化体系的各个部分之间的关系及其这些关系、部分和体系的演化。基于这种理论原则，哈里斯提出了用于人类学的文化唯物主义的普遍结构模式。其一，客位行为的生产方式：在行为上解决社会的生产问题以满足生计需要；其二，客位行为的再生产方式：在行为上解决人口再生产问题以防人口出现破坏性增减；其三，客位行为的家庭经济和政治经济：以保持组成社会及与其他社会之间的各个团体之间的安全有序的行为关系；其四，行为的上层建筑：以突出言语和符号的作用及导致的娱乐、审美等行为。哈里斯将其中的生产方式和再生产方式两者归入基础结构，将家庭经济和政治经济两者归入结构，从而将基础结构、结构、上层建筑三部分作为社会文化体系的客位行为的组成部分。他又将思想的组成部分和主位的组成部分归并起来从整体上称为思想的和主位的上层建筑，以对应客位行为的有意识和无意识的认识目标、范畴、规则、计划、价值观、人生观、信仰。在哈里斯的结构模式中，社会文化体系包括四种主要的普遍组成部分：客位行为的基础结构、结构、上层建筑、思想的和主位的上

---

① 〔美〕马文·哈里斯：《文化唯物主义：为创立文化科学而斗争》，张海洋等译，华夏出版社1989年版，第55页。

② 参见〔美〕马文·哈里斯《文化唯物主义：为创立文化科学而斗争》，张海洋等译，华夏出版社1989年版，第56页。

层建筑。① 并认为在四个组成部分中，基础结构起着决定作用，它支配和决定着其他层次的存在和发展，即客位行为的生产方式和再生产方式决定着客位行为的家庭经济和政治经济，后者又决定着行为和思想的主位上层建筑。哈里斯将基础结构决定论作为文化唯物主义的主要原则。

哈里斯文化唯物主义的基础结构决定论这一主要原则明显采纳了马克思主义经济基础与上层建筑的学说及社会存在决定社会意识的思想。马克思在《〈政治经济学批判〉序言》中提出："物质生活的生产方式制约着整个社会生活、政治生活和精神生活的过程。不是人们的意识决定人们的存在，相反，是人们的社会存在决定人们的意识。"② 哈里斯充分肯定马克思这一观点是人类知识的一个重大进展，但也指出"生产方式"这一用语具有认识论上的模糊性，忽视了"再生产方式"，缺乏对主位观点与客位观点、思想与行为的区分，因此需要重新给予系统阐明。他将文化唯物主义的主要原则表述为："客位行为的生产方式和再生产方式，盖然地决定客位行为的家庭经济和政治经济，客位行为的家庭经济和政治经济又盖然地决定行为和思想的主位上层建筑。"③ 并简言之为基础结构决定论原则，哈里斯认为其原则的意义在于为分析社会文化现象提供了优先权，这就是"客位的及行为的条件和过程对主位的及思想的条件和过程的策略的优先权""基础结构的条件和过程对结构的及上层建筑的条件和过程的策略优先权"。④ 哈里斯在强调和主张这种优先权的同时也指出，客位的行为和基础结构的首要地位并不意味着否认主位的、思想的、上层建筑的和结构的组成部分的一定的自主权，但这种自主权只是一定程度地延缓和推迟基础结构的决定性影响。

哈里斯根据基础结构决定论这一理论原则，从人类学的角度将文化唯物主义的理论范围确定为：主要研究国家以前的社会的起源，性别歧视、阶级、等级制度和国家的起源以及各种主要的国家一级的制度的起源。并站在文化唯物主义的立场对同时代的西方其他许多学术思潮，如社会生物学、结构主义、认知心理学和心理人类学、折中主义与蒙昧主义等进行了

---

① 参见〔美〕马文·哈里斯《文化唯物主义：为创立文化科学而斗争》，张海洋等译，华夏出版社1989年版，第63~64页。
② 《马克思恩格斯文集》第2卷，人民出版社2009年版，第591页。
③ 〔美〕马文·哈里斯：《文化唯物主义：为创立文化科学而斗争》，张海洋等译，华夏出版社1989年版，第65页。
④ 〔美〕马文·哈里斯：《文化唯物主义：为创立文化科学而斗争》，张海洋等译，华夏出版社1989年版，第65页。

批判性分析。哈里斯反对社会生物学将社会现象还原为生物现象，认为生物有机体的遗传基因复制与文化的"复制"具有本质性区别。生物遗传基因具有某种必然的获得性，但"文化的获得性遗传"是一种复杂的学习机制，主要取决于人类大脑由遗传决定的学习能力以及千变万化的文化背景的差异。哈里斯认为结构主义具有非历史的唯心的特点，它是一套研究思想上层建筑的理论，基本上忽视了对于客位基础结构的研究，不能说结构主义是唯物的。在各种唯心主义思潮广泛流行的西方人类学界，哈里斯始终站在它们的对立面，倡导以唯物主义方法研究人类社会文化，这种精神确实难能可贵。

三、文化背景下的聚焦、分野与合流

如果将威廉斯与哈里斯都放在文化研究的历史背景下来考察，我们会发现他们的文化唯物主义理论存在的异同之处。他们聚焦于文化唯物主义的理论范式，但由于学科背景等的差异，在学术视野、分析方法、理论基石、政治立场等方面出现了分野，而随着文化研究的全球化，两者又呈现出相互融合、相互吸收终归于合流的趋势。

首先，关于文化研究的学术视野与分析方法。尽管他们的文化研究都选择了文化唯物主义为共同研究范式，但由于两人的学科背景各不相同（威廉斯主要从事文学研究，而哈里斯主要从事人类学研究），所以二者对文化的认识和分析角度与视野各有偏向，对马克思历史唯物主义的理解也各有侧重。在对文化的理解上，威廉斯更注重从社会层面、从文化与社会关联的层面进行文化分析；而哈里斯则更注重从人的层面、从人与文化关联的层面开展文化分析。同时，在文化分析方法上，威廉斯看重总体整体分析方法；哈里斯注重个体具体分析方法。威廉斯关注的是社会的人们的整体生活方式，进行不同历史时期的社会文化形式考察；哈里斯注重的是个体人的具体思想、行为方式的探究，以及更为细致的地域或人种的历史分析。特别应该指出的是，在马克思主义辩证方法的运用上，威廉斯与哈里斯的态度各不相同。辩证法是马克思主义的重要方法论，威廉斯充分肯定辩证方法对于文化分析的意义，将文化与生产方式、社会关系、伦理的、政治的、美学的意识形态等融为一体，并积极运用辩证方法整体地、历史地、现实地、动态地分析文化及其变迁，他对文化的整体分析是辩证的但趋于泛化。而哈里斯对马克思主义辩证方法持有异议,他认为辩证法含糊不清,令人难以捉摸,他反对运用辩证法的矛盾方法来解释文化的变化,他对文化的分析是唯物的又非辩证的。

其次,关于文化研究的理论基石。威廉斯和哈里斯的文化唯物主义理论都认同马克思主义历史唯物主义的基础和结构的框架,坚持了马克思主义历史唯物主义基本精神,但他们都试图以理论基石为起点,对历史唯物主义特别是对马克思主义经济基础与上层建筑理论模型进行反思性拓展。威廉斯的文化研究以文化意识形态为理论基石,通过吸纳阿尔都塞的结构主义马克思主义理论,主张和坚持文化分析的多元决定论。他深受葛兰西文化霸权理论的影响,意识到主导型文化的意识形态作用和非主导型文化的意识形态意义,倡导发挥各种文化意识形态的功能,在总体上强调了文化意识形态的基石地位。在文化意识形态的理论基础上,威廉斯明晰了历史唯物主义的相关范畴,将历史唯物主义的基础从生产方式扩展到生活方式,并从语言学角度进一步对历史唯物主义原理中的"基础""上层建筑"和"决定"等术语进行了语义分析。而哈里斯将物质决定论作为考察文化现象的理论基石,从马克思主义关于社会存在决定社会意识的思想出发,把人类社会文化系统划分为四个不同层次,认为基础结构在其中起着决定性作用,主张以人类生存的客观物质条件来解释人类社会历史上文化的起源发展和异同,坚决反对到人们头脑的思想意识、价值观念中去寻找社会发展变化的原因,体现了历史唯物主义的基本精神。

最后,关于文化研究的政治立场。尽管威廉斯与哈里斯都坚持了马克思主义历史唯物主义基本精神,但在坚持马克思主义政治立场方面,威廉斯与哈里斯的态度各不相同。威廉斯具有坚定的马克思主义政治立场,明确维护马克思主义的社会理想,支持工人阶级和普通民众的解放运动,并积极参与为民众争取经济政治文化权利的现实斗争。威廉斯的文化唯物主义是其政治追求、理论思考和社会实践交错影响、逐渐演化的结果。其文化唯物主义是唯物主义的,也是现实主义的。但哈里斯文化唯物主义在坚持马克思主义唯物主义立场的同时对马克思主义存有异议。哈里斯公开声明文化唯物主义与马克思主义的明显差异性,认为马克思主义是指导无产阶级消灭剥削和压迫、实现共产主义的理论学说,带有鲜明的政治倾向,而文化唯物主义是一种纯科学的理论,它反对人类学必须隶属于旨在摧毁资本主义、进一步争取无产阶级利益的政治运动。当哈里斯执着于远离社会现实和政治实践的纯粹理论之时,显然其文化唯物主义极易陷入唯心主义的泥坑,势必出现"唯心的"文化唯物主义的悖论。

英国的文化研究者威廉斯与美国的人类学者哈里斯共同聚焦文化唯物主义的理论范式，尽管学术视野、研究旨趣存在分野，而由于20世纪70年代后，作为学科联合事业的文化研究从英国扩展到美国直至全球，英美合流的趋势显见。因而在当代文化研究的学术背景下，他们共同聚首文化唯物主义亦非偶然。他们具有的马克思主义立场促使他们在文化研究中必然面对时代问题从而对马克思主义做出历史反思，文化唯物主义正是他们对历史唯物主义深度阐释和充实而形成的重要成果。无论是作为一种理论范式还是研究策略，文化唯物主义无疑对当代文化研究和马克思主义发展具有重要的启发意义。

参考文献

一、中文著作

[1]《马克思恩格斯文集》第1—10卷,人民出版社2009年版。
[2]《列宁专题文集》第1—5卷,人民出版社2009年版。
[3]《毛泽东选集》第1—4卷,人民出版社1991年版。
[4] 黄楠森主编:《马克思主义哲学史》,高等教育出版社1998年版。
[5] 庄福龄主编:《简明马克思主义史》,人民出版社2004年版。
[6] 杨耕:《为马克思辩护》,黑龙江人民出版社2000年版。
[7] 任平:《当代视野中的马克思》,江苏人民出版社2003年版。
[8] 俞可平主编:《全球化时代的"马克思主义"》,中央编译出版社1998年版。
[9] 孙伯鍨等主编:《走进马克思》,江苏人民出版社2008年版。
[10] 张一兵:《回到马克思》,江苏人民出版社2009年版。
[11] 张一兵:《马克思历史辩证法的主体向度》,南京大学出版社2002年版。
[12] 张一兵等:《西方马克思主义哲学的历史逻辑》,南京大学出版社2003年版。
[13] 徐崇温:《西方马克思主义》,天津人民出版社1982年版。
[14] 陈学明等:《走近马克思——苏东剧变后西方四大思想家的思想轨迹》,东方版社2002年版。
[15] 陈学明等:《西方马克思主义前沿问题二十讲》,复旦大学出版社2008年版。
[16] 俞吾金等:《国外马克思主义哲学流派新编》(上、下),复旦大学出版社2002年版。
[17] 俞吾金:《意识形态论》,人民出版社2009年版。
[18] 周穗明主编:《20世纪新马克思主义发展史》(上、下),学习出版社2004年版。
[19] 李惠斌等主编:《西方马克思主义研究前沿报告》,华东师范大学出

版社2007年版。
[20] 仰海峰：《西方马克思主义的逻辑》，北京大学出版社2010年版。
[21] 余莉主编：《西方马克思主义文化批判》，中国人民大学出版社2019年版。
[22] 张之沧主编：《马克思主义与当代西方社会思潮》，上海人民出版社2003年版。
[23] 周凡：《后马克思主义导论》，中央编译出版社2010年版。
[24] 欧阳谦：《人的主体性和人的解放：西方马克思主义的文化哲学初探》，山东文艺出版社1986年版。
[25] 欧阳谦：《20世纪西方人学思想导论》，中国人民大学出版社2002年版。
[26] 田克勤：《马克思主义中国化的理论轨迹》，中共党史出版社2006年版。
[27] 刘卓红：《历史唯物主义新形态的探索》，人民出版社2006年版。
[28] 罗钢等主编：《文化研究读本》，中国社会科学出版社2000年版。
[29] 陶东风：《文化研究：西方与中国》，北京师范大学出版社2002年版。
[30] 陶东风：《文化研究导论》，高等教育出版社2004年版。
[31] 陶东风：《文化研究精粹读本》，中国人民大学出版社2006年版。
[32] 陆扬等：《文化研究导论》，复旦大学出版社2006年版。
[33] 谢少波等编：《文化研究访谈录》，中国社会科学出版社2003年版。
[34] 金元浦主编：《文化研究：理论与实践》，河南大学出版社2004年版。
[35] 周宪：《文化研究关键词》，北京师范大学出版社2007年版。
[36] 于文秀：《"文化研究"思潮导论》，人民出版社2002年版。
[37] 萧俊明：《文化转向的由来：关于当代西方文化概念、文化理论和文化研究的考察》，社会科学文献出版社2004年版。
[38] 司马云杰：《文化价值哲学——关于文化建构价值意识的学说》，山东人民出版社1992年版。
[39] 司马云杰：《文化社会学》，中国社会科学出版社2001年版。
[40] 张岱年等主编：《中国文化概论》，北京师范大学出版社2004年版。
[41] 方汉文：《西方文化概论》，中国人民大学出版社2006年版。
[42] 冯友兰：《中国哲学史》（上、下），生活·读书·新知三联书店2008年版。

[43] 李泽厚：《中国古代思想史论》，生活·读书·新知三联书店 2017 年版。
[44] 刘述先：《文化哲学》，黑龙江教育出版社 1988 年版。
[45] 邴正：《马克思主义文化哲学》，吉林人民出版社 2007 年版。
[46] 黄力之：《历史实践与当代问题：马克思主义文化理论研究》，上海人民出版社 2004 年版。
[47] 陈新夏等：《马克思主义与当代中国文化建设》，社会科学文献出版社 2017 年版。
[48] 程恩富等编：《马克思主义文化研究》，社会科学文献出版社 2019 年版。
[49] 程恩富主编：《文化经济学》，中国经济出版社 1993 年版
[50] 李凤丹：《英国文化马克思主义的逻辑与意义》，人民出版社 2015 年版。
[51] 李丹凤：《英国文化马克思研究——基于大众文化与政治的关系》，江西人民出版社 2010 年版。
[52] 陆扬等：《文化马克思主义——英法美马克思主义美学研究》，上海交通大学出版社 2016 年版。
[53] 徐海波：《意识形态与大众文化》，人民出版社 2009 年版。
[54] 武桂杰：《霍尔与文化研究》，中央编译出版社 2009 年版。
[55] 陈永国：《文化的政治阐释学——后现代语境中的詹姆逊》，中国社会科学出版社 2000 年版。
[56] 颜岩：《批判的社会理论及其当代重建：凯尔纳晚期马克思主义思想研究》，人民出版社 2007 年版。
[57] 张旭东：《批评的踪迹：文化理论与文化批评》，生活·读书·新知三联书店 2003 年版。
[58] 王凤才：《批判与重建：法兰克福学派文明论》，社会科学文献出版社 2004 年版。
[59] 张亮：《英国新左派思想家》，江苏人民出版社 2010 年版。
[60] 王宁等主编：《全球化与后殖民批评》，中央编译出版社 1998 年版。
[61] 张旭东：《全球化时代的文化认同：西方普遍主义话语的历史批判》，北京大学出版社 2005 年版。
[62] 王岳川：《后现代主义文化研究》，北京大学出版社 1992 年版。
[63] 冯俊等：《后现代主义哲学讲演录》，商务印书馆 2003 年版。
[64] 郑详福：《文化批判与后现代马克思主义》，中国社会科学出版社

2008年版。

[65]汪民安等编:《后身体:文化、权力和生命政治学》,吉林人民出版社2003年版。

二、中文译著

[1]〔英〕戴维·麦克莱伦:《卡尔·马克思传》,王珍译,中国人民大学出版社2008年版。

[2]〔英〕戴维·麦克莱伦:《马克思思想导论》,郑一明等译,中国人民大学出版社2008年版。

[3]〔英〕戴维·麦克莱伦:《马克思以后的马克思主义》,李智译,中国人民大学出版社2008年版。

[4]〔英〕戴维·麦克莱伦:《马克思主义以前的马克思》,李兴国等译,社会科学文献出版社1992年版。

[5]〔英〕安德森:《西方马克思主义探讨》,高铦等译,人民出版社1981年版。

[6]〔英〕安德森:《当代西方马克思主义》,余文烈译,东方出版社1989年版。

[7]〔加〕本阿格尔:《西方马克思主义概论》,慎之等译,人民出版社1991年版。

[8]〔南非〕达里尔·格雷泽等编:《20世纪的马克思主义——全球导论》,王立胜译,江苏人民出版社2011年版。

[9]〔英〕罗纳尔多·蒙克:《马克思在21世纪——晚期马克思主义视角》,张英魁等译,江苏人民出版社2011年版。

[10]〔英〕罗斯·阿比奈特:《现代性之后的马克思主义》,王维先等译,江苏人民出版社2011年版。

[11]〔英〕斯图亚特·西姆:《后马克思主义思想史》,吕增奎等译,江苏人民出版社2011年版。

[12]〔英〕保罗·鲍曼:《后马克思主义与文化研究》,黄晓武译,江苏人民出版社2011年版。

[13]〔英〕恩斯特·拉克劳等:《领导权与社会主义的策略——走向激进民主政治》,尹树广等译,黑龙江人民出版社2003年版。

[14]〔英〕罗素:《西方哲学史》(上、下),何兆武等译,商务印书馆2009年版。

[15]〔英〕阿雷恩·鲍尔德温等:《文化研究导论》,陶东风等译,高等教育出版社2004年版。

[16]〔英〕丹尼·卡瓦拉罗:《文化理论关键词》,张卫东等译,江苏人民出版社2006年版。

[17]〔英〕阿兰·斯威伍德:《大众文化的神话》,冯健三译,生活·读书·新知三联书店2003年版。

[18]〔英〕约翰·斯道雷:《文化理论与通俗文化导论》,杨竹山等译,南京大学出版社2006年版。

[19]〔英〕约翰·斯道雷:《文化理论与大众文化导论》,常江译,北京大学出版社2010年版。

[20]〔英〕安吉拉·默克罗比:《后现代主义与大众文化》,田晓菲译,中央编译出版社2001年版。

[21]〔澳〕约翰·多克:《后现代主义与大众文化:文化史》,吴松江等译,辽宁教育出版社2002年版。

[22]〔英〕史蒂文·康纳:《后现代主义文化:当代理论导引》,严忠志译,商务印书馆2002年版。

[23]〔英〕迈克·费瑟斯通:《消费文化与后现代主义》,刘精明译,译林出版社2000年版。

[24]〔英〕吉姆·麦克盖根:《文化民粹主义》,桂万先译,南京大学出版社2001年版。

[25]〔加〕谢少波:《抵抗的文化政治学》,陈永国等译,中国社会科学出版社1999年版。

[26]〔英〕约翰·斯道雷:《记忆与欲望的耦合:英国文化研究中的文化与权力》,徐德林译,广西师范大学出版社2007年版。

[27]〔英〕迈克尔·肯尼:《第一代英国新左派》,李永新等译,江苏人民出版社2010年版。

[28]〔英〕E. P. 汤普森:《英国工人阶级的形成》(上、下),钱乘旦等译,译林出版社2001年版。

[29]〔英〕雷蒙·威廉斯:《关键词——文化与社会的词汇》,刘建基译,三联书店2005年版。

[30]〔英〕雷蒙·威廉斯:《马克思主义与文学》,王尔勃等译,河南大学出版社2008年版。

[31]〔英〕雷蒙·威廉斯:《文化与社会》,吴松江等译,北京大学出版社1991年版。

[32]〔英〕雷蒙德·威廉斯:《文化与社会:1780—1950》,高晓玲译,吉林出版集团有限公司 2011 年版。

[33]〔英〕雷蒙德·威廉斯:《漫长的革命》,倪伟译,上海人民出版社 2013 年版。

[34]〔英〕斯图亚特·霍尔:《表征:文化表象与意指实践》,徐亮等译,商务印书馆 2003 年版。

[35]〔英〕乔治·拉伦:《意识形态与文化身份:现代性和第三世界的在场》,戴从容译,上海教育出版社 2005 年版。

[36]〔英〕托尼·本尼特:《本尼特:文化与社会》,王杰等译,广西师范大学出版社 2007 年版。

[37]〔英〕托尼·本尼特:《形式主义和马克思主义》,曾军等译,河南大学出版社 2011 年版。

[38]〔英〕特里·伊格尔顿:《美学意识形态》,王杰等译,广西师范大学 1997 年版。

[39]〔英〕特里·伊格尔顿:《历史中的政治、哲学、爱欲》,马海良译,中国社会科学出版社 1999 年。

[40]〔英〕特瑞·伊格尔顿:《文化的观念》,方杰译,南京大学出版社 2006 年版。

[41]〔英〕特里·伊格尔顿:《马克思为什么是对的》,李杨等译,新星出版社 2011 年版。

[42]〔法〕让·弗郎索瓦·利奥塔:《后现代状况:关于知识的报告》,岛子译,湖南美术出版社 1996 年版。

[43]〔法〕雅克·德里达:《马克思的幽灵》,何一译,中国人民大学出版社 1999 年版。

[44]〔法〕拉康:《拉康选集》,褚孝泉译,上海三联书店 2001 年版。

[45]〔法〕让·鲍德里亚:《消费社会》,刘成富等译,南京大学出版社 2008 年版。

[46]〔德〕尤尔根·哈贝马斯:《作为"意识形态"的技术与科学》,李黎等译,学林出版社 2002 年版。

[47]〔美〕丹尼尔·贝尔:《后工业社会的来临》,高铦等译,新华出版社 1997 年版。

[48]〔美〕丹尼尔·贝尔:《意识形态的终结》,张国清译,江苏人民出版社 2001 年版。

[49]〔美〕塞缪尔·亨廷顿:《文明的冲突与世界秩序的重建》,周琪等

译,新华出版社2002年版。

[50]〔美〕爱德华·W·萨义德:《文化与帝国主义》,李琨译,生活·读书·新知三联书店2003年版。

[51]〔美〕赫伯特·马尔库塞:《工业社会与新左派》,任立编译,商务印书馆1982年版。

[52]〔美〕赫伯特·马尔库塞:《单向度的人》,刘继译,上海译文出版社2008年版。

[53]〔美〕杰伊·马丁:《法兰克福学派史(1923—1950)》,单世联译,广东人民出版社1996年版。

[54]〔德〕罗尔夫·魏格豪斯:《法兰克福学派:历史、理论及政治影响》(上、下册),孟登迎等译,上海人民出版社2010年版。

[55]〔美〕理查德·沃林:《文化批评的观念:法兰克福学派、存在主义和后结构主义》,张国清译,商务印书馆2000年版。

[56]〔美〕詹明信:《晚期资本主义的文化逻辑》,陈清侨等译,生活·读书·新知三联书店出版社1997年版。

[57]〔美〕弗雷德里克·詹姆逊:《文化转向:后现代论文集》,胡亚敏等译,中国社会科学出版社2000年版。

[58]〔英〕肖恩·霍默:《弗雷德里克·詹姆森》,孙斌等译,上海人民出版社2004年版。

[59]〔美〕詹姆逊:《詹姆逊文集》第1卷《新马克思主义》,王逢振主编,中国人民大学出版社2004年版。

[60]〔美〕詹姆逊:《詹姆逊文集》第2卷《批判理论和叙事阐释》,王逢振主编,中国人民大学出版社2004年版。

[61]〔美〕詹姆逊:《詹姆逊文集》第3卷《文化研究和政治意识》,王逢振主编,中国人民大学出版社2004年版。

[62]〔美〕詹姆逊:《詹姆逊文集》第4卷《现代性、后现代性和全球化》,王逢振主编,中国人民大学出版社2004年版。

[63]〔美〕詹姆逊:《詹姆逊文集》第5卷《论现代主义文学》,王逢振主编,中国人民大学出版社2010年版。

[64]〔美〕杰姆逊:《后现代主义与文化理论》,唐小兵译,北京大学出版社2005年版。

[65]〔美〕弗雷德里克·詹姆逊:《新马克思主义》,陈永国等译,中国人民大学出版社2018年版。

[66]〔美〕道格拉斯·凯尔纳等:《后现代理论:批判性的质疑》,张志

斌译，中央编译出版社 1999 年版。

[67]〔美〕道格拉斯·凯尔纳：《媒体文化——介于现代与后现代之间的文化研究、认同性与政治》，丁宁译，商务印书馆 2004 年版。

[68]〔美〕露丝·本尼迪克特：《文化模式》，王炜等译，生活·读书·新知三联书店 1988 年版。

[69]〔美〕马文·哈里斯：《文化唯物主义》，张海洋等译，华夏出版社 1989 年版。

[70]〔美〕丹尼斯·德沃金：《文化马克思主义在战后英国：历史学、新左派和文化研究的起源》，李凤丹译，人民出版社 2008 年版。

三、期刊论文

[1] 郁建兴：《马克思主义文化理论与现时代》，《中国社会科学》2001 年第 6 期。

[2] 张一兵等：《中国西方马克思主义哲学研究的逻辑转换》，《中国社会科学》2004 年第 6 期。

[3] 黄力之：《资本主义文化矛盾理论与马克思的文化思想及其延伸》，《中国社会科学》2012 年第 4 期。

[4] 张琳：《文化契合、文化融合与文化重构——对马克思主义中国化的文化思考》，《哲学研究》2013 年第 7 期。

[5] 杜运辉：《"三流合一"与二十世纪中国文化的融通和超越》，《中国社会科学》2015 年第 4 期。

[6] 赵汀阳：《文化为什么成了个问题？》，《哲学研究》2004 年第 3 期。

[7] 周凡：《"后马克思主义"：西方马克思主义的后现代转换》，《哲学研究》2008 年第 1 期。

[8] 林剑：《文化的批判与批判的立场》，《哲学研究》2012 年第 1 期。

[9] 张琳：《文化契合、文化融合与文化重构——对马克思主义中国化的文化思考》，《哲学研究》2013 年第 7 期。

[10] 朱喆等：《马克思主义哲学中的文化发展概念》，《哲学研究》2014 年第 2 期。

[11] 鲁绍臣：《当代马克思主义研究要有后现代主义的维度——后现代主义与马克思主义国际会议综述》，《哲学动态》2009 年第 1 期。

[12] 王南湜：《我们心中的纠结：走近还是超离卢卡奇》，《哲学动态》2012 年第 12 期。

［13］王宏维：《论西方马克思主义在社会性别视域中的演进与拓展》，《马克思主义研究》2006 年第 8 期。

［14］刘卓红：《卢卡奇的社会存在本体论与马克思哲学》，《马克思主义研究》2007 年第 2 期。

［15］梅荣政：《什么是马克思主义基本原理》，《马克思主义研究》2009 年第 4 期。

［16］李楠：《不断探索和回答：什么是马克思主义、怎样对待马克思主义——60 年来中国共产党理论创新之路》，《马克思主义研究》2009 年第 12 期。

［17］田克勤：《马克思主义中国化与中国文化从传统向现代的转化》，《马克思主义研究》2015 年第 9 期。

［18］黄建军：《文化自信的意识形态功能》，《马克思主义研究》2019 年第 8 期。

［19］付文忠等：《"后马克思主义"理论的批判解读——拉克劳与墨菲的"后马克思主义"评析》，《马克思主义研究》2004 年第 2 期。

［20］〔美〕弗雷德里克·詹姆逊：《马克思主义与后现代主义》，胡亚敏译，《马克思主义与现实》2002 年第 2 期。

［21］〔英〕拉克劳等：《后马克思主义的理论与实践》，尹树广译，《马克思主义与现实》2003 年第 4 期。

［22］王凤才：《文化霸权与意识形态国家机器——葛兰西与阿尔都塞意识形态理论辨析》，《马克思主义与现实》2007 年第 6 期。

［23］欧阳谦：《文化的辩证法——关于"文化主义的马克思主义"的几点思考》，《马克思主义与现实》2008 年第 5 期。

［24］欧阳谦：《大众文化与政治实践：法兰克福学派与伯明翰学派之比较》，《马克思主义与现实》2010 年第 7 期。

［25］周凡等：《后马克思主义：时代背景与理论策略》，《马克思主义与现实》2011 年第 4 期。

［26］孙士聪：《列宁文化领导权理论再阐释》，《马克思主义与现实》2017 年第 6 期。

［27］萧俊明：《法兰克福学派的文化理论与文化解读》，《国外社会科学》2000 年第 6 期。

［28］尹树广：《解构、领导权与后马克思主义》，《国外理论动态》2004 第 7 期。

［29］〔法〕雅克·比岱：《请你重读阿尔都塞》，吴子枫译，《国外理论动

态》2013 第 6 期。

[30] 文吉昌等：《历史与结构：英国战后文化马克思主义的内部纷争》，《国外理论动态》2018 年第 12 期。

[31] 孟丽荣等：《论文化马克思主义的批判理论及其内在困境》，《世界哲学》2019 年第 6 期。

[32] 周穗明：《马克思主义：西方与东方——20 世纪马克思主义的演变及其 21 世纪的前景》，《当代世界与社会主义》2003 年第 1 期。

[33] 李厚羿：《简论后现代的文化马克思主义》，《马克思主义学刊》2018 年第 3 期。

[34] 陈静：《从文化主义到"话语转向"——斯图亚特·霍尔与英国文化研究的范式转型》，《马克思主义美学研究》2009 年第 12 期。

[35] 徐家林：《马克思主义、中国传统文化与当代中国文化整合》，《毛泽东邓小平理论研究》2017 年第 3 期。

[36] 杨耕：《后现代主义与现代主义、马克思主义关系的再思考》，《文史哲》2003 年第 4 期。

[37] 张亮：《从文化马克思主义到"结构主义的马克思主义"——20 世纪 60 年代初至 80 年代初英国马克思主义的发展历程》，《文史哲》2010 年第 1 期。

[38] 张亮：《从苏联马克思主义到文化马克思主义——英国马克思主义理论传统的战后形成》，《人文杂志》2009 年第 2 期。

[39] 俞吾金：《差异分析：马克思文本中的后现代思想酵素之一》，《学术月刊》2008 年第 12 期。

[40] 曾军：《从"葛兰西转向"到"转型的隐喻"——巴赫金是如何影响伯明翰学派的》，《学术月刊》2008 年第 4 期。

[41] 周凡：《从马克思主义到后马克思主义——拉克劳与莫菲思想演进的全景透视》（上、中、下），《学术月刊》2008 年第 5、6、7 期。

[42] 王凤才等：《国外马克思主义研究：四条路径及其评价》，《学术月刊》2011 年第 2 期。

[43] 孙士聪：《文化马克思主义之后——以伊格尔顿"自发的马克思主义"为中心》，《学习与探索》2013 年第 12 期。

[44] 王宏维：《女性主义：马克思主义的一个解读模式》，《学术研究》2002 年第 4 期。

[45] 何萍：《文化哲学视野中的东西方马克思主义哲学》，《学术研究》2010 年第 7 期。

[46] 张亮：《英国马克思主义的研究模式及方法》，《求是学刊》2006 年第 5 期。

[47] 邹赞：《斯图亚特·霍尔的"文化研究"范式理论》，《浙江学刊》2014 年第 1 期。

[48] 范永康：《后马克思主义的文学政治学——以约翰·弗娄和托尼·本尼特为中心》，《兰州学刊》2013 年第 4 期。

[49] 刘放桐：《从西方哲学的现代转型看当代西方马克思主义和后现代主义》，《天津社会科学》2002 年第 5 期。

[50] 杨东篱：《伯明翰学派与文化民粹主义》，《山东社会科学》2009 年第 3 期。

[51] 余乃忠：《马克思主义与后现代思想弧线的切点与拐点》，《云南社会科学》2010 年第 4 期。

[52] 徐勇：《批判的复兴与文化研究的辩证法》，《北方论丛》2006 年第 9 期。

[53] 胡大平：《西方马克思主义的三个维度》，《理论视野》2011 年第 2 期。

[54] 孙亮：《新时代文化建设原则的历史辩证法基础》，《理论探讨》2019 年第 1 期。

[55] 〔美〕丹尼斯·德沃金：《斯图亚特·霍尔与英国马克思主义》，杨兴林译，《学海》2011 年第 1 期。

[56] 段忠桥：《戴维·麦克莱伦论后现代主义与马克思主义》，《教学与研究》2009 年第 3 期。

[57] 罗骞：《马克思批判理论的几个基本特征——从与现代性和后现代性理论比较的视角来看》，《教学与研究》2009 年第 5 期。

[58] 赵家祥：《什么是马克思主义，怎样对待马克思主义》，《教学与研究》2010 年第 7 期。

[59] 刘卓红等：《与马克思一道超越马克思——早期西方马克思主义理论与实践的几个问题》，《教学与研究》2011 年第 3 期。

[60] 沈江平：《文化的意识形态性与意识形态的文化性》，《教学与研究》2018 年第 3 期。

[61] 田心铭：《关于马克思主义观的十二个关系问题论纲》（上、下），《高校理论战线》2010 年第 1、2 期。

[62] 陈学明：《论"西方马克思主义"的当代意义——从与后现代主义对立的视角看》，《复旦学报》2003 年第 4 期。

［63］张亮：《汤普森与英国马克思主义的文化转向》，《南京大学学报（哲学·人文科学·社会科学版）》2008年第5期。

［64］陈学明：《论研究"西方马克思主义"在当代中国的意义》，《南京大学学报（哲学·人文科学·社会科学版）》2005年第2期。

［65］何萍：《美国"文化的唯物主义"及其理论走向》，《武汉大学学报（哲学社会科学版）》2004年第2期。

［66］孟宪平：《马克思主义视域中的文化符号与话语体系同构分析》，《南京师大学报（社会科学版）》2018年第6期。

［67］朱庆跃：《20世纪50至70年代文化保守主义对中国化马克思主义的关系类型》，《上海师范大学学报（哲学社会科学版）》2016年第3期。

［68］张亮：《结构主义之后：20世纪80年代以后英国马克思主义的分化发展》，《江苏行政学院学报》2009年第3期。

［69］刘怀玉：《20世纪马克思主义的"谱系"》，《江苏行政学院学报》2001年第1期。

［70］〔美〕道格拉斯·凯尔纳：《文化马克思主义和现代文化研究》，雷保蕊译，《上海行政学院党报》2006年第5期。

四、博士论文

［1］蔡正丽：《英国新马克思主义文化理论研究》，安徽大学2017年博士论文。

［2］辛莹：《苏联马克思主义文化理论发展研究》，山东大学2015年博士论文。

［3］王迎新：《大众文化的意识形态功能研究》，南开大学2013年博士论文。

［4］胡疆锋：《亚文化的风格：抵抗与收编》，首都师范大学2007博士论文。

［5］杨东篱：《伯明翰学派的文化观念与通俗文化理论研究》，山东大学2006年博士论文。

五、英文文献资料

［1］Anderson, Perry. "Origins of the Present Crisis", *New Left Review*,

1964, No. 23.

[2] Anderson, Perry. "Components of the National Culture", *New Left Review*, 1968, No. 50.

[3] Anderson, Perry. *Passages form Antiquity to Feudalism*, London: New left Books, 1974.

[4] Anderson, Perry. *Considerations on Western Marxism*, London: New Left Books. 1976.

[5] Anderson, Perry. *Arguments within English Marxism*, London: New Left Books, 1980.

[6] Anderson, Perry. *In the Tracks of Historiacl Matherialism*, London: Verso, 1983.

[7] Bennett, Tony. *Outside Literature*, London & New York: Routledge, 1990.

[8] Bennett, Tony. *Culture: A Reformer's Science*, London : SAGE, 1998.

[9] Dworkin, Dennis. *Cultural Marxism in Postwar Britain: History, the new left, and the Origins of Cultural Studies*, Durham: Duke University Press, 1997.

[10] Hull, Stuart. "Cultural Studies: Two Paradigms", in John Storey (ed.), *What Is Cultural Studies? A Reader*, London: Amold, 1996.

[11] Hoggart, Richard. *The Uses of Literacy*, NewYork: Oxford University Press, 1970.

[12] Johnson, Richard. "What is Cultural Studies Anyway?", in John Storey (ed.), *What Is Cultural Studies? A Reader*, London: Amold, 1996.

[13] Laclau, Ernesto & Chantal, Mouffe. *Hegemony and Socialist Strategy: Towards a Radical Democratic Politics*, London: Verso, 1985.

[14] Larrain, Jorge. *The Concept of Ideology*, London: Hutchinson of London, 1979.

[15] Lin, Chun. *The British New Left*, Edinburgh: Edinburgh University Press, 1993.

[16] Eliot, T. S. *Notes towards the Definition of Culture*, London: Faber, 1962.

[17] Lukacs, Georg. *History and Class Consciousness*, London: Merlin, 1971.

[18] Mouffe, Chantal. *Gramsci and Marxist Theory*, London: Routledge &

Paul Ltd. , 1979.

[19] Storey, John (ed.). *What Is Cultural Studies? A Reader*, London: Amold, 1996.

[20] Storey, John. *Cultural Theory and Popular Culture: A Reader (Third Edition)*, Essex: Pears on Education Ltd. , 2006.

[21] Thompson, E. P. *The Making of the English Working Class*, Harmondsworth: Penguin Books, 1980.

[22] Thompson, E. P. *The Poverty of Theory & Other Essays*, New York and London: Monthly Review Press, 1968.

[23] Tylor, E. B. *The Origins of Culture*, New York: Harper and Row, 1958.

[24] Williams, Raymond. *The Long Revolution*, London: Chatto and Windus, 1961.

[25] Williams, Raymond. *Marxism and Literature*, New York: Oxford, 1977.

[26] Williams, Raymond. *Problems in Materialism and Culture: Selected Essays*, London: Verso, 1980.

[27] Williams, Raymond. *Keywords*, London: Fontana, 1983.

后　　记

　　本书是我的博士学位论文获得国家社科基金后期资助后继续修改研究的成果。我的求学生涯辗转于几所师范院校之间，求知领域在文学、政治、马克思主义领域兜转，最后倾力于一个意味深长的表达：文化马克思主义。我执着地认为这个20世纪衍生的概念可以跨越19世纪的理论，对接21世纪的话语，从而将"中西马"笼括起来。博士学位论文着重围绕英国文化马克思主义展开，向前论及法兰克福学派文化批判的马克思主义，向后论及后现代主义马克思主义，后来增补拓展论述了中国化马克思主义。从博士学位论文开题到成书，一晃眼十年，其间，马理学科的发展枝繁叶盛，而"何谓马克思主义？"的问题仍不断萦绕于心间。如今，"文学热""文化热"已发展到"文明热"，"21世纪马克思主义""人类命运共同体""中国式现代化新道路""人类文明新形态"已成为学界热议的话题，这些关键术语连接成独具中国风格的耀眼理论风景。跨入新时代，面临疫情下不确定的生存境况，历史的来路、人类的去路，诸如此类宏大叙事不能不成为时代思考的重大问题。正如德里达的断言："不能没有马克思。没有马克思，没有对马克思的记忆，没有马克思的遗产，也就没有将来……"思想的天空斗转星移，马克思主义仍旧是高挂在21世纪最亮的北斗星。

　　马克思主义博大精深，在系统化或碎片化、有目的或无目的持续阅读中，我一路领略学术道路上的风景，始终未减思考的热情。而本书的完成，只能说除了表达这种执着的热情和难抑的致敬，实在愧于检视其构思与表述的稚嫩及力有不逮的遗憾。余思绵绵止于谢！

　　感谢刘卓红教授厚爱招纳入门！感谢王宏维教授、陈金龙教授、尹树广教授等几位博导的学术引领！感谢各级评审提出的宝贵修改意见！

　　感谢中山大学出版社的推荐和出版！感谢金继伟先生的帮助！感谢本书责编麦晓慧女士的严谨校正和辛勤工作！

　　最后特别感谢国家社科基金后期资助让拙论见诸读者！并恳请读者批评指正！

2022年4月25日